RECEPCIÓN Y RESERVAS

Paraninfo
ciclos formativos

RECEPCIÓN Y RESERVAS

M.ª Estela Rodríguez del Río

Paraninfo

Recepción y reservas

Gerente Editorial
María José López Raso

Equipo Técnico Editorial
Alicia Cerviño González
Paola Paz Otero

Editora de Adquisiciones
Carmen Lara Carmona

Producción
Nacho Cabal Ramos

Diseño de Cubierta
Ediciones Nobel

Preimpresión
Alejandra García Blázquez

1.ª edición, 2018. 1.ª reimpresión 2019

C/ Velázquez 31, 3.° Dcha. / 28001 Madrid (ESPAÑA)
Teléfono: 914 463 350 / Fax: 914 456 218
clientes@paraninfo.es / www.paraninfo.es

ISBN: 978-84-283-4085-4
Depósito legal: M-10775-2018

(19873)

Impreso en España / *Printed in Spain*

Gráficas Summa
Llanera (Asturias)

Dedicatoria

A mi alumnado, a quien me debo y a todos
y todas que, como yo, están enamorados de esta profesión.

«La gran ventaja de los hoteles es que son
un refugio perfecto ante la vida doméstica.»

George Bernard Shaw

«Ese momento en el que entras en tu habitación de hotel,
cierras la puerta, y sabes que ahí hay un secreto,
un lujo, una fantasía. Que hay consuelo. Que hay tranquilidad.»

Diane Von Furstenberg

Agradecimientos

A mi familia, compañeros de vida, amigos
y a todas las personas con quien he compartido
y comparto mi trayectoria profesional,
porque sin duda su reflejo está en este libro.

Contenido

La editorial recomienda que el alumno realice las actividades sobre el cuaderno y no sobre el libro.

Presentación

La presente obra desarrolla los contenidos del módulo profesional Recepción y reservas, del Ciclo Formativo de grado superior en Gestión de Alojamientos Turísticos, de la familia profesional de Hostelería y Turismo.

Este libro es una excelente guía para profesionales y estudiantes que deseen acercarse al mundo de la hostelería, en concreto en lo que se refiere a las empresas que ofrecen alojamiento turístico.

La importancia del sector servicios en nuestro país exige profesionales bien formados, enamorados de una profesión no exenta de sacrificio, pero sin duda altamente gratificante y apasionante, por lo que debe ser plenamente vocacional. El manual, por lo tanto, pretende transmitir el amor por la profesión y el gusto y satisfacción por el trabajo bien hecho, redactado con entusiasmo y profesionalidad.

Es importante destacar que la exposición de la totalidad de contenidos del libro se desarrolla mediante un lenguaje claro y sencillo, acompañado de multitud de ejemplos, exposiciones prácticas, imágenes, esquemas, tablas, actividades propuestas, notas técnicas, cuadros con información relevante y enlaces web de interés, además de prácticos mapas conceptuales al final de cada unidad que permiten el repaso de los contenidos clave antes de poner en práctica los conocimientos adquiridos a través de las actividades finales de comprobación, aplicación y ampliación.

Además, se facilitan distintas plantillas para que el alumnado trabaje sobre ellas aplicando los conceptos a modo de ejercicios de simulación, tipo *role playing,* pues no hay que perder de vista que esta profesión requiere del dominio de unas habilidades de cara al público y que es preciso poner en práctica ya desde el aula. A estas plantillas podrá accederse mediante un sencillo registro desde la pestaña «Recursos previo registro» de la ficha web de la obra, en **www.paraninfo.es.**

Asimismo, introduce una amplísima variedad de términos propios de la jerga turística, así como siglas y vocablos en inglés fruto de la irrupción de las nuevas tecnologías, esenciales en toda empresa actual y adoptadas también por las empresas de alojamiento turístico, que han supuesto una revolución y un cambio en su *modus operandi,* como elemento diferenciador de la competencia, fruto de la globalización de un sector internacional y continuamente en auge.

La obra recoge los principales aspectos del sector, describiendo los métodos de trabajo y protocolos de actuación, partiendo de los conocimientos básicos para desempeñar su labor; pero lo hace efectuando un barrido y recogiendo en él la evolución de los métodos de trabajo, exponiendo desde los más manuales y sencillos, hasta los más sofisticados y avanzados, ya que cada establecimiento según sus características adoptará aquel que mejor le convenga.

Además, incluye aspectos como son la atención al cliente y la gestión de sugerencias, quejas y reclamaciones, así como la importancia de las encuestas de satisfacción de los clientes, tan importantes en los actuales sistemas de calidad.

Los contenidos de cada una de las unidades se resumen a continuación:

Unidad 1. Introduce al alumno en la modalidad de empresa de alojamiento turístico, permitiéndole obtener una visión global de ella mediante el organigrama y el conocimiento del personal que la conforma, con sus funciones y responsabilidades, pero interrelacionados entre sí, como parte de un todo.

Unidad 2. Analiza el procedimiento de toma de reservas, que es el punto de partida y la base económica de la empresa, ya que su objetivo es ocupar el establecimiento. Para ello deberá establecer contratos con intermediarios, fijando una política de precios que dependerá de múltiples factores y condicionantes, como son la oferta, la demanda, los objetivos de la empresa, las previsiones y el entorno.

Unidad 3. Muestra los principales documentos de uso común en todo establecimiento de alojamiento turístico y los procedimientos de trabajo, de modo que lo tengamos todo dispuesto para recibir, atender a nuestros clientes y hacer que su estancia sea agradable.

Unidad 4. Recoge la última parte del proceso, el cual finaliza con la despedida de los clientes, y el cobro de los servicios prestados, aunque esto no implica el fin de la relación con ellos: un adecuado sistema de fidelización, unido a un impecable servicio, logrará mantener una clientela fija y satisfecha, que sin duda serán nuestros mejores valedores. Todos estos procesos precisan de unas relaciones intra e interdepartamentales fluidas y eficaces que caracterizan todo trabajo en equipo, como base del éxito de cualquier empresa, las cuales no serían posibles sin una comunicación adecuada.

Unidad 5. Se exponen las estrategias para las comunicaciones internas y sobre todo para que las comunicaciones externas sean eficaces, al ser estas el único medio de que se dispone para acercar el producto al cliente, dada la inmovilidad de la empresa turística.

Unidad 6. Se estudian algunos requisitos que en cumplimiento de la legislación deben cumplir los establecimientos para garantizar la seguridad y bienestar de nuestros huéspedes.

En definitiva, se trata de una obra de gran de utilidad para todas aquellas personas interesadas en conocer más de cerca este sector, para los profesionales presentes que quieran actualizar sus conocimientos en la materia y para los futuros profesionales y estudiantes que deseen formarse para llegar a estar al otro lado del mostrador.

Nota de la autora: en beneficio de una lectura más ágil, en vez de hacer referencia constante a los géneros masculino/femenino a lo largo de este libro, se ha empleado el masculino como genérico, sin ánimo de considerarlo excluyente.

Unidad 1

Organización de las empresas de alojamiento

Contenidos

Objetivos

- Concretar las funciones inherentes a cada categoría profesional, su adecuación al puesto de trabajo y las tareas desempeñadas.
- Clasificar los distintos departamentos que componen las empresas de alojamiento, en función de su tipología y de la oferta que cubren.
- Profundizar en la organización de un establecimiento turístico, su estructura y las tareas propias de cada departamento.
- Plantear las relaciones interdepartamentales existentes y los objetivos de cada departamento.
- Analizar la necesidad de plantilla de un departamento, en función del tamaño y características de la empresa, de la tipología de la clientela, del volumen de ocupación, etc.
- Conocer el mobiliario y equipamiento propio de cada departamento, así como su distribución de forma que cumpla los principios básicos de funcionalidad y ergonomía.

Las empresas de alojamiento turístico, al igual que otras empresas, tienen distribuidas sus funciones por departamentos, de forma que se reparte el trabajo de forma eficiente y racional. Cada puesto de trabajo llevará asociadas una tareas y responsabilidades que serán coordinadas y supervisadas por un orden jerárquico superior. Esta estructura se representa gráficamente por medio del organigrama, y en él aparecen ordenadas todas las categorías profesionales, que variarán dependiendo del tamaño y características de cada empresa.

Dirección, Recepción, Pisos, Mantenimiento, Comidas y Bebidas, Animación, Recursos Humanos, Administración, Compras, Almacén, Comercial o Relaciones Públicas son algunos de los departamentos que componen las empresas de alojamiento turístico. Vamos a conocer las principales características de cada uno de ellos, el cálculo del personal necesario y sus necesidades de mobiliario y material.

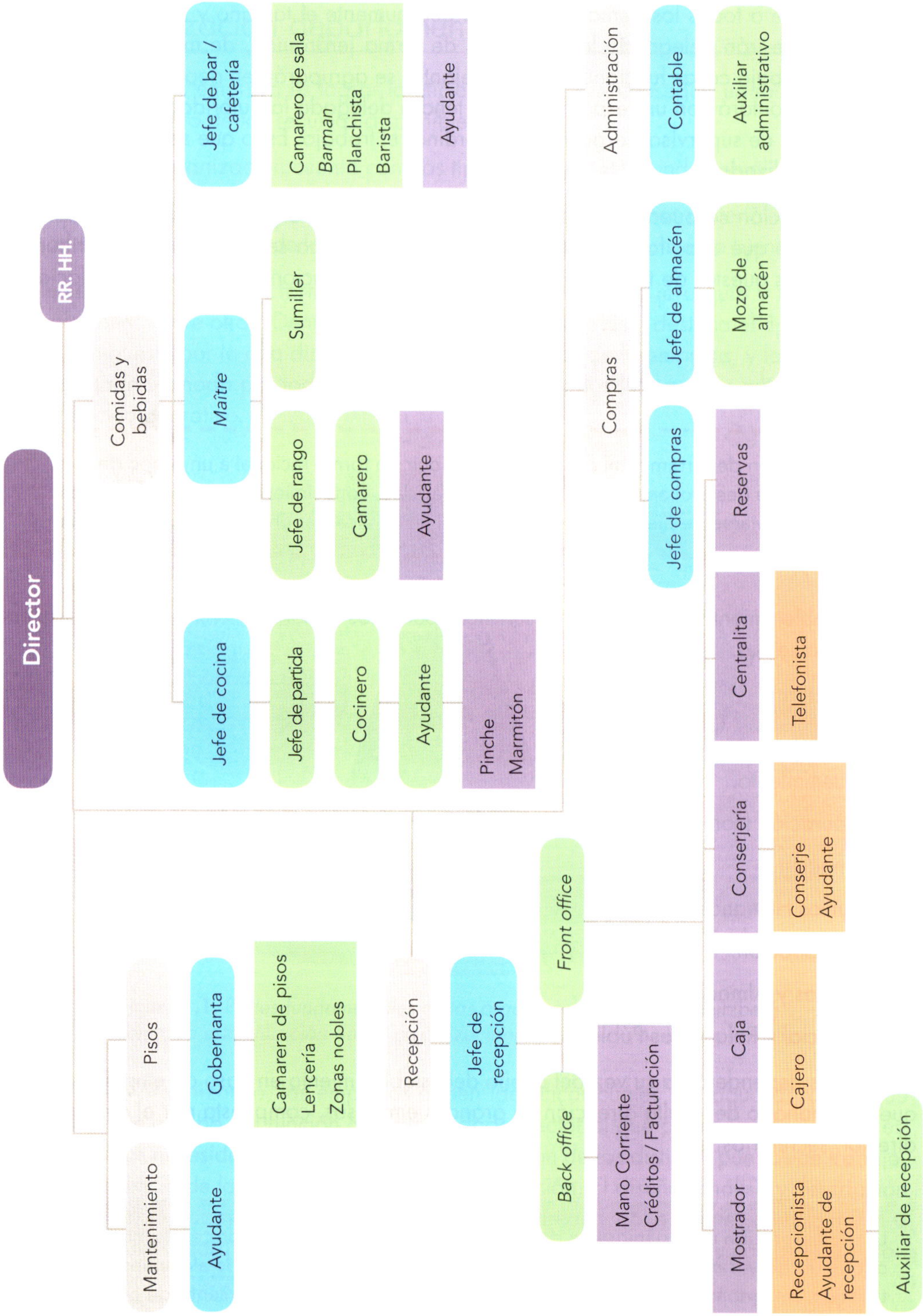

Figura 1.2. *Organigrama tipo de una gran empresa de alojamiento turístico.*

Además de los anteriores departamentos, que pueden formar parte o no de la estructura de la empresa y por lo tanto de su plantilla, existen otras figuras que pueden colaborar en momentos concretos con la empresa, pero sin formar parte de ella.

Se trata del *staff* y los tecnócratas, que son órganos de asesoramiento y apoyo al funcionamiento de la empresa (véase Figura 1.1). Pueden ser gestores, analistas, juristas, empresas especializadas (de calidad, medio ambiente, desinfección, servicios técnicos, alta tecnología, reformas o empresas de seguridad), etc.

La **Resolución de 6 de mayo de 2015, de la Dirección General de Empleo, por la que se registra y publica el V Acuerdo Laboral de ámbito estatal para el sector de hostelería,** contempla en su capítulo I el sistema de clasificación profesional en grupos profesionales y áreas funcionales, estableciendo las funciones básicas de la prestación laboral.

Tabla 1.1. *Grupos profesionales del área funcional primera: Recepción-Conserjería, Relaciones Públicas, Administración y Gestión, establecidos por el Resolución de 6 de mayo de 2015, de la Dirección General de Empleo, por la que se registra y publica el V Acuerdo Laboral de ámbito estatal para el sector de hostelería*

Grupo profesional del área funcional primera

Primero

Categoría profesional	Funciones básicas de la prestación laboral
Jefe/a de recepción	Realizar de manera cualificada y responsable la dirección, control y seguimiento del conjunto de tareas que se desarrollan en el Departamento de Recepción.
	Organizar, dirigir y coordinar el trabajo del personal a su cargo. Dirigir, supervisar y planificar el conjunto de actividades del Departamento de Recepción.
	Coordinar y participar con otros departamentos en la gestión del establecimiento.
	Colaborar con la dirección del establecimiento y/o con otros departamentos.
	Colaborar en la instrucción del personal a su cargo.
Segundo/a jefe/a de recepción	Realizar de manera cualificada y responsable la dirección, control y seguimiento del conjunto de tareas que se desarrollan en el Departamento de Recepción.
	Colaborar y sustituir al jefe/a de recepción en las tareas propias del mismo.
Jefe/a comercial	Realizar de manera cualificada y responsable la dirección, planificación y organización de las estrategias comerciales de las empresas.
	Elaborar las estrategias comerciales de la empresa.

Tabla 1.1. *(Continuación)*

Categoría profesional	Funciones básicas de la prestación laboral
Jefe/a comercial	Coordinar con los agentes y operadores turísticos la concentración de campañas de venta de servicios y conciertos comerciales.
	Dirigir la política de promoción. Colaborar en la instrucción del personal a su cargo.
Jefe/a de administración	Realizar de manera cualificada, autónoma y responsable, la dirección, control y seguimiento de las actividades contables y administrativas.
	Organizar, dirigir y coordinar el trabajo del personal a su cargo.
	Planificar y organizar los departamentos de contabilidad y gestión administrativa de las empresas.
	Dirigir y supervisar los sistemas y procesos de trabajo de administración.
	Colaborar en la instrucción del personal a su cargo.
Primer/a conserje	Realizar de manera cualificada, la dirección, control y seguimiento del conjunto de tareas que se desarrollan en el Departamento de Conserjería de los establecimientos.
	Dirigir, supervisar y planificar las tareas del Departamento de Conserjería.
	Colaborar y coordinar las tareas del Departamento de Conserjería con las de los demás departamentos.
	Organizar, dirigir y coordinar el trabajo del personal a su cargo.
	Colaborar en la instrucción del personal a su cargo.

Grupo profesional del área funcional primera

Segundo

Categoría profesional	Funciones básicas de la prestación laboral
Recepcionista	Realizar de manera cualificada, con iniciativa y responsabilidad la recepción de los clientes y todas las tareas relacionadas con ello.
	Ejecutar las labores de atención al cliente en la recepción.
	Realizar las gestiones relacionadas con la ocupación y venta de las habitaciones.
	Custodiar los objetos de valor y el dinero depositados.
	Realizar labores propias de la facturación y cobro, así como el cambio de moneda extranjera.
	Recibir, tramitar y dirigir las reclamaciones de los clientes a los servicios correspondientes.
Conserje	Realizar de manera cualificada, con iniciativa, autonomía y responsabilidad la asistencia e información a los clientes y los trabajos administrativos correspondientes.
	Atender al cliente en los servicios propios de conserjería.

Categoría profesional	Funciones básicas de la prestación laboral
Conserje	Informar a los clientes sobre los servicios de los establecimientos. Ejecutar las labores de atención al cliente en los servicios solicitados. Recibir, tramitar y dirigir las reclamaciones de los clientes a los servicios correspondientes.
Administrativo/a	Realizar de manera cualificada, autónoma y responsable las tareas administrativas, archivo y contabilidad correspondiente a su sección. Elaborar documentos de contabilidad. Efectuar el registro, control y archivo de correspondencia y facturación. Realizar la gestión de la contabilidad de la empresa. Cobrar facturas y efectuar pagos a proveedores. Efectuar las operaciones de cambio de moneda extranjera.
Relaciones públicas	Realizar de manera cualificada, autónoma y responsable las relaciones con los clientes y organizar actividades lúdicas o recreativas en los establecimientos. Recibir y acompañar a aquellos clientes que la dirección indique. Informar a los clientes de todos los servicios que están a su disposición Prestar sus servicios tanto dentro como fuera del establecimiento Gestionar las reservas de cualquier servicio que ofrezca la empresa.
Comercial	Realizar de manera cualificada, autónoma y responsable, el desarrollo de la planificación de las estrategias comerciales de la empresa. Colaborar con el Jefe/a comercial en el desarrollo de la política comercial del establecimiento Coordinar con otros departamentos el desarrollo de la política de promoción de la empresa Colaborar en las medidas y acciones publicitarias.
Ayudante/a de recepción	Participar con alguna autonomía y responsabilidad en las tareas de recepción ayudando al jefe/a de recepción y recepcionistas. Colaborar en las tareas propias del recepcionista. Realizar la atención al público en las tareas auxiliares de recepción. Ejecutar labores sencillas de la recepción. Realizar las tareas derivadas del perfil de la ocupación.
Ayudante/a de conserjería	Participar con alguna autonomía y responsabilidad en las tareas de conserjería ayudando al jefe de departamento y a los conserjes. Asistir, informar y aconsejar a los clientes.

En los grandes establecimientos donde la oferta incluya servicios de animación o excursiones, los responsables de este departamento serán los encargados de anunciar y exhibir los paneles informativos con la descripción del día, hora y lugar de celebración. Asimismo, podrán vender entradas, alquilar mobiliario (hamacas, tumbonas, toallas, sombrillas, flotadores, etc.) o equipos deportivos (raquetas de tenis, balones, palos de golf, bicicletas, canoas, esquís, etc.), siempre y cuando sean propiedad del establecimiento. Del mismo modo, se encargarán de elaborar y exponer en lugar visible los directorios con los eventos del día (salones reservados, conferencias, exposiciones, etc.), así como programar las pantallas digitales expositoras en caso de disponer de ese sistema.

Figura 1.6. *Ejemplos de directorios, manual y digital.*

Estará formado por las siguientes categorías profesionales: primer conserje, conserje, ayudante de recepción y conserjería y auxiliar de recepción y conserjería. Dadas las características de su actividad, deberán profesar en todo momento su disposición, mostrando amabilidad y gusto por el servicio, atención y asistencia al cliente.

Además de las tareas ya enunciadas de servicio al cliente, también se encargarán de atender a los requerimientos de los diferentes departamentos del establecimiento, como por ejemplo distribuir facturas o cartas del banco al Departamento de Administración, currículos al Departamento de Recursos Humanos, invitaciones a eventos al Departamento Comercial o de Recursos Humanos, etc., así como del envío y comunicación de mensajes, avisos y recados (como por ejemplo ir al banco a por cambio para caja o Administración, comprar prensa, recoger prendas de tintorería, etc.).

El personal de este departamento está evolucionando en establecimientos exclusivos y de alta categoría hacia el denominado *guest relations,* que es el personal encargado de toda la organización previa a la llegada de los clientes, de realizar un recibimiento y un *check-in* personalizado y de atender a sus peticiones como si de su asistente personal se tratase. Se dispondrá de un despacho donde se recibe, atiende y se gestionan las demandas de los clientes.

Actividad propuesta 1.2.

Guest relations

Investiga sobre el personal considerado *guest relations:* cuáles son sus funciones y las principales diferencias respecto al personal de un tradicional Departamento de Conserjería.

- **Centralita:** de forma análoga al Departamento de Conserjería, este departamento también ha visto mermadas sus funciones y, por tanto, su utilidad; la popularización del teléfono móvil ha disminuido drásticamente el volumen de llamadas a la centralita del establecimiento, al igual que la toma de recados, avisos o mensajes. Se ha extinguido prácticamente esta categoría, que pasa a ser asumida por el Departamento de Recepción o Mostrador. Estas funciones se desarrollarán con mayor detalle en la Unidad 5. Asimismo, los sistemas de gestión informatizados registran las llamadas realizadas desde las habitaciones, y cargan directamente el importe en las facturas, por lo que este departamento también se ha visto descargado de esa función.

  La modalidad de reservas *online* también ha contribuido a la disminución del volumen de llamadas, cuya finalidad era contactar con el Departamento de Reservas y realizar sus consultas.

  La utilidad del teléfono en el ámbito interno queda relegada por tanto a los terminales inalámbricos para la localización del personal o para realizar llamadas interdepartamentales. También es de utilidad para programar el servicio de despertador a las habitaciones, o para el servicio de megafonía. La categoría profesional es la de telefonista.

Figura 1.7. *El servicio telefónico de un alojamiento turístico constituye una de sus tarjetas de presentación.*

Para ampliar

El sistema de la mensajería por televisión emplea un sistema similar a como funcionan las centralitas en el registro de llamadas enviadas y recibidas. Mediante ese registro, aparecerán secuenciados los avisos enviados a las habitaciones, reflejando la hora a la que se envió el mensaje, especificando si se trata de un mensaje o un despertador y la confirmación o no de lectura. En caso de recibir alguna queja o reclamación por parte de un huésped (por ejemplo, que ha perdido un avión porque no se le ha despertado), se podrá demostrar si ha sido un error del establecimiento o no.

- **Caja:** este departamento es el responsable de realizar el cambio de moneda extranjera; cobrar facturas a los clientes; realizar la documentación relativa a las liquidaciones de efectivo y crédito, control de cargos, cuadres, listados y cierre diario. También se encarga de las cajas de seguridad del establecimiento, de los vales de caja, de proveer de cambio a los diferentes departamentos, etc. Deberá disponer para ello de una cantidad de dinero determinada denominada *fondo de caja,* de la cual deberá responder. Por lo tanto, en el caso de ser esta compartida por más de un turno, deberá ser contada al inicio y al final de la jornada, a fin de poder localizar más fácilmente cualquier descuadre. El personal de este departamento elaborará los listados necesarios que reflejen la actividad generada durante el turno o la jornada, registrando cada movimiento y realizando las liquidaciones que correspondan. Estas funciones se desarrollarán con mayor detalle en la Unidad 4.

Sabías que...

Hace algún tiempo, el cambio de divisa era una importante fuente de ingresos para los establecimientos que ofrecían este servicio; sin embargo, con la entrada del euro y el uso extendido de las tarjetas de crédito, este servicio cada vez es más infrecuente. Los establecimientos autorizados por el Banco de España para el cambio de moneda extranjera deberán anunciar el tipo de cambio en un lugar visible y detallar el importe de la comisión que aplican.

Figura 1.8. *Divisas.*

TIPOS DE CAMBIO DE MONEDA EXTRANJERA

CÓDIGO	MONEDA	UNIDAD CAMBIO	CAMBIO EUROS
USD	DOLAR USA (G)	1	0,78
USD	DOLAR USA (P)	1	0,77
USD	DOLAR USA TRAVEL	1	0,79
CHF	FRANCO SUIZO	1	0,79
GBP	LIBRA ESTERLINA BILLETE	1	1,04
GBP	LIBRA ESTERLINA TRAVEL	1	1,05

Importes finales. Comisión aplicada del 5 %.

Figura 1.9. *Tipo de cambio de divisa.*

COMPRA DE DIVISAS Nª 01037

Nombre: .... Liquidación Nº. ....

Nacionalidad: .... Nº de pasaporte: ....

CHEQUE DE VIAJE				
EXPEDIDOR	DIVISA	IMPORTE	CAMBIO	CONTRAVALOR
			Total A	

BILLETES DE BANCO EXTRANJEROS			
DIVISA	IMPORTE	CAMBIO	CONTRAVALOR
		Total B	

Comisión autorizada por el Banco de España ....%

(A)	
(B)	
Total	

En ...., a ....de.....................de......................

Firma autorizada y sello del establecimiento

Recepcionista:....................................

Figura 1.10. *Ejemplo de plantilla para cumplimentar al realizar un cambio de divisa.*

Actividad propuesta 1.3.

Cambio de divisa

Busca información sobre los permisos necesarios para poder ofrecer el servicio de cambio de divisa en un establecimiento, e investiga sobre los tipos de cambio actuales de las principales divisas.

Con respecto al Subdepartamento de Créditos, gestionará aquellos concedidos a empresas o intermediarios, así como los depósitos, anticipos o pagos por adelantado recibidos, ya sea por parte de empresas o clientes particulares. Deberá gestionar su custodia, dejando constancia del importe y la reserva a la que hace referencia, de modo que sea descontado ese importe del total de la factura final.

- **Reservas:** este departamento se encarga de gestionar las diferentes peticiones de reservas, directamente o a través de los diferentes canales de reservas. Debe conocer perfectamente la oferta del establecimiento, la disponibilidad, los contratos, las tarifas aplicables, gestionará los cupos y emitirá la documentación correspondiente. Estas funciones se desarrollarán con mayor profundidad en la Unidad 2.

Back office

Está formado por aquellos departamentos responsables de las funciones de gestión de la empresa que no tienen contacto físico directo con la clientela. Se puede decir que por sí mismos no generan ingresos a la empresa, pero son necesarios para su correcto funcionamiento. Pertenece al Departamento de Recepción y puede estar ubicado en el mismo lugar físico, o lejos de él.

- **Mano Corriente:** es el departamento encargado de realizar los cargos diarios a las habitaciones (importe de la habitación, servicios de restauración, teléfono, *parking,* lavandería, etc.). Los programas de gestión actuales han automatizado estos cargos, dejando las funciones de este departamento sin efecto. Sin embargo, aún existe en pequeños establecimientos que elaboran las facturas de forma manual.
- **Facturación y Créditos:** en función de las dimensiones y características del establecimiento, este departamento puede formar parte del Departamento de Recepción, o puede constituir todo un departamento por sí mismo; desde Recepción, se realiza la apertura de las facturas de clientes (en la Unidad 4 se desarrollará este apartado con más detalle), el control de cargos, actualización, cobro y cierre de las mismas. Asimismo, se realizará el cálculo de las deducciones y comisiones correspondientes, abrirá créditos y controlará los cobros y pagos de las agencias de viajes, empresas y compañías con las que se colabore.

Figura 1.11. *Departamento de Reservas.*

Figura 1.12. *El Departamento de Mano Corriente es el responsable de cuadrar todos los cargos efectuados en las habitaciones.*

Figura 1.13. *El Departamento de Facturación es el responsable de la gestión de las facturas emitidas a los clientes, sean estos particulares, empresas o agencias.*

1.1.2. El Departamento de Pisos

Su función es la de mantener las instalaciones limpias y acondicionadas, para asegurar el máximo confort e higiene del establecimiento. Este departamento se puede subdividir a su vez en función de las distintas áreas en las que se distribuyan, como puede ser:

- **Zonas nobles:** aquellas instalaciones de uso común, como los accesos y dependencias de uso público (entrada, *hall,* salas de estar, aseos, pasillos, salones, restaurante, bar, cafetería, *pub,* piscina, gimnasio, garaje, ascensores, escaleras, mobiliario, moquetas, cortinas, suelos y gres).
- **Zonas de personal:** oficinas, vestuarios, despachos, etc.
- **Habitaciones** y zonas de uso de clientes.

La limpieza de áreas como la cocina, almacén, zona de cámaras, zona de basuras, *office* o la *plonge* suele quedar a cargo del personal de la brigada de cocina (auxiliares de cocina, marmitones o pinches).

Otro subdepartamento a su vez dentro del Departamento de Pisos, es el de Lencería-Lavandería. Se encarga de llevar a cabo el inventario, limpieza, planchado, y reposición de aquellas piezas textiles de uso habitual (ropa de cama, cortinajes, toallas), así como el tratamiento adecuado de las prendas entregadas por los clientes. Una figura prácticamente desaparecida es el *valet* o mozo de habitaciones: es la persona encargada de retirar la ropa sucia de las habitaciones, realizar el inventario y repartir el material limpio de reposición entre los *office* de planta para que dispongan de ellos las camareras de pisos. También ayuda en las tareas más pesadas (mover camas o muebles, dar vuelta a colchones, descolgar cortinas, etc.).

Figura 1.14. *Personal responsable del Departamento de Pisos.*

Figura 1.15. *Camarera de pisos y valet.*

La encargada de este departamento es la gobernanta, y es la responsable de organizar los horarios, distribuir el trabajo entre las camareras de pisos y las auxiliares de pisos y limpiadoras, supervisa la limpieza y conservación del mobiliario y de las instalaciones, lleva los inventarios, realiza el pedido de productos de limpieza, *amenities,* supervisa los uniformes del personal a su cargo, gestiona las prendas de clientes entregadas a lencería, lleva el registro de los objetos olvidados por los clientes en las habitaciones, etc.

1.1.3. El Departamento de Mantenimiento

Este departamento debe velar por el buen funcionamiento de todas las instalaciones del hotel y se ocupará de: instalaciones eléctricas, canalización de agua, grifería, sanitarios, teléfono e Internet, jardines, calderas, mobiliario, equipamiento electrónico o informático, maquinaria, etc.

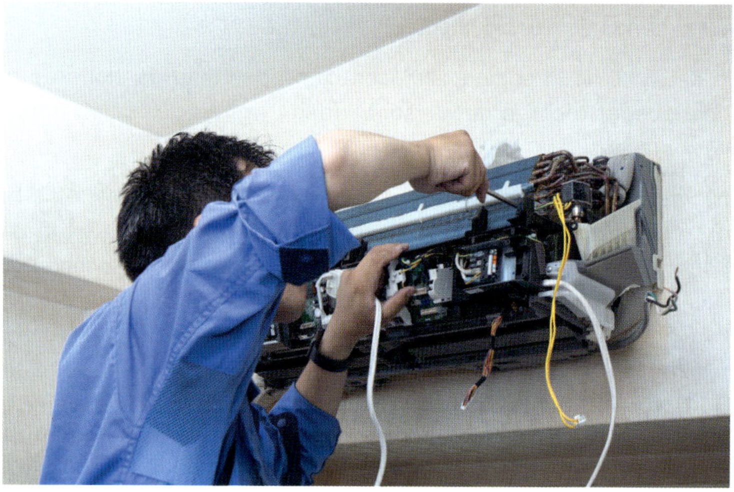

Figura 1.16. *Personal de mantenimiento.*

El encargado de este departamento es el jefe de mantenimiento, que debe realizar el control y seguimiento de las averías y reparaciones que sea necesario efectuar en el establecimiento; además, supervisará el trabajo de sus operarios, determinará qué reparaciones se pueden llevar a cabo por el propio departamento y cuáles requieren la subcontratación de los servicios a profesionales, realizará el cálculo de costes de las reparaciones, valorará la conveniencia de la reparación o sustitución, propondrá mejoras y sugerirá los mejores equipos y las instalaciones más avanzadas o convenientes según las necesidades y características del establecimiento. Las categorías profesionales son: encargado de mantenimiento y servicios, especialista en mantenimiento y servicios, auxiliar en mantenimiento y servicios.

Cabe diferenciar dos tipos de mantenimiento:

- **Mantenimiento preventivo o predictivo:** comprende un conjunto de operaciones encaminadas a prevenir un fallo o avería. Suelen ser actividades programadas de forma periódica, revisiones, comprobaciones que pueden llevar incluidas pequeñas intervenciones como sustitución de piezas, limpiezas, lubricación, ajustes, calibraciones, etc. Estas operaciones están encaminadas a alargar la vida útil y operatividad del equipo que, aunque llevan implícito un coste, siempre es menor que el que puede generar una avería.

Por ese motivo se aplica este tipo de mantenimiento en equipos que tienen un coste elevado o cuya avería pueda causar un serio trastorno en el funcionamiento habitual de la empresa. Un ejemplo de este tipo de mantenimiento es el que se puede llevar a cabo en ascensores, montacargas o calderas, por ejemplo.

- **Mantenimiento correctivo:** es aquel que se realiza una vez que se ha detectado un fallo o avería y se actúa para solventarlo.

1.1.4. El Departamento de Restauración

Los establecimientos que ofrezcan servicio de comedor son de libre oferta y pueden prestarse solo para los clientes alojados o para el público en general. Así, se pueden ofrecer junto con el alojamiento los regímenes de pensión completa (alojamiento, desayuno, almuerzo y cena), media pensión (alojamiento, desayuno y almuerzo o cena) y el régimen de alojamiento y desayuno. Las categorías profesionales que pertenecen a este departamento son, entre otras: jefe de cocina, segundo jefe de cocina, jefe de *catering,* jefe de partida, cocinero-repostero, ayudante de cocina, auxiliar de cocina; jefe de restaurante o sala, segundo jefe de restaurante o sala, jefe de sector, camarero, *barman,* sumiller, ayudante de camarero; jefe de operaciones de *catering,* jefe de sala de *catering,* jefe de equipo de *catering,* supervisor de colectividades, preparador o montador de *catering,* ayudante de equipo de *catering,* auxiliar de colectividades, auxiliar de preparación y montaje de *catering.*

Desayunos

La oferta de servicios de desayuno puede ser tan variada como la tipología de establecimientos que existen; algunos de los más habituales son:

- **Desayuno bufé:** se suele ofrecer en grandes establecimientos. Se disponen los manjares distribuidos en diferentes zonas, para que los clientes se sirvan a discreción; puede ser atendido por el personal o no. Debe cuidarse mucho la estética y reponer constantemente los géneros.
- **Desayuno sencillo continental:** compuesto por pan tostado con mantequilla y mermelada, bollería, café, té o chocolate, acompañado o no de zumo, cereales o embutido.
- **Desayuno americano o inglés**: es similar al anterior pero más completo al añadir huevos (revueltos, cocidos, pasados por agua o fritos), cereales, tostadas, mermeladas, zumos, salchichas, beicon, alubias, etc.
- ***Brunch:*** vocablo procedente de la unión de los términos *breakfast* y *lunch*, consistente en un bufé de desayuno con un horario más amplio y tardío, que incluye además productos que pueden formar parte de un almuerzo, como canapés, patés, mariscos, ensaladas, ahumados, pastas, entrantes, asados, arroces, etc., y bebidas como cócteles, vinos o espumosos, entre otros.
- ***Coffee break:*** es un tipo de desayuno de trabajo, servido durante la pausa de reuniones de trabajo, congresos o conferencias, ya sea en las mismas dependencias o en zonas anexas o cercanas a ellas.

Desayuno bufé

Desayuno americano

Desayuno continental

Brunch

Figura 1.17. *Algunos tipos de desayuno.*

Restaurante

Los establecimientos hoteleros pueden ofrecer una cocina de alta calidad; algunos de ellos cuentan con chefs galardonados con estrellas Michelin o soles Repsol en sus cocinas, que incluso son objeto de la modalidad del turismo gastronómico; buen ejemplo de ello son los Paradores de Turismo, que se precian por su esmerada cocina basada en productos locales y recetas tradicionales adaptadas y transformadas por chefs de renombre. Por lo tanto, la oferta en estos establecimientos suele ser amplia y variada, pudiendo ofrecer sus servicios a clientes que no necesariamente deban estar alojados en el establecimiento.

En ese sentido, podemos encontrar establecimientos que sirvan menú degustación, carta, menú del día, bufé, *brunch*, menú con productos de temporada o locales, menús ejecutivos, menús caseros, menú de jornadas gastronómicas, menú turístico, etc.

Room service

El servicio de habitaciones es aquel que ofrecen los hoteles de cierta categoría, mediante el cual se sirven manjares y bebidas frías o calientes en las habitaciones de los clientes. La carta con la oferta y variedad de platos que forman parte del servicio de *room service*, se expone de forma visible en las habitaciones. El servicio de desayuno *room service*, puede además ser servido bajo pedido en lo que se denomina el *breakfast order*, documento similar a la orden de servicio (véase Unidad 4), consistente en una plantilla con la relación de productos disponibles, de forma que el cliente únicamente deberá marcar o señalar con una cruz aquellos que desee tomar. Este documento se puede dejar colgado en el exterior de la puerta la noche anterior, entregarse en recepción o conserjería la noche anterior, o ser solicitado por teléfono en el momento en el que se desee consumir (dentro del rango horario en el que se sirva).

Figura 1.18. *Restaurante.*

Figura 1.19. *Servicio de* room service *o servicio de habitaciones.*

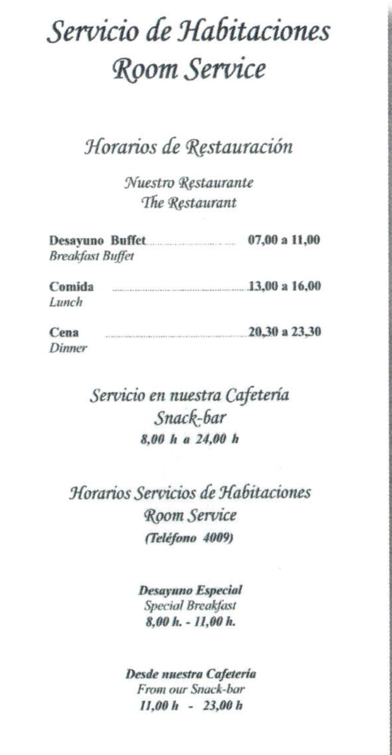

Servicio de Habitaciones
Room Service

Horarios de Restauración

Nuestro Restaurante
The Restaurant

Desayuno Buffet .... **07,00 a 11,00**
Breakfast Buffet

Comida .... **13,00 a 16,00**
Lunch

Cena .... **20,30 a 23,30**
Dinner

Servicio en nuestra Cafetería
Snack-bar
8,00 h a 24,00 h

Horarios Servicios de Habitaciones
Room Service
(Teléfono 4009)

Desayuno Especial
Special Breakfast
8,00 h. - 11,00 h.

Desde nuestra Cafetería
From our Snack-bar
11,00 h - 23,00 h

Figura 1.20. *Carta de* room service.

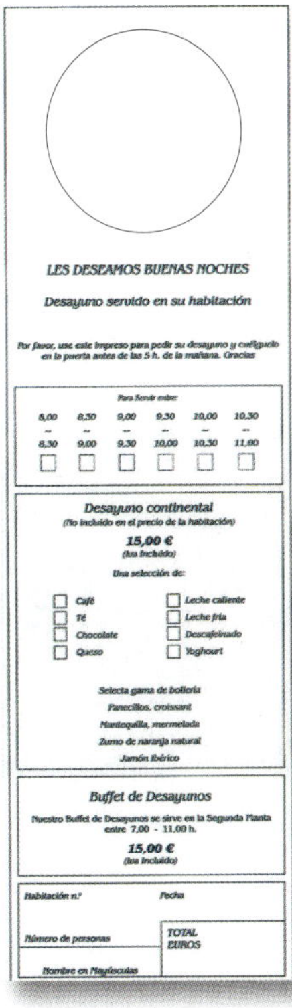

LES DESEAMOS BUENAS NOCHES

Desayuno servido en su habitación

Por favor, use este impreso para pedir su desayuno y cuélguelo en la puerta antes de las 5 h. de la mañana. Gracias

Para Servir entre:

8,00 – 8,30	8,30 – 9,00	9,00 – 9,30	9,30 – 10,00	10,00 – 10,30	10,30 – 11,00
☐	☐	☐	☐	☐	☐

Desayuno continental
(No incluido en el precio de la habitación)
15,00 €
(Iva Incluido)

Una selección de:

☐ Café ☐ Leche caliente
☐ Té ☐ Leche fría
☐ Chocolate ☐ Descafeinado
☐ Queso ☐ Yoghourt

Selecta gama de bollería
Panecillos, croissant
Mantequilla, mermelada
Zumo de naranja natural
Jamón ibérico

Buffet de Desayunos
Nuestro Buffet de Desayunos se sirve en la Segunda Planta entre 7,00 - 11,00 h.
15,00 €
(Iva Incluido)

Habitación n.º Fecha
Número de personas TOTAL EUROS
Nombre en Mayúsculas

Figura 1.21. *Modelo de hoja de solicitud del desayuno de* room service.

Cafetería

Este tipo de servicio también puede formar parte de algunos establecimientos donde se ofrecen desayunos o meriendas, refrescos, batidos, zumos, granizados, o algún menú gastronómico sencillo como platos combinados, bocadillos, pinchos, sándwiches o productos elaborados a la plancha, para quien desee tomar algo rápido o menos contundente que un menú.

Figura 1.22. *Las cafeterías de los establecimientos turísticos suelen estar abiertas al público general, diversificando de este modo su oferta y ampliando su cifra de negocio.*

Pub, discoteca o piano bar

Este servicio es propio de establecimientos de cierta categoría, donde se puede tomar una bebida, cóctel o combinado en un ambiente tranquilo, acompañado de música en directo o algún tipo de espectáculo.

La discoteca puede formar parte de establecimientos urbanos, con acceso desde el exterior abierto al público general, o puede formar parte de grandes *resorts*, u hoteles de playa que ofrecen servicio de animación a sus huéspedes.

Figura 1.23. *La discoteca es un tipo de oferta complementaria a la actividad principal y constituye una importante fuente de ingresos.*

Piscina bar

Propio de grandes complejos hoteleros, con oferta amplia y variada; ofrece cocina temática y combinados exóticos, helados, granizados, sorbetes, etc.

Figura 1.24. *Los bares de las piscinas de los establecimientos turísticos son una excelente opción para refrescarse dentro o fuera del agua.*

Catering

Esta fórmula de restauración consiste en servir productos previamente elaborados en una cocina, en un punto lejano a aquel en el que fueron producidos. Incluye el personal, la maquinaria y el utillaje necesarios para ofrecer el servicio, realizar el transporte, efectuar el montaje, regenerar y servir la comida y bebida, disponer la mantelería, el mobiliario, encargarse de la decoración, etc. Hay establecimientos que contemplan esta fórmula de restauración en sus instalaciones, y ofrecen banquetes, cócteles y aperitivos, bufés fríos y calientes, *coffee breaks,* etc.

Banquetes

Es frecuente realizar banquetes o grandes celebraciones en establecimientos de tipo hotelero, debido a la capacidad de sus salones para albergar este tipo de eventos como bodas, comuniones, jubilaciones, cenas o comidas de empresa, cenas o comidas de Navidad, etc.

Figura 1.25. *Cada vez es mayor el número de hoteles que incluyen el* catering *en su oferta gastronómica.*

Figura 1.26. *Gracias a la versatilidad de sus salones, los hoteles pueden acoger banquetes de diversa índole.*

Actividad propuesta 1.4.

Restauración en establecimientos de alojamiento

Busca información sobre los diferentes servicios de restauración y la oferta gastronómica que se puede encontrar según la categoría y el establecimiento de que se trate.

1.1.5. El Departamento de Animación

La animación supone un valor añadido en todo establecimiento. Además de buscar aumentar las ventas al tratar de retener a los huéspedes en el establecimiento, también busca entretener, sorprender, hacerlos participes de las actividades, animarlos a socializar o a aprender. Este servicio puede ser complementario a su vez de un servicio de banquete, por ejemplo, para animar a los invitados con música, juegos o espectáculo, disfraces, *photocall,* karaoke, etc.

Figura 1.27. *La figura del animador turístico es esencial para amenizar un evento colectivo.*

Podemos diferenciar entre dos tipos de animación: para niños, para adultos y mixta.

- **Animación para niños:** ante todo busca entretener, divertir, que los niños conozcan a otros compañeros de su edad y pasen una estancia agradable. Esto permite a las familias disfrutar juntas, ya que los adultos dispondrán de tiempo libre mientras los niños disfrutan de este servicio. Entre otras actividades, se pueden ofrecer: talleres de cocina, papiroflexia, bailes, fotografía, pintura, manualidades, gimnasia, juegos, deportes, excursiones, actividades acuáticas, fiestas temáticas, pinta caras, disfraces, yincanas, teatro, concursos, etc.
- **Animación para adultos:** actividades con diversa finalidad; puede ser como simple oferta de ocio y entretenimiento, o como un fin en sí mismo como, por ejemplo, en establecimientos para solteros o *singles*, en los que se busca ofrecer actividades que faciliten que

la gente se conozca, u orientado a grupos del Imserso con gimnasia, yoga, pilates, bailes de salón, campeonatos de juegos de mesa, concursos, etc.

- **Animación mixta:** comprende actividades que pueden compartir niños y adultos.

1.1.6. El Departamento de Recursos Humanos

Este departamento tiene la responsabilidad de realizar la selección del personal que va a formar parte de la plantilla del hotel, por lo que deberá buscar a aquel cuyo perfil se adapte mejor a las características del establecimiento, ya que el factor humano es importantísimo en las empresas turísticas. Así, deberá concretar los criterios que deben cumplir las personas que entren a formar parte de la empresa que, además de contar con la formación y experiencia necesaria, deberán hacer gala de su profesionalidad, honestidad, compromiso, implicación, talento, iniciativa, etc.

Figura 1.28. *Del buen criterio y acierto en la elección del personal que forme parte del equipo humano de toda empresa dependerá su éxito.*

Es un órgano que está en contacto directo con la dirección y con la plantilla, haciendo de mediador y asesor. Además, deberá gestionar y optimizar los recursos humanos de la empresa, ocupándose de aspectos como las relaciones laborales, la formación, el desarrollo y la promoción y motivación del personal, los contratos, las vacaciones, los permisos, los incentivos, la prevención de riesgos laborales, la gestión de nóminas, etc.

1.1.7. El Departamento de Administración

El Departamento de Administración se encargará de cuadrar todas las cuentas de los departamentos, archivar documentos, efectuar pagos a proveedores, llevar los libros contables, pagar tributos, seguros, impuestos, tasas, comisiones, créditos, así como controlar cobros pendientes. Puede estar ubicado en el mismo establecimiento o fuera de él, como es el caso de algunas empresas que tienen este servicio centralizado o subcontratado. Las categorías profesionales son: jefe de administración, administrativo, ayudante administrativo y auxiliar administrativo.

Figura 1.29. *El Departamento de Administración se encarga de la función financiera, económica y fiscal de la empresa.*

1.1.8. El Departamento de Compras y Almacén

Como todas las empresas, las de alojamiento turístico necesitan abastecerse de bienes y productos para poder desarrollar su actividad. Esta tarea la lleva a cabo el Departamento de Compras, que es quien centraliza los pedidos, realiza la selección de proveedores, se encarga de la recepción de productos realizando las comprobaciones correspondientes, del almacenamiento adecuado de los géneros, de la realización de inventarios y del control de *stocks*. Manejará las notas de pedido, los vales de pedido, albaranes, e imputará los consumos a los departamentos correspondientes para llevar el control de gasto y productividad por departamento.

Figura 1.30. *La correcta gestión de las existencias del almacén es esencial para poder satisfacer de forma continuada e ininterrumpida las necesidades de bienes materiales del establecimiento.*

Se distinguen varios lugares de almacenaje:

- **Almacén:** es el lugar en el que se guardan materiales inventariables, es decir, artículos de reposición que forman un *stock* permanente (mesas, sillas, tableros, sábanas, lámparas, toallas, manteles, vajilla, cristalería).

- **Bodega:** lugar destinado a almacenar y conservar en las condiciones adecuadas aquellas bebidas y licores que forman parte de la oferta gastronómica del establecimiento.
- **Economato:** en él se almacenan y conservan en las condiciones adecuadas productos de tipo fungible y perecedero. Se pueden diferenciar varias zonas en función de las necesidades de conservación de los productos (congeladores, cámaras refrigeradas, antecámaras, estanterías para conservas, legumbres, pastas, tolvas para productos a granel etc.), que permiten una adecuada rotación de géneros.

1.1.9. El Departamento Comercial y el de Relaciones Públicas

En este apartado se incluyen estas dos categorías profesionales, porque si bien pueden entenderse como independientes, también pueden aunarse en una única figura.

El Departamento Comercial es el encargado de maximizar la rentabilidad del establecimiento. Para ello, buscará clientes, estableciendo convenios, contratos de colaboración y acuerdos, en función de las características y la oferta del establecimiento, así como del segmento del mercado al que se pretenda dirigir. Es el encargado de vender y contratar eventos (bodas, banquetes, conferencias, exposiciones, ferias), pero también de lanzar ofertas y paquetes (escapada romántica, 2 × 1, cena gratis, etc.).

Figura 1.31. *El Departamento de Relaciones Públicas es el que establece contacto directo con los posibles clientes.*

El Departamento de Relaciones Públicas es el gestor de la comunicación del establecimiento; por lo tanto, deberá manejar la página web y las redes sociales (Facebook, Tripadvisor, etc.). Atenderá en persona a los clientes reales y potenciales, representará al establecimiento en eventos, ferias y congresos, promocionando y ofertando sus instalaciones y servicios. También colaborará como patrocinador, será quien organice el protocolo en los eventos o visitas de personalidades y llevará a cabo la correcta gestión de encuestas o bases de datos con fines publicitarios e informativos; en cierto modo será la cara visible del establecimiento en el exterior, por lo que debe transmitir una imagen y profesionalidad acorde con el establecimiento al que representa. Sus categorías comerciales son: jefe comercial, relaciones públicas, comercial.

tarde cuando haya más entradas. También habrá que tener en cuenta no solo la estacionalidad del sector, sino también los eventos especiales, es decir, las fechas previstas de celebración de por ejemplo ferias, congresos, fiestas, eventos deportivos o culturales que afecten a la ocupación del establecimiento. La previsión de personal también dependerá del sistema de trabajo empleado, sobre todo de la existencia de métodos manuales o informatizados, puesto que el empleo de unos u otros determinará en gran modo la agilidad en la realización de los trámites reduciendo así el número de personal necesario.

Hotel de playa — Hotel de congresos — Alojamiento rural

Camping — Hotel/pensión — Hotel balneario

Figura 1.33. *Diferentes tipos de empresas turísticas.*

Un error en la gestión de los recursos humanos puede suponer la sobrecarga de actividades si se dispone de pocos efectivos, con el consiguiente malestar o fatiga del personal en plantilla o, por el contrario, suponer un derroche de tiempos muertos en caso de calcular más personal del necesario.

No existe un único criterio válido para determinar el número de personal necesario en cada turno, sino que será la propia dirección quien establezca el ratio habitaciones/trabajador en función de los criterios anteriormente expuestos: grado de ocupación, métodos de trabajo, etc. Este criterio será también el que se aplique para determinar el número de personas que compondrá cada turno, ya que dependiendo de los días no tendremos el mismo volumen de trabajo en el turno de mañana que en el de tarde o en el de noche.

Recuerda

El ratio habitaciones/trabajador dependerá del criterio de los gestores del establecimiento. Se puede estimar un número variable de habitaciones por empleado, estableciendo 1 empleado por cada 50 habitaciones, por cada 80, o 100 por citar algunos ejemplos, dependiendo de múltiples factores.

Vamos a explicarlo con un **ejemplo:** póngase por caso un día en el que se espera la llegada de un grupo que además tenga contratado un evento en el establecimiento por la tarde. Se reforzaría el Departamento de Recepción y Conserjería del turno de tarde, porque muy probablemente debamos ofrecer información a los nuevos huéspedes, deberíamos agilizar el proceso de *check-in* para evitar colapsar el *hall* y la entrada, deberemos realizar la entrega de llaves y el manejo de la *rooming list*. Asimismo, se dispondría del personal necesario para atender el evento, se avisaría a los departamentos implicados para que se realice la limpieza del salón; el servicio de mantenimiento debería montar los equipos necesarios, el de restauración colocaría las mesas y sillas necesarias, etc. Por otra parte, el día de salida habrá que reforzar el turno de mañana para realizar el *check-out* y el cobro de facturas de forma ágil, pero no necesariamente el de tarde.

Figura 1.34. *En el tratamiento de grupos, la coordinación de todos los departamentos implicados es la base para asegurar un correcto servicio.*

Para dar solución a casos como el que se acaba de exponer, se suele contar con una plantilla fija, sobre la cual se irán elaborando los turnos semanalmente en función de las necesidades o imprevistos de la empresa. Según esas previsiones, los turnos podrán elaborarse con mayor o menor antelación, ya que dependerán del volumen de actividad del establecimiento.

Vamos a ver en un **ejemplo** cómo se realiza este cálculo del personal necesario:

Un hotel de cuatro estrellas, con 200 habitaciones, desea conocer la plantilla necesaria para cubrir el puesto de recepción. Tiene dos jefes de recepción: uno de mañana y otro de tarde, dos recepcionistas de mañana, dos de tarde, y dos de noche. El convenio colectivo establece 30 días de vacaciones anuales, 14 festivos y una jornada laboral de 40 horas semanales.

Lo primero que debemos calcular es el número de personas que deben trabajar diariamente en recepción:

- 2 jefes de recepción
- 2 recepcionistas de mañana
- 2 recepcionistas de tarde
- 2 recepcionistas de noche

Por lo tanto, necesitamos a 8 personas diariamente:

8 personas × 365 días que tiene el año = 2920 turnos anuales que debo cubrir

Ahora vamos a calcular los días de trabajo efectivo que realiza un empleado al año:

365 días que tiene el año – 30 días de vacaciones = 335 días

Además, cada trabajador debe descansar dos días a la semana:

De cada 7 días le corresponden → 2 días de descanso

Por 335 días le corresponderán → 96 días de descanso

335 días – 96 = 239 días de trabajo

Todos los trabajadores, además de sus vacaciones, tienen el derecho a disfrutar de los días festivos nacionales correspondientes; estos varían según los países. En España son, por orden cronológico: el 1 de enero, Año Nuevo; el 6 de enero, Epifanía del Señor; Viernes Santo; 1 de mayo, Fiesta del Trabajo; 15 de agosto, Asunción de la Virgen; 1 de noviembre, Todos los Santos; 6 de diciembre, Constitución Española; 8 de diciembre, Inmaculada Concepción, y 25 de diciembre, Navidad.

Además de estas festividades, se añaden aquellas regionales y autonómicas que variarán según la comunidad autónoma de que se trate.

Figura 1.35. *Todo trabajador tiene derecho a 30 días de vacaciones más los días festivos correspondientes y sus descansos semanales.*

En el caso de empresas que no pueden cesar su actividad en días festivos, como es el caso de algunas fábricas o empresas turísticas, el disfrute de estos festivos se ajustará a lo que tengan estipulado en su convenio colectivo o estatutos de la empresa, pero deben contabilizarse como descansos del personal; por lo tanto, se descontarán del número total de días trabajados al año. Así, tenemos:

239 – 14 festivos = 225 días de trabajo efectivo que realizará un empleado al año

El establecimiento debía cubrir 2920 turnos anuales. Si un empleado cubre 225 turnos al año:

2920/225 = 13 empleados deberé tener en plantilla para poder cubrir todos los turnos.

De los cuales: 6 recepcionistas diarios × 365 días = 2190

2190/225 = 10 recepcionistas

2 jefes de recepción × 365 días = 730

730/225 = 3 jefes de recepción

Actividad propuesta 1.7.

Cálculo de la plantilla de recepción

Calcula el personal que deberá contratar un establecimiento que necesita cubrir los siguientes turnos: de lunes a viernes, 2 recepcionistas de mañana, 2 de tarde y 1 de noche. Los sábados y domingos: 1 a turno partido, 1 de mañana, 1 de tarde y 1 de noche. La jornada laboral es de 40 horas semanales, y cada empleado cuenta con 30 días de vacaciones y 14 festivos.

Una vez hemos calculado el número de personas necesario para cubrir todos los turnos, deberemos elaborar el cuadrante horario, para lo cual, tendremos en cuenta los siguientes criterios:

- Cada trabajador deberá disfrutar de dos días de descanso consecutivos a la semana, de los cuales al menos uno de ellos al mes debe ser domingo.
- La jornada laboral no excederá de las 40 horas semanales (puede haber excepciones según los convenios colectivos).
- Entre turno y turno deberán transcurrir un mínimo de 12 horas.
- En las jornadas partidas deberá haber un mínimo de dos horas entre los dos períodos de trabajo.
- Las personas de menor categoría profesional (ayudantes, auxiliares) no podrán realizar un turno solos, sino que necesariamente deben estar acompañados de un responsable de mayor categoría dentro del departamento.
- Se deberá efectuar un reparto de turnos lo más equitativo posible, para evitar hacer trabajos repetitivos.
- El cuadrante se deberá dar a conocer a los trabajadores al menos con una semana de antelación, en la medida de lo posible.
- Se procurará distribuir a los trabajadores en los turnos de forma que la plantilla esté equilibrada, compensada y ajustada a las tareas correspondientes a esa jornada.
- Se utilizarán métodos de medición de tiempos y procesos, de forma que se descomponga cada tarea en otras más sencillas y medibles, consiguiendo así estimar el tiempo y recursos necesarios para realizar cada una de ellas, permitiendo establecer de forma más precisa el tipo y número de personal necesario en cada caso.

Figura 1.36. *Diseño de cuadrantes de turnos.*

Vamos a ver cómo se elabora el cuadrante según un **ejemplo** en el que tengamos a diario: un recepcionista de mañana, uno de tarde, uno de noche y un ayudante a turno partido; y de lunes a viernes: dos ayudantes de recepción, uno de mañana y otro de tarde que trabajan reforzando la plantilla entre semana.

En primer lugar, debemos calcular el número de empleados que necesitamos para cubrir todos los turnos:

Entre semana: tres recepcionistas (mañana, tarde y noche) y tres ayudantes (uno a turno partido, uno de mañana y otro de tarde). En total, seis personas entre semana.

Los fines de semana: tres recepcionistas (mañana, tarde y noche) y un ayudante a turno partido. En total, cuatro personas el fin de semana.

6 turnos × 5 días a la semana = 30 turnos

4 turnos × 2 días a la semana = 8 turnos

Total: 38 turnos a la semana × 52 semanas que tiene el año = 1976 turnos necesito cubrir al año

1976/225 = 8,78; redondeando, 9 personas necesito tener en plantilla, de las cuales, 5 serán recepcionistas y 4 ayudantes de recepción.

Llevándolo al cuadrante:

	Lunes	Martes	Miércoles	Jueves	Viernes	Sábado	Domingo
Recepcionista 1	M	M	M	M	M	D	D
Recepcionista 2	D	D	T	T	T	T	T
Recepcionista 3	N	N	D	D	N	N	N
Recepcionista 4	T	T	N	N	D	D	F
Recepcionista 5	V	V	V	V	V	M	M
Ayudante 1	P	P	P	P	P	D	D
Ayudante 2	V	V	V	V	V	P	P
Ayudante 3	M	M	M	M	M	D	D
Ayudante 4	T	T	T	T	T	D	D

Leyendas: M = turno de mañana; T= turno de tarde; N = turno de noche; D = descanso semanal; P = turno partido; F = festivo; V = vacaciones

Figura 1.37. *Ejemplo de cuadro horario.*

Recuerda

A la hora de elaborar el cuadrante semanal hay que tener en cuenta que deben transcurrir 12 horas desde que finaliza un turno hasta que empieza el siguiente, que los descansos semanales deben ser consecutivos y que no puede trabajar un ayudante de recepción solo.

Actividad propuesta 1.8.

Elaboración del cuadrante horario

Elabora el cuadrante horario con los empleados calculados en la Actividad propuesta 1.7.

1.3. Descripción de las relaciones y gestión de los recursos humanos

El Departamento de Recepción es el centro de todo establecimiento de alojamiento turístico, sin el cual no podría entenderse el engranaje de todos los demás departamentos. Sin embargo, ningún otro funciona de manera aislada al resto, sino que están interrelacionados entre sí, formando parte de un gran equipo en el que todos sus miembros son importantes, y dependen unos de otros en mayor o menor medida.

1.3.1. Motivación del personal y gestión de equipos

Será el director del establecimiento quien coordine las grandes áreas funcionales, estableciendo vías de comunicación e interacción entre ellas de forma que la circulación de la información sea ágil y eficaz. Para cumplir con ese propósito, se deberán realizar reuniones con cierta periodicidad para coordinar las diferentes áreas, establecer previsiones y coordinar esfuerzos. También se analizará el desarrollo de eventos pasados, de forma que se evalúen las actividades realizadas y los resultados obtenidos, se expongan las desviaciones producidas y se propongan las soluciones a aplicar. Además, se analizarán de forma conjunta las quejas, sugerencias y reclamaciones, determinando responsabilidades, cuyo fin será la búsqueda de soluciones y la apuesta por la mejora continua, como se verá en la Unidad 5.

Estas reuniones tienen una doble finalidad: por una parte, fomentar el espíritu de grupo, dar identidad a la plantilla, hacer sentir a los trabajadores parte de un mismo proyecto y aunar esfuerzos para formar equipo, de forma que todos compartan un mismo objetivo por el bien común. El Departamento de Recursos Humanos desarrolla aquí un papel relevante no solo seleccionando a los mejores profesionales, sino aplicando técnicas de motivación y favoreciendo un clima laboral adecuado, en el que los trabajadores sientan que son reconocidos, valorados, justamente tratados y que reciben un salario justo.

Figura 1.38. *Los responsables de cada departamento deben dominar técnicas de motivación, coordinación de equipos y liderazgo para mantener plantillas unidas, estables y coordinadas.*

Existen varias teorías respecto a la satisfacción en el trabajo, de las cuales la más extendida es la **teoría de Maslow,** que estableció una jerarquía de las necesidades en forma de pirámide. En ella, hasta que una necesidad no se ha visto satisfecha, no se podrá escalar hasta el nivel inmediatamente superior.

Figura 1.39. *Pirámide de Maslow.*

Por otra parte, Herzberg formuló la **teoría de los dos factores,** los cuales condicionan o motivan el comportamiento de las personas. Así, por ejemplo, hay factores que, si no están, causan insatisfacción, pero que si están no causan una motivación extra, como es el caso del sueldo, la seguridad o las condiciones de trabajo. Por otra parte, existen factores de motivación, como pueden ser ciertas condiciones en el trabajo que proporcionan satisfacción pero que, si no están presentes, no causan insatisfacción, como es el caso del reconocimiento ajeno, el progreso profesional y personal, la responsabilidad o los logros alcanzados.

Figura 1.40. *La motivación es esencial para crear buen ambiente de trabajo.*

Algunos ejemplos de estrategias para motivar al personal pueden ser: delegar; ceder autonomía y responsabilidad, lo que genera confianza e implicación con la empresa; ofrecer un trabajo enriquecedor que genere satisfacción por el trabajo bien hecho, etc. El trabajador debe ser consciente de la utilidad y valor de su trabajo y no debe caer en la rutina, sino efectuar su labor de forma que cada día asuma un nuevo reto. Formas de valorar y reconocer su función pueden ser: ofrecer incentivos por logros y premios por las críticas positivas realizadas por los clientes, realizar actos como la «elección del empleado del mes» otorgado por votación de sus propios compañeros, recibir regalos por el cumplimiento de cierto número de años trabajados en la empresa o viajes de incentivos, ofrecer cursos de formación que generen la oportunidad de desarrollo personal y profesional, etc.

Se deben cuidar las relaciones laborales, tanto entre compañeros como con los superiores. Un aspecto importante es evitar corregir o criticar a un trabajador delante de otros; es humillante y no contribuye a la autoestima ni a un buen clima laboral. Siempre se debe hacer cuando sea estrictamente necesario y en privado, razonando y argumentando, pero siempre con el propósito de animarlo a seguir mejorando.

Para ampliar

El trabajo en los establecimientos turísticos es apasionante: implica conocer gente nueva a diario, permite practicar idiomas, ayudar a hacer la estancia más agradable. La satisfacción por el trabajo bien hecho debe ser nuestra mayor recompensa; sin embargo, no está de más establecer políticas de incentivos en las empresas: establecer metas desafiantes y alcanzables ofreciendo los recursos y medios para alcanzarlos. Por ejemplo: invitar al equipo a una cena si venden 2000 habitaciones en un mes. También suele ser recomendable organizar actividades grupales que mejoren las relaciones entre los compañeros, ya que el ambiente dentro de la organización influye notablemente en el comportamiento y la actitud ante el trabajo.

Actividad propuesta 1.9.

Motivación del personal

Sentirse valorado y reconocido en el trabajo es importante para estar motivado y supone un estímulo para seguir. ¿Qué tipo de incentivos consideras que podrían o deberían aplicarse en una empresa de alojamiento y en qué objetivos deberían basarse?

1.3.2. Dinamización de las reuniones

La comunicación es una herramienta de transmisión de la información, sin la cual sería prácticamente imposible logar un buen funcionamiento dentro del establecimiento, ya que siempre nos faltarían datos, generando con ello una sensación de inseguridad y falta de confianza que inevitablemente se reflejará en nuestro trabajo.

Figura 1.41. *Algunas herramientas facilitadoras del trabajo en equipo pueden ser los juegos de empresa o actividades tipo* role play, brainstorming *o* outdoor training.

Por ese motivo deben realizarse reuniones periódicas que deberán estar previamente planificadas y organizadas según un orden del día o un tema concreto, que es lo que motiva la reunión. Esta puede tener carácter ordinario, carácter rutinario o extraordinario, en caso de surgir alguna cuestión prioritaria que sea preciso abordar con cierto carácter urgente.

En las reuniones se deberá potenciar la intervención de todas las partes, y se escucharán sus puntos de vista, siendo flexibles en las decisiones acordadas, evitando transmitir la sensación de que estas ya están tomadas de antemano o son rígidas. Asimismo, en toda reunión debe haber un propósito de recogida de información, de análisis de puestos, de planificación, en el que todos sepan cuál es el camino que se debe seguir. Se deben evaluar los resultados y se harán propuestas de mejora que se darán a conocer. Asimismo, se deberán comunicar las previsiones, dando las pautas precisas para organizar el trabajo.

Tras la reunión, se debería hacer un resumen en el que se resalten los puntos tratados más importantes, estableciendo un plan de actuación en el que se plasmen los acuerdos y decisiones tomadas o se acepten las sugerencias propuestas.

1.3.3. Relaciones interdepartamentales e intradepartamentales

Las relaciones interdepartamentales son aquellas que se producen entre los distintos departamentos del establecimiento, de modo que estén permanentemente en contacto, informados y coordinados para de este modo lograr el buen funcionamiento de la empresa. Las relaciones intradepartamentales son las que se producen dentro de cada departamento o área funcional.

Figura 1.42. *Para que exista una gestión eficaz de la comunicación, se debe facilitar la creación de canales eficaces y dinámicos.*

Recuerda

Las relaciones intradepartamentales son las que se producen dentro de un mismo departamento, ya sea entre compañeros o con los superiores. Son la clave para el buen funcionamiento de cada departamento, y se basan en el principio de trabajo colaborativo y la confianza mutua.

Vamos a poner un **ejemplo** tomando como referencia el Departamento de Recepción, que al ser un departamento que engloba a muchos subdepartamentos (reservas, caja, mostrador, conserjería) debe contar con una comunicación continua y eficaz entre estos. Habrá que tener en cuenta lo siguiente:

- Si el turno de noche no comprueba que los cargos de mano corriente están bien efectuados, el turno de mañana seguramente tendrá problemas a la hora de efectuar el *check-out* de los clientes.

- Si el Departamento de Reservas no anota todos los datos relativos a la reserva de habitación o estos son incorrectos o deficientes, el turno de tarde puede tener dificultades para realizar el *check-in* de esos clientes (por ese motivo, cualquier tarea deberá incluir la identificación de la persona que la ha realizado, con el fin de exigir responsabilidades o para saber a quién acudir o solicitar una aclaración en caso de duda o necesidad).
- Si el compañero que tiene que dar el relevo llega tarde a su puesto de trabajo, o el turno anterior no transmite correctamente las novedades, se desencadenarán una serie de fallos y malestar que afectará al buen ambiente y ritmo de trabajo.

Sabías que...

El libro o cuaderno de novedades es aquel en el que se anotan las cuestiones relevantes acontecidas en el transcurso del turno que deban conocer los compañeros, especialmente aquellas tareas que queden pendientes de resolver.

NOVEDADES DEL TURNO DE MAÑANA **Fecha: 28 de octubre**

- Han traído material para la convención del día 21. Está en consigna.
- Ojo, cierre de tarifa oferta para el puente de diciembre.
- Falta bono de la habitación 422. Reclamado a la agencia.
- Han traído el equipaje del Sr. Monfillo. Subido a la habitación (tiene asignada la 418, ojo no cambiar asignación).
- La Sra. Alonso (*suite* 316) está haciendo entrevistas de trabajo. Los candidatos vienen con cita previa. Que esperen en el *hall* hasta que ella nos avise de que pueden subir.
- Habitación 210 bloqueada por mantenimiento.

Figura 1.43. *Libro de novedades.*

En las relaciones entre departamentos y con el propósito de que la comunicación sea más fluida, será generalmente el director o dueño del establecimiento quien se reúna de forma periódica con los encargados o responsables de cada departamento, ya sea en grupo o de forma individual, dependiendo del tema que se desee tratar en cada momento.

Posteriormente, será el responsable de cada departamento quien establezca las vías internas de comunicación con el personal a su cargo (reuniones intradepartamentales) o con los demás departamentos (reuniones interdepartamentales).

Las comunicaciones interdepartamentales pueden ser:

- **Horizontales:** entre mismos niveles jerárquicos, y generalmente diferentes departamentos, como por ejemplo un jefe de recepción a un jefe de cocina.
- **Verticales:** dentro del mismo departamento, pero con distintos niveles jerárquicos. Pueden ser:
  - **Vertical ascendente:** de un subordinado hacia su superior como, por ejemplo, un recepcionista a su jefe de recepción.
  - **Vertical descendente:** de un superior a su subordinado o personal a su cargo como, por ejemplo, el recepcionista al auxiliar de recepción.
- **Diagonales:** entre personal de diferentes departamentos y diferentes jerarquías. Pueden ser:
  - **Diagonal ascendente:** de un trabajador de categoría inferior a otro de categoría superior de otro departamento, como un camarero al jefe de mantenimiento.
  - **Diagonal descendente:** de un trabajador de categoría superior a otro de categoría inferior de otro departamento como, por ejemplo, un *maître* a un conserje.

Figura 1.44. *Comunicación vertical ascendente y descendente.*

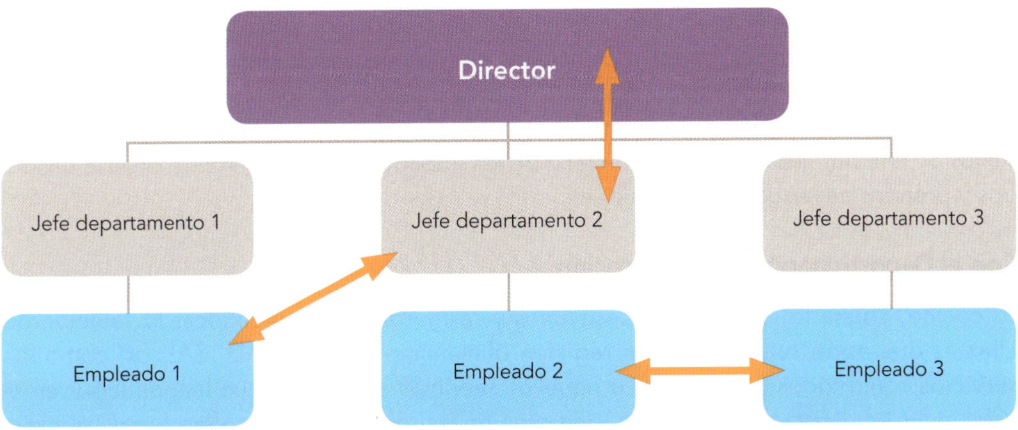

Figura 1.45. *Diferentes tipos de comunicación interdepartamental.*

Veremos a continuación las diferentes comunicaciones que se pueden producir entre el Departamento de Recepción y los distintos departamentos del establecimiento:

En el Departamento de Recepción

El Departamento de Mostrador y de Reservas deberán estar en permanente comunicación, para informar sobre el *planning* del hotel y evitar vender más habitaciones de las disponibles, conocer cuáles son las previsiones de ocupación y, sobre todo, informarse de las tarifas aplicables para cada fecha, así como llevar control de los cupos y los tiempos de *release*. A su vez, el Departamento de Reservas, conjuntamente con Administración, deberá comunicar a Facturación y Caja aquellos pagos recibidos en concepto de depósito, anticipo o créditos concedidos, para que estos sean anotados y debidamente gestionados. El Departamento de Mostrador deberá coordinarse asimismo con Conserjería para el tratamiento de los equipajes y mantener actualizada la lista de eventos.

Con la dirección

La dirección, como órgano de máxima autoridad, será quien establezca junto con el jefe de recepción, la política de precios, tarifas y cupos. Deberán trabajar conjuntamente para gestionar el tratamiento de *overbooking* o plantear estrategias para hacer frente a temporadas de baja ocupación. El Departamento de Recepción deberá informar asimismo a la dirección de cuáles son las previsiones de ocupación y del volumen de salidas y entradas que se producen a diario, especialmente en casos de clientes VIP, ya que su tratamiento lleva asociado cierto protocolo que necesariamente implica a la dirección del establecimiento. Asimismo, será la dirección la encargada de autorizar gratuidades o de ordenar atenciones especiales en las habitaciones. En casos extremos, será también el departamento encargado de atender y gestionar las posibles reclamaciones de clientes.

Con la gobernanta

El Departamento de Mostrador y el Departamento de Pisos estarán en continuo contacto para organizar la entrada y salida de clientes que se producen cada día; deberán conocer la relación de clientes hospedados, la previsión de ocupación, la asignación diaria de habitaciones, las supletorias, cunas o atenciones que sea necesario disponer, las salidas previstas, los cambios de habitación, las ampliaciones de estancia, los bloqueos y el control de ocupación. Deberán además realizar el cuadrante de habitaciones diario, conocer los consumos de minibar, los estados de limpieza de las habitaciones, el control de objetos olvidados y prendas entregadas a lencería, etc.

Con el Departamento de Restauración

La cocina, cafetería, servicio de desayunos y restaurante deben conocer la relación de clientes que están sujetos a algún régimen alimenticio (PC, MP, AD, SA), así como los servicios contratados por grupos, o aquellos servicios especiales que tengan lugar en el establecimiento como un banquete, una reunión, un almuerzo, un *coffee break*, el *room service*, etc.

Llega/sale	Pax.	Reg.	Entrada con	Sale con
27/12 al 29/12	2	HA		
27/12 al 30/12	2	HA		
27/12 al 28/12	2	HD		
26/12 al 01/01	2	HA		
26/12 al 01/12	3	HA		
26/12 al 29/12	3/1	HA	X	X
27/12 al 28/12	1	HA	X	X
26/12 al 02/12	2	HA		
14/12 al 04/12	1	HD	X	D
27/12 al 28/12	2	HA	X	X
26/12 al 29/12	1	HD	X	D
27/12 al 28/12	1	HD		
27/12 al 30/12	1	HA		
26/12 al 28/12	2	HA		
27/12 al 29/12	2	HA		
26/12 al 28/12	2	HA		
26/12 al 28/12	2	HA		
26/12 al 29/12	2	HA		
26/12 al 28/12	2	HA		
26/12 al 28/12	2	HA		
27/12 al 29/12	2	HA		
27/12 al 29/12	2	HA		
27/12 al 28/12	1	HA	X	X
27/12 al 28/12	2	HA		
26/12 al 28/12	1	HD	X	D
26/12 al 28/12	2	HA	X	D

Figura 1.46. *Listado de regímenes alimenticios incluidos en las habitaciones (HA = solo alojamiento; HD = alojamiento y desayuno).*

Con el Departamento de Mantenimiento

También denominado servicio técnico. La relación con este departamento está basada en la comunicación de averías producidas en el hotel y comunicada en el mostrador por los clientes u otros departamentos, así como la solicitud del montaje de equipos en salones (audiovisuales, pantallas, micrófonos, equipos informáticos o conexiones) en caso de eventos.

Con el Departamento de Almacén

Deberá remitir a este departamento los vales de pedido para solicitar todo el material de oficina necesario.

Con el Departamento de Banquetes o Departamento Comercial

Estos departamentos informarán oportunamente mediante una orden de servicio, de los eventos que tenga previsto realizar, de modo que sean debidamente anunciados en un directorio situado al efecto tanto en el *hall* de entrada como en el *hall* de la planta en la que se celebren, junto con el nombre de los salones que tengan reservados, para que desde el Departamento de Recepción o Conserjería se dé información sobre ellos y se acompañe o remita a los asistentes a los emplazamientos correspondientes, y a su vez se dé aviso al resto de departamentos implicados de la llegada de las personas convocadas a los eventos. También se encargará eventualmente de la facturación por dichos servicios, en caso de no efectuarse desde otro departamento, como pueda ser el de Restauración.

Con el Departamento de Administración

Deberá remitir a este departamento todas las facturas junto con los listados de caja, la recaudación, bonos, créditos, pagos con tarjeta, vales de caja, tratamiento de *no shows*, cambio de moneda extranjera, etc. También dependerá de este departamento para obtener el dinero correspondiente al fondo de caja, y los cambios de moneda necesarios.

Con el Departamento de Recursos Humanos

De este departamento dependerá la realización de cursos de actualización y formación que promuevan el desarrollo personal y profesional, así como lograr un buen clima de trabajo, mediar en la resolución de conflictos, organizar cuadrantes, vacaciones, turnos, horarios y permisos (ya sean retribuidos o no), excedencias, etc.

Recuerda

> El funcionamiento del establecimiento gira en torno a un eje central que es el Departamento de Recepción, como nexo que se vincula con el resto de departamentos.

Además de las relaciones ya vistas del Departamento de Recepción con el resto de departamentos, por supuesto existen comunicaciones entre ellos sin necesidad de la intermediación de recepción; así, la dirección al igual que el Departamento Recursos Humanos podrán comunicarse con todos los departamentos cuando sea necesario, el Departamento de Restauración podrá hablar directamente con el Departamento de Lencería y Pisos (y viceversa) cuando se trate de gestionar la limpieza de salones reservados por clientes, el restaurante, la cafetería o el bar, así como para la gestión de la mantelería, uniformes, trapos, etc. Por su parte, el Departamento de Mantenimiento recibirá avisos de todos los departamentos que detecten cualquier avería, principalmente del Departamento de Pisos y el de Restauración. El Departamento de Almacén recibirá peticiones de todos los departamentos, el de Administración se comunicará con todo aquel departamento que genere facturas, el Departamento de Banquetes coordinará al Departamento de Restauración, etc.

1.4. Mobiliario y equipamientos

Al igual que pretendemos maximizar los recursos humanos disponibles, debemos hacer lo mismo con los recursos técnicos y financieros. Dentro de los técnicos, el lugar de trabajo debe procurar que su diseño sea lo más cómodo y racional posible para evitar movimientos, desplazamientos o esfuerzos innecesarios.

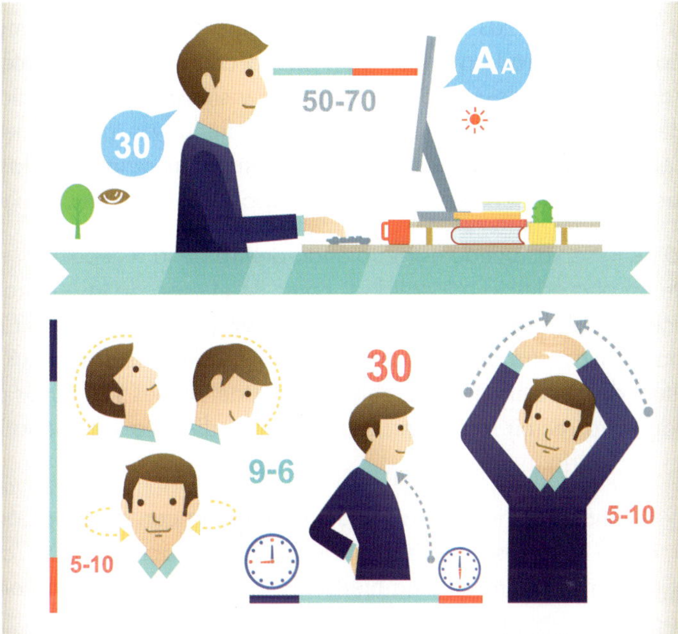

Figura 1.47. *La ergonomía como parte fundamental de la salud en el trabajo.*

Esto requiere un análisis pormenorizado de las actividades que se realizan en cada departamento, de forma que se apliquen medidas ergonómicas que faciliten el desarrollo de las tareas. En el caso del Departamento de Recepción, algunas de estas medidas pueden ser la aplicación de filtros en las pantallas de los ordenadores, o una luz adecuada que disminuya la fatiga ocular, sillas con refuerzo lumbar, almohadillas de ratón anatómicas para que repose la muñeca, auriculares para atender las llamadas telefónicas, bancos para elevar las piernas, etc.

Para ampliar

La ergonomía es la ciencia que estudia la adaptación de los medios de trabajo a las características físicas y psicológicas del trabajador. Busca por lo tanto un mayor rendimiento a través de la economía de movimientos, una menor fatiga y una mayor satisfacción y comodidad en el puesto de trabajo.

La calidad de los materiales que componen el mobiliario e instalaciones del establecimiento vienen determinadas en cada caso por la legislación correspondiente, así como las dimensiones mínimas que deben tener las diferentes dependencias del establecimiento, el número de ascensores, la anchura mínima de las escaleras, las instalaciones y servicios como calefacción, refrigeración, etc. Se debe buscar un equilibrio entre el diseño y la funcionalidad de las instalaciones.

Así, la recepción, y la conserjería en su caso, deberán estar ubicados en una zona visible desde la puerta de acceso a las instalaciones. El *hall* será espacioso, amplio, gozará de buena iluminación, y ofrecerá una decoración cálida con música ambiente y olor agradable. Dispondrá de zonas de descanso (sofás, mesas y sillas) y una estancia o consigna en la cual se guarde el equipaje de los huéspedes. Dependiendo de las características del establecimiento, se puede disponer de mostradores diferenciados dirigidos a las diferentes tipologías de clientes, como pueden ser: ejecutivos, grupos, convenciones o exprés.

El Departamento de Reservas puede estar ubicado dentro de la recepción o en otro lugar, incluso físicamente en otro edificio o localidad, como es el caso de las centrales de reservas. El jefe de recepción deberá estar próximo al mostrador, para poder acudir rápidamente en caso de necesidad. Dispondrá de un despacho donde poder desarrollar sus funciones, siendo el lugar habitual de depósito de los archivos departamentales y archivos activos, además de estar diseñado para recibir y atender de forma más discreta y personalizada a clientes o visitas en caso necesario.

Los despachos y oficinas que mantengan relación estrecha con la recepción deberán estar cercanas a esta, como es el caso de los Departamentos de Facturación y Caja. Estos departamentos deberán estar provistos de caja fuerte, archivadores, mesas con ordenadores, calculadora, material de oficina, etc.

El mostrador de recepción y conserjería debe estar a una altura adecuada para poder establecer una comunicación cómoda, escribir, o realizar las indicaciones necesarias sobre él. Puede ser conveniente tenerlo a dos alturas, para poder atender a aquellos clientes que se desplacen en silla de ruedas o niños. En la zona interior, deberá tener también una mesa de trabajo, desde donde poder trabajar sentados, con monitores a la altura de la vista y un teclado que evite tener que mantener posturas forzadas. Tendrá una zona destinada al archivo de documentos y un pequeño almacén con el material necesario (tarjetas magnéticas, partes de viajero, sobres, folios, bolígrafos, mapas, guías, etc.), además de una adecuada iluminación, temperatura agradable, sillas ergonómicas con ruedas regulables en altura, etc.

La entrada debe estar provista de rampas que, además de facilitar el desplazamiento a los clientes que accedan al establecimiento con *trolleys* o maletas con ruedas, son accesibles a personas que se desplacen en silla de ruedas. En este mismo sentido, los ascensores, puertas y pasillos deberán ser amplios y tener la anchura suficiente para permitir el acceso y movimiento a través de ellos. En aquellos casos en los que sea exigible por ley, los aseos en zonas comunes deberán disponer de barras de apoyo alrededor del inodoro, así como lavabos y espejos colocados a un nivel más bajo. En las habitaciones será recomendable colocar barras, no solo porque sean de utilidad para clientes discapacitados, sino también para ser más accesibles para las personas mayores, así como duchas sin zócalo o que permitan el sistema *roll in*. Además, es recomendable disponer de dispositivos que permitan la comunicación con personas con disfunción auditiva.

Sabías que...

En algunos establecimientos se dispone de una especie de banquito frente al mostrador de recepción de forma que los niños o personas de baja estatura puedan subirse a él y acceder con facilidad al mostrador. También pueden disponer de un rebaje en altura en una parte del mostrador en una parte de este, para que sea accesible a personas de baja estatura o que se desplacen en silla de ruedas.

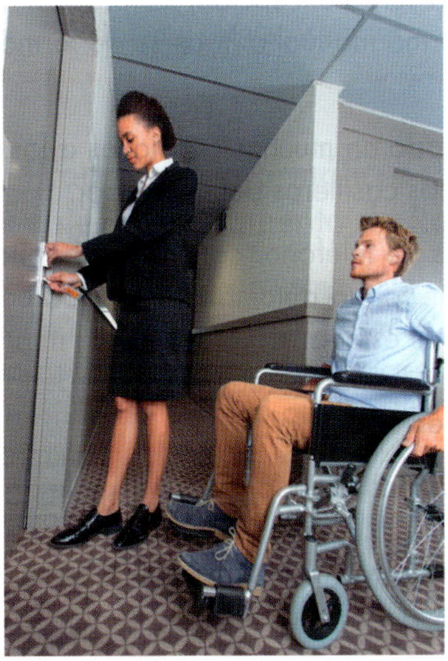

Figura 1.48. *El diseño de las instalaciones debe ser accesible a personas con movilidad reducida.*

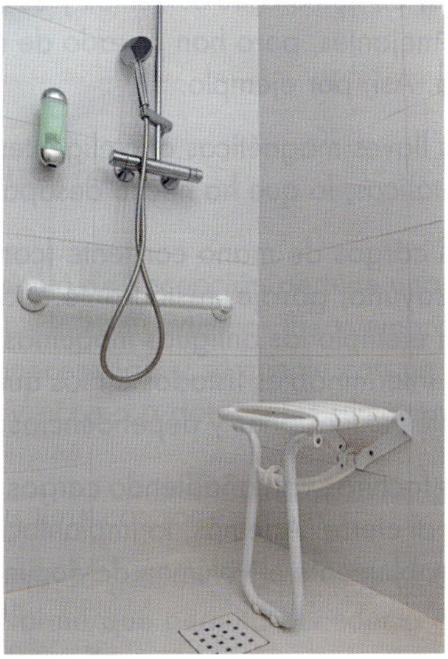

Figura 1.49. *Ducha adaptada a personas con movilidad reducida.*

Figura 1.50. *Dispositivo de ayuda a la comunicación con personas con disfunción auditiva.*

Figura 1.51. *Ejemplo de mostrador de recepción.*

- **CRS o SCR** *(Central Reservation System)*: sistema de gestión de reservas que suele estar enlazado a un PMS, cada uno especializado en un sector (alquiler de vehículos, compañías de transporte, etc.).
- ***Channel Manager:*** permite conectar PMS, GDS, CRS, OTA, etc., entre canales de distribución.
- **TPV** (Terminal Punto de Venta): permite realizar cargos desde otros departamentos como el de restaurante en una factura de hotel, evitando los tiques y cargos manuales, y minimizando considerablemente los errores y descuadres.
- **PDA** *(Personal Digital Assistant)*: dispositivo que aúna las funciones de un ordenador. Es de utilidad para la toma de comandas introduciendo el *software* adecuado (también aplicable a tabletas.
- **ERP** *(Enterprise Resource Planning)*: sistema de gestión de la información que automatiza los procesos operativos o productivos de una empresa; generalmente consta de varios módulos: ventas, recursos humanos, almacén, finanzas, etc. Cuentan con una interfaz web y están protegidas frente al espionaje.

Enlaces web de interés

Resolución de 6 de mayo de 2015, de la Dirección General de Empleo, por la que se registra y publica el V Acuerdo Laboral de ámbito estatal para el sector de hostelería

https://www.boe.es/buscar/doc.php?id=BOE-A-2015-5613

Guest relations

https://www.nh-hoteles.es/corporate/es/sala-de-prensa/noticias/atencion-personalizada-conserjeria-vip-y-gestion-de-imposibles-el-guest

Cambio de moneda divisa

http://www.creacionempresas.com/tramites-para-crear-la-empresa/tramites-especificos/autorizaciones/705-moneda-extranjera-qautorizacion-establecimientos-abiertos-al-publicoq

Tipos de cambio

http://www.xe.com/es/currencyconverter/

Regulación de Banco de España sobre establecimientos de cambio de moneda

https://www.bde.es/bde/es/secciones/normativas/Regulacion_de_En/Estatal/Establecimiento_e85572d6c1fd821.html

Mapa conceptual

- **Organización de las empresas de alojamiento**
  - Organización departamental
    - Departamento de Recepción
    - Departamento de Pisos
    - Departamento de Mantenimiento
    - Departamento de Restauración
    - Departamento de Animación
    - Departamento de Recursos Humanos
    - Departamento de Administración
    - Departamento de Compras y Almacén
    - Departamento Comercial y el de Relaciones Públicas
  - Cálculo del personal necesario
  - Descripción de las relaciones y gestión de los recursos humanos
    - Motivación del personal y gestión de equipos
    - Dinamización de reuniones
    - Relaciones inter o intradepartamentales
  - Mobiliario y equipamientos
    - Adaptación del mobiliario a las nuevas tecnologías
    - Programas informáticos y sistemas de uso común en el Departamento de Recepción

Actividades de comprobación

1.1. Según Mintzberg, el núcleo operativo lo componen:

a) La alta dirección.

b) Los encargados y mandos intermedios.

c) Los trabajadores.

d) Los tecnócratas.

1.2. Dentro de los elementos básicos de toda empresa encontramos:

a) El capital humano.

b) La jerarquía.

c) Los recursos materiales.

d) Las respuestas a) y c) son correctas.

1.3. Una organización descentralizada será aquella que:

a) Está coordinada por una única persona.

b) Está coordinada por muchas personas.

c) Tiene delegada la autoridad.

d) No tiene ninguna unidad de mando.

1.4. ¿Cuál de las siguientes no es una función del Departamento de Conserjería?

a) Vigilar las zonas de acceso al establecimiento.

b) Gestionar el servicio de mensajería-paquetería.

c) Realizar el *check-in* de las habitaciones.

d) Ofrecer información de la zona, medios de transporte, espectáculos, etc.

1.5. El Departamento de Mano Corriente se encarga:

a) De realizar los cargos diarios a las habitaciones.

b) Del cambio de moneda extranjera.

c) De cobrar los créditos a proveedores.

d) De abonar las comisiones a las agencias de viajes.

1.6. ¿Cuál de las siguientes categorías profesionales no pertenece al Departamento de Pisos?

a) *Valet.*

b) Camarera de pisos.

c) Gobernanta.

d) Pinche.

1.7. El mantenimiento encaminado a reparar aquello que ya no funciona se denomina:

a) Preventivo.

b) Predictivo.

c) Correctivo.

d) Las respuestas a) y b) son correctas.

1.8. El desayuno que incluye pan tostado con mantequilla y mermelada, bollería y café, té o chocolate se denomina:

a) Bufé.

b) Inglés.

c) Continental.

d) Americano.

1.9. ¿Cómo se denomina el departamento al que debemos acudir si necesitamos folios?

a) Bodega.

b) Almacén.

c) Economato.

d) Administración.

1.10. Aquellas cuestiones que deban ser conocidas por todos los miembros del Departamento de Recepción se comentan en cada cambio de turno y se reflejan en:

a) El libro de salidas.

b) El libro contable.

c) El libro de reservas.

d) El libro de novedades.

Actividades de aplicación

1.1. **Describe los diferentes departamentos que componen el *Front office* y el *Back office*. ¿En qué criterio se basa esta clasificación?**

1.2. **Elabora un esquema en el que se refleje la oferta de restauración que se puede encontrar en los diferentes establecimientos de alojamiento.**

1.3. **¿Qué criterios deben tenerse en cuenta para determinar la plantilla necesaria en un establecimiento de alojamiento turístico? Razona la respuesta.**

1.4. **¿Qué es el libro de novedades? ¿Qué se debe anotar en él?**

1.5. **Explica la diferencia que existe entre las relaciones interdepartamentales y las intradepartamentales. Pon varios ejemplos.**

1.6. **Expón los principales criterios y circunstancias que deben tenerse en cuenta para elaborar un cuadrante de turnos de personal.**

1.7. **Explica qué relaciones interdepartamentales se pueden producir entre el Departamento de Recepción y el resto de departamentos del establecimiento, en función de las diferentes circunstancias que pueden producirse derivadas de la actividad.**

1.8. **¿Cómo debería ser el diseño del mostrador de recepción? ¿Qué aspectos se deben valorar para que sean funcionales y estéticos a la vez?**

1.9. **Define el concepto de ergonomía, teniendo en cuenta cómo puede afectar esta a la salud de los trabajadores.**

1.10. **¿Qué es un PMS? ¿Qué funciones cumple?**

Actividades de ampliación

1.1. **Calcula la plantilla que deberá tener un establecimiento que necesita cubrir los siguientes turnos en recepción:**

- En los meses de octubre a mayo que es temporada baja: de lunes a viernes 2 recepcionistas de mañana, 2 de tarde y 1 de noche. Los sábados y domingos: 1 recepcionista a turno partido, 1 de mañana, 1 de tarde y 1 de noche.
- En los meses de junio, julio, agosto y septiembre que es temporada alta, se precisan para todos los días de la semana: 1 recepcionista a turno partido, 2 recepcionistas de mañana, 2 de tarde y 1 de noche, en jornada laboral de 40 horas semanales, 30 días de vacaciones, y 14 festivos.

1.2. **Elabora el cuadrante horario de la plantilla de la actividad anterior.**

1.3. **Según tu criterio, elabora un cuadro en el que muestres las ventajas y los inconvenientes de tener turnos fijos o turnos rotatorios. ¿Qué criterio implantarías en caso de ser responsable del Departamento de Recepción? ¿Por qué?**

1.4. **Elabora un esquema en el que representes los diferentes departamentos y número de personal correspondiente a cada uno con sus respectivas categorías profesionales que pueden componer un establecimiento de alojamiento turístico, según se trate de:**

- Un hotel de ciudad de 150 habitaciones
- Una casa rural con 25 habitaciones
- Un *camping* con 300 plazas y bungalós.

1.5. **Elabora el organigrama de los establecimientos anteriores, según los departamentos y el personal que hayas seleccionado para cada uno.**

Unidad 2

El Departamento de Reservas

Contenidos

Objetivos

- Describir los objetivos, funciones y tareas que debe realizar el Departamento de Reservas.
- Conocer la oferta y los distintos servicios que ofrecen los establecimientos de alojamiento turístico, así como los índices de ocupación.
- Profundizar en el conocimiento de las diferentes tarifas, cupos, contratos o convenios, así como el tratamiento de las anulaciones, modificaciones y penalizaciones.
- Plantear diferentes supuestos prácticos en los que se deba calcular una cotización, para dar respuesta a las demandas de presupuestos realizadas por los clientes potenciales.
- Analizar el proceso de gestión de reservas según las particularidades de cada tipo de cliente, así como las posibles alternativas a las demandas de los clientes.
- Gestionar el registro y archivo de la documentación relativa a las reservas, así como el manejo de sistemas informatizados.
- Identificar y cumplimentar los documentos relativos al registro de clientes con o sin reserva previa.

El Departamento de Reservas es de extrema importancia, ya que de su correcta gestión dependerá la ocupación del establecimiento. Pertenece al *Back office*, y supone el primer contacto indirecto con los potenciales clientes. Puede ubicarse en el mismo establecimiento o fuera de él, como es el caso de las centrales de reservas. Los trámites gestionados por este departamento deben resolverse de forma rápida y eficaz, y no se debe hacer esperar al cliente en exceso, aunque tampoco se debe confirmar de forma precipitada una reserva que posteriormente resulte inviable.

El personal a cargo de este departamento deberá saber vender el producto que oferta a su clientela, adaptándose a aquello que busca y que mejor se adecúe a sus necesidades, para lo que, además de las características del producto (ubicación, servicios que ofrece, capacidad, tipos de habitaciones, etc.), deberá conocer los diferentes contratos, convenios y tarifas existentes, así como manejar habilidades como la cotización de grupos o el manejo de cupos.

2.1. Fuentes de reservas. Gestión y canales de comercialización

El Departamento de Reservas es el encargado de gestionar todas las reservas que se reciban en el establecimiento y que serán la base de su ocupación futura. Para ello, deberá tratar con las diferentes fuentes de reservas y realizará cotizaciones tanto de reservas individuales como de grupos, colaborando con los responsables del Departamento de Recepción. Además, trabajará estrechamente con los recepcionistas de mostrador y el Subdepartamento de Caja o Administración, para gestionar depósitos o arras, cobros por adelantado, créditos, comisiones, etc. En algunos casos, incluso deberá asistir a viajes de prospección *(fam trips)* para conocer personalmente e *in situ* los productos que vende de forma habitual, con el fin de darlos a conocer mejor y ofrecer un servicio al cliente de calidad. También deberá aunar esfuerzos junto con el Departamento de Recepción para conseguir nuevos clientes, estudiando o aconsejando sobre las posibles mejoras que se pueden realizar, gracias a las carencias detectadas por los comentarios o necesidades de los clientes.

Figura 2.1. *El objetivo del Departamento de Reservas es optimizar la ocupación del establecimiento.*

El objetivo del Departamento de Reservas, por lo tanto, no es otro que maximizar la ocupación del establecimiento y sus ingresos; para lograr esto, además de técnicas de venta, deberá conocer las características de los establecimientos que oferta. Algunas de estas características pueden ser:

- Capacidad (pequeño, mediano o grande) y tipo de habitaciones.
- Tarifas disponibles y contratos establecidos, así como su periodicidad y condiciones de aplicación (más de una noche, contratación de servicios complementarios, etc.).
- Ubicación y distancias (cerca de la playa, en el centro, cerca del aeropuerto, cerca de polígonos industriales, cerca del palacio de congresos, etc.).
- Servicios (wifi, *parking,* zonas ajardinadas, caja fuerte, secador de pelo, minibar, salones de reuniones, discoteca, animación, televisión con canales internacionales, piscina, sauna, gimnasio, pista de tenis, aire acondicionado, tipo de colchones, etc.).

- Perfil de su clientela: hay establecimientos cuya oferta está orientada y adaptada para ofrecer el máximo confort a ciertos segmentos de la demanda, hacia quienes dirigen sus estrategias comerciales, publicitándose como *gay friendly* (especializados en el colectivo LGTBI), hoteles *solo para adultos* (no admiten niños en sus establecimientos), *pet friendly* (admiten mascotas), *only singles* (para personas que viajan solas), etc.
- Servicio de restauración (menú, carta, bufé, temático, degustación, tradicional, etc.).

Una empresa de alojamiento turístico se nutre de la venta de habitaciones. Ahora bien, ¿cómo conseguimos vender esas unidades de alojamiento? Existen varias vías:

- **Centrales de reservas propias:** tradicionalmente eran comunes en las grandes cadenas hoteleras, que disponían de un único departamento que gestionaba las reservas de todos sus establecimientos distribuidos en diferentes puntos geográficos. La irrupción de los CRS han agilizado los trámites y modificado la operativa tradicional, permitiendo realizar el cobro y garantizar las reservas *online*.

Figura 2.2. *Central de reservas.*

- **Centrales de reservas ajenas:** son los turoperadores o las agencias mayoristas-minoristas que comercializan un gran número de establecimientos en el ámbito internacional.
- **Sistema de reservas propio del establecimiento:** además de las reservas recibidas directamente en el establecimiento, bien en persona, bien por correo electrónico o vía telefónica, la mayoría de las empresas cuentan con un sistema informatizado de reservas, con una página web que da acceso directo a un formulario de petición de reservas permitiendo ofrecer una respuesta automática a la solicitud enviada en tiempo real.
- **Agencias de viajes:** las empresas de intermediación como son los grandes turoperadores o las agencias de viajes (mayoristas, minoristas, receptivas, emisoras, etc.), siguen siendo una importante fuente de reservas, si bien han tenido que adaptarse a los tiempos y han evolucionado hacia las agencias *online*, conocidas como OTA *(Online Travel Agencies)*.

Figura 2.3. *Las agencias de viajes han tenido que evolucionar, reinventarse y adaptarse a las nuevas tecnologías, surgiendo de este modo las OTA, que ofrecen y comercializan sus productos a través de Internet.*

Para ampliar

Las agencias de viaje mayoristas comercializan paquetes turísticos a través de las agencias de viaje minoristas, ya que los primeros no pueden vender sus servicios directamente al consumidor.

Por su parte, las agencias de viajes minoristas venden directamente al consumidor final los productos elaborados por las mayoristas y los suyos propios, proporcionando además un servicio de información y asesoramiento al cliente.

Las agencias de viaje mayoristas-minoristas pueden realizar y simultanear las dos actividades anteriores.

A su vez, se pueden clasificar en emisoras (cuyos clientes buscan viajar al exterior), receptivas (localizadas en zonas tradicionales de destino turístico, que representan a las agencias emisoras) y especializadas, cuya oferta se dirige a un producto determinado (sol y playa, nieve, aventura, cultura, mundo rural, música, etc.).

- **Empresas:** ya sean públicas o privadas, también pueden ser una importante fuente de reservas para el establecimiento. Generalmente, la alta dirección o el Departamento Comercial del establecimiento contactará con las empresas para ofrecerle sus habitaciones a un precio especial acordado entre las dos partes, y que quedará reflejado en un contrato de colaboración, revisable periódicamente.
- ***Implant:*** en aquellas empresas en las que por su actividad generen gran volumen de viajes de negocios para sus empleados, puede ser conveniente instalar una agencia físicamente dentro de la misma empresa (denominada *outplan* si está fuera de ella) que gestione los viajes y servicios requeridos por la misma.
- **Comerciales o representantes del establecimiento:** actúan en su nombre captando clientes externos.

Figura 2.4. *Las empresas son una fuente de reservas importante para los establecimientos que ofrecen servicio de alojamiento.*

- **Particulares:** aquellos clientes que, sin recurrir a intermediarios, eligen y contratan directamente el establecimiento. Pueden ser habituales o esporádicos.
- **Clientes de paso** ***(walk-in):*** son aquellos huéspedes que acuden sin reserva previa directamente al establecimiento y solicitan habitación.

Figura 2.5. *Clientes efectuando el* check-in.

- **Otros establecimientos de alojamiento turístico:** aunque no es habitual, puede haber situaciones en las que un establecimiento recomiende otro establecimiento, como suele suceder en casos de *overbooking*. Las relaciones entre los diferentes establecimientos de alojamiento turístico, a pesar de ser competencia entre sí, suelen ser fluidas y amistosas.

Recuerda

Un establecimiento puede recomendar otro establecimiento cuando el primero incurre en una situación de *overbooking* y necesariamente se ve obligado a desviar reservas a otro establecimiento. También cuando un cliente solicita habitación directamente en mostrador y el establecimiento está completo o la habitación no es del gusto del cliente y se desea ofrecer un buen servicio sugiriendo o recomendando otro establecimiento que cumpla sus preferencias y satisfaga sus necesidades.

Actividad propuesta 2.1.

Agencias *implant*

Un *implant* es una agencia de viajes que trabaja con una empresa determinada y gestiona todos sus viajes. Investiga más sobre esta figura: su forma de trabajar, ubicación, tarifas, servicios que ofrecen, etc.

Todas estas circunstancias determinarán la conformación del Departamento de Reservas, además de varios factores que a su vez estarán condicionados por el tipo de establecimiento de que se trate, entre los cuales encontramos:

- **Ubicación del establecimiento** (de playa, de ciudad, montaña): de ella dependerá también el tipo de clientela que acuda al mismo (no es lo mismo un hotel de playa cuyos huéspedes suelen ser en su mayoría familias con largas estancias, que un hotel de ciudad al que suelen acudir personas solas o parejas, en su mayoría con estancias de corta duración bien sea por motivos de trabajo o por escapadas de fin de semana).
- **Tamaño del establecimiento:** también definirá el sistema de gestión de las reservas, ya que se requerirán muchas más operaciones para llenar un establecimiento de grandes dimensiones que un pequeño hotel rural, por ejemplo.
- **Sistema o grado de informatización:** condicionará la agilidad con la que se lleven a cabo las tareas, así como el tiempo invertido en el proceso y los pasos que se derivan posteriormente.

Figura 2.6. *Importancia de la plantilla en los establecimientos.*

Una vez estudiados todos estos condicionantes, se determinará cuál será la composición del Departamento de Reservas: el número de personas necesarias en el departamento, sus categorías profesionales, horario, instalaciones, equipamiento, etc. En muchos casos, las funciones propias del Departamento de Reservas son asumidas por el Departamento de Recepción, en concreto por el Subdepartamento de Mostrador, como puede ser el caso de establecimientos de pequeño o mediano tamaño como, por ejemplo: campamentos de turismo, casas rurales, hostales, pensiones, etc. En grandes complejos, grupos o cadenas hoteleras, la mejor opción puede ser la creación de una central de reservas propia. Hay que tener en cuenta que las nuevas tecnologías han reemplazado en gran medida a los profesionales encargados de gestionar las reservas; los sistemas GDS, PMS, *Channel Manager* y SCR estudiados en la Unidad 1 permiten realizar reservas en tiempo real, y es el propio cliente quien introduce los datos relativos a su solicitud. Una vez cumplimentados los campos correspondientes con los detalles de la reserva, el cliente recibirá respuesta de forma inmediata en la mayoría de los casos, mientras que en otros será necesario rellenar un formulario que se envía al establecimiento, quien posteriormente deberá confirmar o rechazar la reserva, reduciendo en gran medida el volumen de trabajo asociado al puesto.

Figura 2.7. *Reservas* online.

Figura 2.8. *Plantilla para solicitud de reserva* online.

Estos sistemas de reservas digitales, a través de interfaces y motores de reserva *online* que integran a todos los proveedores, ofrecen muchísima más información que las ya obsoletas e inflexibles guías de hoteles cuya edición era anual (véase Figura 2.9), siendo accesibles en todas aquellas zonas donde exista conectividad. Los sistemas de venta electrónica segura han aumentado la confianza del consumidor, y al permitir prescindir de intermediarios para acercar la oferta a la demanda permite ofrecer precios más ventajosos para ambas partes. Además, proporcionan una imagen de transparencia al publicar las diferentes tarifas disponibles, que se pueden actualizar convenientemente en función del estado de ocupación del establecimiento, así como lanzar ofertas de última hora, como veremos a continuación.

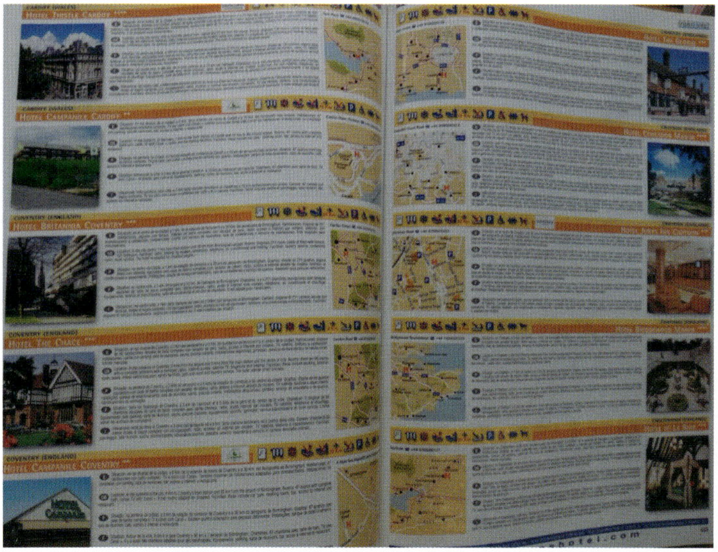

Figura 2.9. *Guía de hoteles impresa.*

Recuerda

GDS: *Global Distribution System.* Es un sistema al que se unen los diferentes prestadores de servicios y las agencias de viajes, de forma que facilita el acceso a infinidad de puntos de venta, conociendo en tiempo real su disponibilidad y tarifas, permitiendo realizar reservas en el acto gracias al SCR

IDS: *Internet Distribution System.* Son canales de distribución por Internet, grandes portales y agentes intermediarios.

PMS: *Property Management System.* Es un programa informático que permite coordinar todas las operaciones que se llevan a cabo en un establecimiento turístico: reservas, facturación, mano corriente, *planning*, etc.

SCR o CRS: Sistema Computarizado de Reservas. Mediante este sistema se posibilita la realización de reservas *online* en tiempo real en un establecimiento.

Channel Manager. Permite modificar la disponibilidad, abrir o cerrar fechas de venta libre, cambiar y actualizar tarifas o lanzar ofertas desde un único panel de control, a través del cual llega la información a todos los canales de distribución (y viceversa). Se centralizan así todas las operaciones en una, en vez de tener que ir de una a una actualizando la información a todas las agencias con las que se trabaja.

OTA: *Online Travel Agency.* Agencias de viajes que operan en la red.

2.2. Tipos de habitaciones y regímenes

Los diferentes tipos de habitación dependerán en gran medida de las características del establecimiento, si bien, se pueden clasificar en dos grandes grupos:

Habitaciones simples o estándar

- **Habitación individual.** Con una cama simple de 0,80 m, 0,90 m o 1,20 m de ancho.
- **Habitación doble.** A su vez puede ser:
  - Doble de uso individual, es decir, una habitación doble estándar pero ocupada por una única persona.
  - Doble con dos camas (también denominada *twin bed*).
  - Doble con cama de matrimonio (también denominada *full size bed*). Según las medidas que tenga la cama doble, también se pueden clasificar en: estándar (1,35 metros de ancho), *queen size* (1,50 m de ancho), o *king size* (1,90 m o 2 m de ancho).
- **Habitación triple estándar.** Con tres camas en la habitación. Pueden estar compuestas también de una cama doble y otra sencilla, o una cama doble que disponga además en la habitación de un sofá convertible o una cama turca.
- **Habitación cuádruple estándar.** Con cuatro camas en la habitación. También puede tener una doble y dos sencillas, dos dobles, o una doble con un sofá convertible de dos plazas.

Figura 2.10. *Ejemplo de habitación doble con sofá cama.*

Habitaciones compuestas

- ***Junior suite.*** Compuesta de habitación, salón y baño, con espacio y confort superior al de una habitación estándar.

- ***Suite.*** Similar a la *junior suite,* pero puede disponer de más de un dormitorio con sus respectivos baños, además del salón. Puede incluir en la estancia otros espacios como por ejemplo un vestidor, oficina o comedor.
- ***Penthouse.*** Es una estancia que ocupa la última planta del edificio, por lo que además de la habitación, baño y salón, incluye terraza (pudiendo incluso tener acceso privado desde del ascensor o escalera), chimenea, *jacuzzi,* piscina, hilo musical, bar privado, solárium, etc. Constituye todo un apartamento de lujo.
- **Habitaciones *connecting* o comunicadas.** Mediante una puerta interior que permite el acceso entre ambas o mediante un *hall* que dé acceso a las dos habitaciones separadas, de forma que se puedan mantener las dos puertas interiores abiertas y la externa cerrada.

Habitación cuádruple

Habitación doble con cama de matrimonio

Habitación *twin*

Junior suite

Penthouse

Habitación triple

Habitaciones comunicadas

Suite

Figura 2.11. *Diferentes tipos de habitaciones.*

Además de la clasificación anterior, las habitaciones a su vez podrán clasificarse según sus:

- **Vistas:** mar, patio interior, fachada, etc.
- **Instalaciones:** balcón, terraza, ático, abuhardillado, etc.
- **Servicios:** ducha, bañera, *jacuzzi,* bidé, plancha, menaje para preparar té y café, etc.
- En función del **régimen,** podemos encontrar la siguiente clasificación:
  - **SA:** solo alojamiento; **RO:** *room only;* **SH:** solo habitación.
  - **AD:** alojamiento y desayuno; **HD:** habitación y desayuno.
  - **MP:** media pensión, que incluye el alojamiento, el desayuno y la comida o la cena.
  - **PC:** pensión completa, que comprende los servicios de alojamiento, desayuno, comida y cena.
  - **TI:** todo incluido. Generalmente este tipo de régimen se ofrece en los grandes *resorts* o complejos turísticos, donde la oferta de restauración es muy amplia. Se permite a los huéspedes elegir y disfrutar de diferentes opciones gastronómicas: étnica, exótica, temática, monoproducto, regional, internacional, vegetariana, vegana, bufés, bebidas, *snacks*, cócteles, aperitivos, etc.

Figura 2.12. *El servicio de desayuno es uno de los regímenes más demandados en los establecimientos de alojamiento.*

2.3. Diseño de tarifas según fuentes de reservas, clientes, nivel de ocupación y demanda prevista

Si bien no es imprescindible, sí es recomendable realizar una reserva antes de acudir a una empresa de alojamiento, principalmente por varios motivos: en primer lugar, para asegurar la disponibilidad, y así evitar sorpresas de última hora. Por otro lado, para comparar entre varias opciones y asegurar un precio previamente establecido y conocido. Además, al tener reserva, estará todo preparado a la llegada, evitando así la improvisación.

La variedad de tarifas con las que se trabaja es innumerable; se podría decir que existen casi tantas como tipos de habitación. Cabe destacar en este punto la **estacionalidad** que caracteriza al producto turístico y que condiciona en gran medida la variabilidad de tarifas en función de las diferentes temporadas. Así, comúnmente se distingue entre:

- **Temporada alta:** es la que mayor volumen de demanda registra y, por lo tanto, las tarifas son más elevadas.
- **Temporada baja:** comprende aquellas fechas del año que menos demanda registran, y por lo tanto las tarifas son más bajas.
- **Temporada media:** es la que registra una demanda y tarifas intermedias a las dos anteriores.

Actividad propuesta 2.2.

Diferentes temporadas

La estacionalidad es una característica inherente al sector turístico. Analiza qué factores influyen en tu localidad para que haya una mayor o menor demanda turística, y cuáles son las temporadas que establecen los diferentes establecimientos de alojamiento turístico de tu localidad, así como las fechas que comprende cada una de ellas.

Las fechas que comprende cada temporada variarán en función de las características del establecimiento. Así, un hotel de playa fijará su temporada alta en los meses de julio y agosto principalmente, mientras que un hotel de montaña las fijará presumiblemente entre noviembre y febrero, que son los meses en los que se puede disfrutar de la nieve y los deportes de invierno.

Además de las variaciones de precios según las diferentes temporadas, existen los siguientes tipos de tarifas:

- **Tarifa *rack* u oficial:** es la tarifa máxima de carácter público y oficial establecida por la empresa, registrada y sellada anualmente ante la autoridad competente en materia de turismo, que deberá estar expuesta en un lugar visible del establecimiento.
- **Tarifa BAR (*Best Available Rate*):** es la mejor tarifa disponible para un tipo de habitación y una fecha concreta, excluidos los contratos o convenios de colaboración confidenciales o privados.
- **Tarifa negociada con empresas, corporativa o *corporate*:** las empresas suelen tener aplicado un porcentaje de descuento sobre la tarifa oficial, pudiendo negociarse previamente la ocupación de un mínimo de estancias al año, en función de la cual se establecerá un mayor o menor descuento.
- **Tarifa comercial, agente o empleado:** es la que se ofrece a los agentes de viajes o comerciales de las empresas. También a empleados de cadenas hoteleras, que suelen tener tarifa especial en todos los hoteles de la cadena.
- **Tarifa FIT *(Foreign Individual Traveller)*:** son tarifas negociadas con agencias de viajes emisoras en el extranjero, aplicables a clientes extranjeros visitantes de un país.
- **Tarifa DIT (*Domestic Individual Traveller*):** aquella aplicable al mercado nacional.
- **Tarifa de grupo:** aplicable a grupos de más de 20 personas, que generalmente no son comisionables, al cotizarse con precios netos muy ajustados.
- **Tarifa *day use* o de uso diurno:** supone un descuento sobre la tarifa *rack* por utilizarse la habitación unas horas, generalmente comprendidas entre las ocho de la mañana y las seis de la tarde, de modo que el establecimiento puede llegar a ocupar esa misma habitación dos veces, al quedar libre para su venta por la tarde.
- **Tarifa fin de semana:** puede ser más económica que entre semana, o puede venderse en forma de *pack,* incluyendo más de una noche, desayuno o servicios complementarios como espectáculos, cenas, uso del *spa* u otras instalaciones.
- **Talonario:** los nuevos paquetes de escapadas (Wonderbox, tutalon.com, etc.) han reemplazado a los tradicionales talonarios Bancotel u Hotelplus. Cada uno tiene su propia operativa: tutalon.com, por ejemplo, ofrece habitaciones a precios muy competitivos, y está sujeto al compromiso de contratar junto con la habitación algún tipo de régimen alimenticio; los talonarios de hoteles requieren la entrega de un número variable de talones dependiendo de la categoría del establecimiento, el régimen o la temporada. Las cajas tipo Wonderbox se venden a un precio cerrado en el que se incluyen una lista de establecimientos asociados.

Figura 2.13. *Antiguo catálogo Bancotel con cheques canjeables por noches en establecimientos de alojamiento turístico.*

Figura 2.14. *Caja de experiencias Wonderbox.*

- **Tarifa 6 × 7; 3 × 2; etc.:** son promociones por volumen de noches, de forma que se ofrece una noche gratis condicionada a un número determinado de habitaciones de pago.
- **Tarifa «niños gratis»:** generalmente se ofrece la tercera cama gratis para un niño siempre que vaya acompañado de uno o dos adultos y realice algún servicio o consumo en el establecimiento (o no, depende de las condiciones que imponga el establecimiento en concreto).
- ***Pack:*** se incluyen varios servicios complementarios junto con el alojamiento a un precio fijo (entradas a espectáculos audiovisuales, zoos, museos, exposiciones, etc.).
- **Tarifa *late check-out / early check-in:*** son tarifas que se pueden cobrar por ocupar la habitación antes de la hora establecida o por abandonarla más tarde. Suelen incorporar un suplemento que oscila entre el 20 % y el 50 %, y puede llegar al 100 %.
- **Tarifas a agencias de viajes:** pueden venderse habitaciones a través de agencias de viajes a cualquier precio, pero debe tenerse en cuenta que las agencias cobrarán un porcentaje de este, denominado *comisión,* por la prestación de sus servicios. Ese porcentaje se negociará en el contrato de colaboración, en función del volumen de ventas previsto, que además podrá variar según el tipo de tarifa que se aplique en cada caso, como se verá en la Unidad 4.

La lista de precios públicos se establece según modelo oficial, y debe ser presentada para su registro anualmente ante la autoridad competente debiendo exponerse en un lugar visible del establecimiento. Las tarifas registradas en este modelo serán las tarifas rack, sin perjuicio de que se puedan ofertar precios inferiores a los publicados. No obstante, y debido a las estrategias de precios dinámicos como veremos en el siguiente punto, este requisito ya no es imprescindible, siempre y cuando las tarifas ofertadas en cada momento sean públicas.

PRECIOS AÑO 20___

NOMBRE DEL ESTABLECIMIENTO	CATEGORÍA

APARTAMENTOS – ESTUDIOS – CHALETS - BUNGALOWS																	
...............APARTAMENTOS APARTMENT – APPARTEMENT – WOHNUNG						...............ESTUDIOS ÉTUDES – STUDIES - STUDIEN						...................CHALETS – BUNGALOWS CHALET - BUNGALOWS					
Con baño completo Mit Baderaum Complete bathroom Salle de bain complète			Con Aseo Mit Dusche (Dusche oder Sitzbad mit Dusche), Waschbecken und WC. Shower (shower only or short-bath with shower), Washbasin, WC. Douche (douche seulement ou demi-baignoire avec douche), toilette, WC.			Con baño completo Mit Baderaum Complete bathroom Salle de bain complète			Con Aseo Mit Dusche (Dusche oder Sitzbad mit Dusche), Waschbecken und WC. Shower (shower only or short-bath with shower), Washbasin, WC. Douche (douche seulement ou demi-baignoire avec douche), toilette, WC.			Con baño completo Mit Baderaum Complete bathroom Salle de bain complète			Con Aseo Mit Dusche (Dusche oder Sitzbad mit Dusche), Waschbecken und WC. Shower (shower only or short-bath with shower), Washbasin, WC. Douche (douche seulement ou demi-baignoire avec douche), toilette, WC.		
TEMPORADA Saison-Season- Saison			TEMPORADA Saison-Season- Saison			TEMPORADA Saison-Season- Saison			TEMPORADA Saison-Season- Saison			TEMPORADA Saison-Season- Saison			TEMPORADA Saison-Season- Saison		
Alta Haute High Hochsaison	Media Moyenne Middle Mittlere Saison	Baja Basse Low Niedrig-saison	Alta Haute High Hochsaison	Media Moyenne Middle Mittlere Saison	Baja Basse Low Niedrig-saison	Alta Haute High Hochsaison	Media Moyenne Middle Mittlere Saison	Baja Basse Low Niedrig-saison	Alta Haute High Hochsaison	Media Moyenne Middle Mittlere Saison	Baja Basse Low Niedrig-saison	Alta Haute High Hochsaison	Media Moyenne Middle Mittlere Saison	Baja Basse Low Niedrig-saison	Alta Haute High Hochsaison	Media Moyenne Middle Mittlere Saison	Baja Basse Low Niedrig-saison

PRECIOS IVA INCLUIDO

FECHAS TEMPORADA

Alta Haute saison High season Hochsaison	desde de from ________________
Media Moyenne saison Middle season Mittlere saison	desde de from ________________
Baja Basse saison Low season Niedrigsaison	desde de from ________________
☐	Semana Santa
☐	Puentes Nacionales
☐	Otros delimitar fechas... Desde ___/___ a___/_____
	Desde____/____a____/_____

Figura 2.15. *Ejemplo de documento oficial de registro de precios públicos que debe sellar la autoridad competente.*

Es necesario tener en cuenta que, aunque las comunidades autónomas tienen delegadas competencias en materia de turismo, la **Orden 15/09/1978 sobre régimen de precios y reservas en los alojamientos turísticos** (BOE núm. 225, de 20 de septiembre de 1978) establece una serie de condiciones:

- El importe máximo de la **habitación doble de uso individual** no podrá exceder el 80 % del importe de la habitación doble.
- Se podrán colocar un número variable de **camas supletorias** en las habitaciones, dependiendo de la comunidad autónoma, siempre y cuando se haya obtenido la autorización del organismo competente en materia de turismo, que determinará el número de camas supletorias que pueden ser instaladas en cada estancia.
- Con carácter general, se establece la gratuidad en la instalación de **cunas** a menores de 2 años, sin embargo, existen comunidades que fijan para estas un importe máximo del 15 % del importe de la habitación en caso de los hoteles, o un 5 % en caso de los hoteles-apartamento.
- La primera **cama supletoria** en una **habitación individual** no podrá exceder el 60 % del importe de la habitación individual, y la segunda cama supletoria, no podrá exceder el 40 % del importe de la habitación individual.
- La primera **cama supletoria** en una **habitación doble** no podrá exceder el 35 % del importe de la habitación doble, y la segunda cama supletoria, no podrá exceder el 25 % del importe de la habitación doble.

- Pensión alimenticia:
  - **Media pensión:** se calculará en términos generales, sumando al precio de la habitación, el importe de los servicios sueltos de desayuno más la comida o cena.
  - **Pensión completa:** se calculará añadiendo al precio de la habitación, la suma de los servicios sueltos de desayuno, comida y cena, aplicando a la suma de cada uno de estos tres conceptos, una reducción mínima en términos generales del 15 %, si bien estos descuentos y porcentajes tanto en la media pensión como en la pensión completa quedarán determinados por la normativa autonómica de cada comunidad.

Para ampliar

Puedes consultar el BOE núm. 225, de 20 de septiembre de 1978, a través de este código QR:

Actividad resuelta 2.1.

Cálculo de tarifas

En un establecimiento hotelero las tarifas de los servicios sueltos son las siguientes:

Servicios	Precio (IVA incluido)
Habitación doble	80 €
Habitación individual	50 €
Desayuno	8 €
Comida	15 €
Cena	15 €

Calcula:

a) El precio de la habitación individual en media pensión.

b) El precio de la pensión completa en habitación doble.

c) El precio de la habitación triple (doble con una supletoria) en S.A.

d) El precio de la habitación cuádruple (doble con dos supletorias) en S.A.

Solución

a) El precio de la media pensión será el resultante de sumar el precio del alojamiento, del desayuno y de una de las comidas: 50 + 8 + 15 = 73 €

b) El precio de la pensión completa alimenticia será el resultado de sumar los tres servicios: desayuno, comida y cena, y aplicar el 15 % de descuento:

8 + 15 + 15 = 38   38 – 15 % = 32,3 € × 2 personas = 64,6 € + 80 € de la habitación = 144,6 €

Actividad resuelta 2.1 *(Continuación)*

c) Para calcular el precio de la habitación triple (doble con una supletoria), deberemos determinar el precio de la cama supletoria, que será como máximo el 35 % del precio de la habitación doble:

$$80 \times 0{,}35 = 28\ €$$

A continuación, sumamos el precio de la supletoria al de la habitación doble:

$$80 + 28 = 108\ €\ \text{costará la habitación triple}$$

d) Para calcular el precio de la habitación cuádruple (doble con dos supletorias), necesitamos determinar el precio de la segunda cama supletoria, que será como máximo el 25 % del importe de la habitación doble:

$$80 \times 0{,}25 = 20\ €$$

Por tanto, la habitación cuádruple costará: 80 + 28 + 20 = 128 €

Recuerda

En la tarifa oficial o *rack* deben constar los precios de las diferentes unidades de alojamiento clasificadas por categorías (individual, doble, triple, *suite*…), según las diferentes temporadas y la duración de estas o sus períodos de aplicación. Además, deberán constar las tarifas de los servicios de restauración tanto como servicios sueltos (desayuno, comida o cena), como en paquetes (media pensión o pensión completa), al igual que los servicios complementarios del establecimiento (garaje, *spa*, gimnasio, piscina, etc.).

Actividad propuesta 2.3.

Cálculo de tarifas

Supón que un hotel tiene las siguientes tarifas:

Servicios	Precio (IVA no incluido)
Habitación doble	62 €
Habitación individual	40 €
Desayuno	6 €
Comida	10 €
Cena	10 €

Calcula:

a) El precio de la media pensión.
b) El precio de la pensión completa.
c) El precio de la habitación triple (doble con una supletoria).
d) El precio de la habitación cuádruple (doble con dos supletorias).

2.3.1. Optimización de precios: estrategias, indicadores clave y *revenue management*

Como ya se ha comentado, los precios que fijan los establecimientos son libres. Ahora bien, ¿con qué criterios se establecen esos precios? Cuando se pone en marcha una idea de negocio, el objetivo es vender bienes o servicios para obtener unos ingresos que, además de servir para amortizar la inversión realizada, generen beneficio.

Para calcular el precio de venta se pueden aplicar técnicas diversas, en función de la estrategia que se establezca y se desee seguir. Dos de estas estrategias son:

- **Fijación de precios según el mercado**
  - En función del **volumen de oferta y demanda:** a mayor oferta, menor precio, y a mayor demanda, mayor precio.
  - En función de la **elasticidad de la demanda:** si es muy elástica, pequeñas variaciones en el precio influirán en la decisión de compra de los clientes.
  - En función del **análisis de la competencia,** se podrá:
    - Aplicar una política de precios más bajos, para vender un mayor volumen con menor margen de beneficio.
    - Aplicar una política de precios más altos; ofrecer calidad, imagen de marca o un valor añadido que el cliente esté dispuesto a asumir (valor percibido).
    - Mantener el mismo precio que la competencia; la diferenciación deberá basarse en otros atributos distintos del económico.
    - Aplicar en cada momento el precio adecuado a cada producto y servicio, adaptado a cada segmento de los consumidores, como veremos a continuación.
- **Fijación de precios según los costes.** Se establecen precios que permitan cubrir los costes generados por la actividad y además generen cierto margen de beneficio. Los costes se pueden clasificar en:
  - **Costes relacionados con la actividad:**
    - **Costes fijos:** aquellos que no dependen del volumen de actividad del establecimiento, sino que existen por el mero hecho de poner en marcha la empresa como, por ejemplo, el alquiler del local o los sueldos de la plantilla fija.
    - **Costes variables:** aquellos directamente relacionados con el volumen de actividad, como pueden ser el consumo de materias primas, material de oficina, etc.
    - **Costes semivariables:** aquellos que se componen de una parte fija y otra variable. Son ejemplos el consumo de luz y el de agua, ya que los proveedores de suministros cobran un tramo fijo por prestación del servicio y otro variable en función del consumo.
  - **Costes directos** o **indirectos:**
    - **Costes directos:** aquellos que se pueden imputar a un determinado departamento (por ejemplo, el consumo de detergente en el Departamento de Lencería).

» **Costes indirectos:** aquellos que no están relacionados con ningún departamento en concreto, como puede ser el sueldo del director del establecimiento.

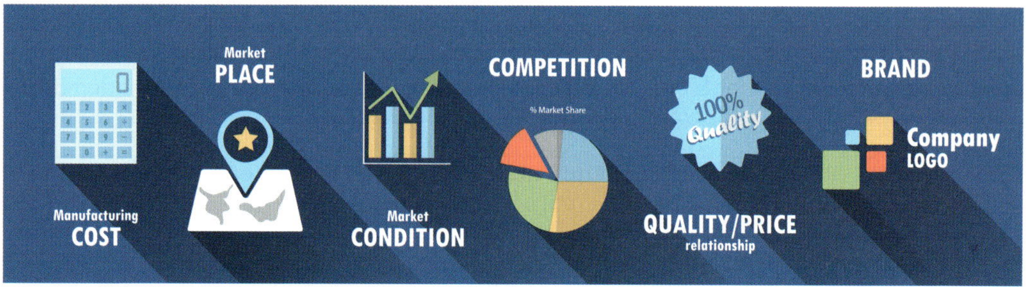

Figura 2.16. *Los métodos de optimización de precios deben analizar múltiples factores.*

Recuerda

Conviene recordar estos conceptos relacionados con los costes:

- **Coste total:** suma de los costes fijos y variables.
- **Punto muerto o umbral de rentabilidad:** es el volumen de ventas que cubre los costes fijos y variables, por lo tanto, no se generan ni beneficios ni pérdidas.

Algunos ejemplos de fijación de precios basados en costes son los siguientes:

— **Precio técnico:** es aquel en el que no se produce ni beneficio ni pérdida, es decir, que el total de ingresos iguala a los costes totales.

— **Precio del costo más margen:** consiste en calcular cuál es el coste total unitario y añadirle el margen de beneficio que se ha marcado como objetivo. Con este método, resultará simple realizar cualquier descuento o variación del precio, puesto que únicamente se deberá reducir (o aumentar, según lo que se pretenda) la cantidad del margen de beneficio.

— **Precio objetivo:** es el que cubre los costes totales y permite obtener un beneficio.

Estrategias, indicadores clave y *revenue management*

Además del mercado y de los costes, existen otras muchas variables que determinan el precio final del producto turístico.

¿Cómo sabemos cuál es el mejor precio de los posibles que podemos aplicar de modo que satisfaga a la demanda y cumpla nuestros objetivos empresariales? ¿Es mejor llenar los establecimientos a un bajo precio o será preferible vender menos habitaciones, pero a un mayor precio? Para dar respuesta a estas cuestiones existe una estrategia denominada *revenue management* que, mediante el manejo de multitud de indicadores, permite establecer la mejor tarifa para cada momento.

Figura 2.17. *Las empresas deben seguir una estrategia marcada para conseguir sus objetivos.*

Actividad propuesta 2.4.

Debate

Las compañías aéreas establecen una estrategia de precios por la que en un mismo trayecto coinciden pasajeros que han pagado diferentes tarifas, aunque reciben el mismo servicio. ¿Sería justo aplicar ese mismo criterio en un alojamiento?

La estacionalidad de la demanda condiciona la abultada diferencia de precio según las temporadas (alta, media o baja), pero ¿se puede justificar la coexistencia de diferentes tarifas para una misma fecha en un alojamiento turístico, por un mismo servicio? En algunos casos, y buscando adaptar la oferta de un establecimiento a las diferentes necesidades de la demanda, se suele recurrir a la aplicación de diferentes tarifas, complementando la oferta con algunos servicios, como el acceso a un *spa*, u ofrecer un tipo de habitación superior, mejores vistas, incluir algún tipo de régimen, o condicionar la duración de la estancia, por poner solo algunos ejemplos. En definitiva, se ofrecen diferentes precios para un mismo día en el mismo establecimiento.

Este **método de fijación dinámica de precios** basa su estrategia en los diferentes segmentos del mercado. Puede que la oferta de nuestro establecimiento se dirija a un segmento concreto; sin embargo, pueden acudir a él clientes de muy diversos perfiles o pertenecientes a otros segmentos; por ese motivo, deberemos disponer de una oferta diversificada, variada y suficiente, tanto en servicios como en precios, ajustándonos así a las necesidades particulares de cada sector. Entra aquí en juego otra característica del producto turístico como es la **elasticidad de la demanda:** pequeñas variaciones en los precios harán que aumente o disminuya sensiblemente la demanda.

El efecto psicológico del precio también ejerce su papel, al influir en la percepción del establecimiento como de mejor o peor calidad. Por ese motivo, se debe ajustar el precio al servicio ofrecido de forma que, si se fija por ejemplo una estrategia de precios altos, el establecimiento se deberá distinguir por ofrecer un servicio impecable y unas instalaciones a la altura de las expectativas que los futuros huéspedes han depositado en él, o incluso superiores. De lo contrario, se podrá generar un sentimiento de decepción que dañará seriamente la imagen del establecimiento, lo que repercutirá de forma negativa en su clientela presente pero, sobre todo, y ese es el mayor perjuicio, en la futura.

Figura 2.18. *Ejemplo de la variación de los precios por habitación según los días.*

Actividad propuesta 2.5.

Tarifas múltiples

Se ha expuesto el ejemplo de las compañías *low cost* para establecer el precio de un producto. Busca ejemplos de estrategias similares en otras empresas o sectores, y piensa de qué manera se puede justificar en una empresa de alojamiento un aumento o disminución de precio por un mismo servicio.

Los expertos analistas establecen estrategias para conseguir vender «el producto adecuado, al cliente adecuado, en el momento adecuado, al precio adecuado y a través del canal adecuado». Las compañías de transporte, como ya hemos visto, al igual que los restaurantes o los establecimientos de alojamiento turístico, no pueden almacenar sus productos: una mesa sin ocupar en un restaurante, un asiento vacío en un tren, o una habitación no vendida es una oportunidad perdida, máxime en estas empresas que por sus características soportan unos costes fijos muy altos. Por ese motivo surgen técnicas, estrategias y estudios encaminados a maximizar el beneficio, ofreciendo el producto adecuado al cliente que tiene esa necesidad en un momento dado sin cubrir y se ajusta a su presupuesto. Se denominan **KPI** ***(Key Performance Indicators)*** y son sistemas o indicadores que permiten evaluar el rendimiento y el nivel de logro de los objetivos marcados por una empresa.

Estos indicadores clave son parámetros medibles y cuantificables, cálculos basados en datos registrados en anteriores campañas, estadísticas elaboradas por el establecimiento que ofrecen información sobre el volumen de clientes alojados, el número de pernoctaciones, el precio medio ofertado, el porcentaje de ocupación, así como otros datos históricos de relevancia que son de utilidad para determinar la estrategia a seguir y que permita adoptar la mejor decisión en cada momento.

A continuación, analizaremos algunos de estos indicadores, además del estudio de la competencia y el comportamiento de la demanda.

El método del ***yield management*** lo comenzaron a implementar las compañías aéreas. Mediante este método, se fijan varias tarifas asociadas a un número determinado de unidades para cada una, pudiendo estar a su vez sujetas a unas condiciones concretas o no (como, por ejemplo, tipo de régimen contratado, pago por adelantado, cancelación con gastos, número de noches, tipo de habitación, etc.). Así, más que un método de fijación de precios, con él se pretende maximizar las ventas y por tanto la rentabilidad del establecimiento, al aplicar diferentes tarifas para adaptar el servicio al perfil de la demanda.

Se puede calcular así:

Yield = ratio de ventas × ratio promedio de precio de venta

Ratio de ventas: n.° habitaciones vendidas / n.° total de habitaciones del establecimiento

Ratio promedio de precio de venta = precio medio de venta / precio medio potencial

Cuanto más se acerque el valor obtenido a 1, mayor rentabilidad habremos obtenido.

Actividad resuelta 2.2.

Yield management

Un hotel de 350 habitaciones, cuya tarifa *rack* para la habitación doble es de 90 €, ha vendido 270 habitaciones a los siguientes precios:

- 100 habitaciones a 50 € • 50 habitaciones a 55 € • 60 habitaciones a 70 € • 60 habitaciones a 90 €

Calcula el *yield management.*

SOLUCIÓN

Yield = ratio de ventas × ratio promedio de precio de venta

Ratio de ventas: n.° habitaciones vendidas / n.° total de habitaciones del establecimiento

Ratio de ventas = 270 / 350 = 0,77

Ratio promedio de precio de venta = precio medio de venta / precio medio potencial

Precio medio de venta = [100 × 50) + (50 × 55) + (60 × 70) + (60 × 90)] / 270 = 5000 + 2750 + 4200 + 5400 = 17 350 / 270 = 64,26 €

Precio medio potencial = 90 €

Ratio promedio de precio de venta = 64,26 / 90 = 0,714

Así pues, el *yield management* obtenido es de = 0,77 × 0,714 = 0,549

Figura 2.19. *Los indicadores clave manejan, entre otros, datos estadísticos.*

Figura 2.20. *El precio es determinante a la hora de posicionar el establecimiento en un buen lugar respecto a la competencia.*

El ***revenue management*** establece sus principios tras un estudio pormenorizado del comportamiento del cliente, de la competencia, de los históricos o previsiones según el comportamiento en temporadas anteriores o situaciones similares y comparables, por el cual se conocen qué aspectos condicionan la compra permitiendo así ajustar mejor los precios.

Uno de los indicadores que se aplican con mayor frecuencia es el denominado **RevPAR *(Revenue Per Available Room)*,** que en términos generales calcula la media de los ingresos generados por cada habitación disponible, y a partir de ese dato crea un histórico de ventas que se pueda extrapolar para realizar previsiones futuras y, por lo tanto, establecer la mejor estrategia de precios.

Se puede calcular de dos formas: midiendo los ingresos obtenidos por la venta de habitaciones en una fecha determinada, divido por el número total de habitaciones del establecimiento, u obteniendo el porcentaje de ocupación y multiplicándolo por el precio medio diario.

N.º habs.	Estrellas	Hotel	Oferta habs. mes	Habs. ocupadas	Revenue	CMP (cuota potencial)	Cuota real (CMR)	% Ocupación	Precio medio	RevPAR	Ranking RevPAR
180	4	A	5.400	5.234	419.440,20	39,39 %	41,42 %	96,92 %	84,13	82,197	2
90	4	B	2.700	2.639	198.427,32	19,69 %	19,59 %	97,74 %	92,15	90,116	1
75	3	C	2.250	1.783	157.371,43	16,42 %	15,53 %	79,24 %	72,10	57,132	5
52	3	D	1.560	1.284	123.432,32	11,38 %	12,18 %	82,30 %	85,60	70,440	3
60	3	E	1.800	1.620	114.285,97	13,12 %	11,28 %	90,00 %	66,85	60,210	4
457			13.710	12.560	1.012.957,24	100,00 %	100,00 %	89,24 %	80,20	72,020	

Figura 2.21. *Ejemplo del cálculo de la cuota de mercado de varios hoteles.*

Así, una vez conocido el precio mínimo al que debemos vender las habitaciones para cubrir los costes totales del establecimiento, se trata de encontrar el equilibrio entre vender menos habitaciones a un precio más elevado, o vender más habitaciones a menor precio. Como podemos deducir, este método solo tiene en cuenta el precio de venta de las habitaciones como vía para cubrir los costes totales; sin embargo, un establecimiento generalmente ofrece además otros servicios complementarios que, al igual que suponen un coste (materiales, empleados, suministros), también generan ingresos. Por tanto, el RevPAR es un buen indicador, pero no ofrece por sí solo una información completa, sino sesgada, y se debería complementar con otros indicadores.

Actividad resuelta 2.3.

Revenue management

Un hotel de 80 habitaciones ha tenido una ocupación del 72 % en el mes de junio. El precio medio de venta en ese período ha sido de 44 €/hab. Calcula el RevPAR.

SOLUCIÓN

Si el hotel tiene 80 habitaciones, en los 30 días que tiene el mes de junio, habrá podido vender 2400 habitaciones.

Ha tenido una ocupación del 72 %, por lo tanto, ha vendido 2400 × 0,7 = 1680 habitaciones

Si el precio medio ha sido de 44 €, ha obtenido unos ingresos de: 1680 × 44 = 73 920

Vamos a dividir el total de los ingresos entre el total de habitaciones disponibles:

73 920 / 2400 = 30,8

El RevPAR es de 30,8 €

Otro indicador es el **Goppar *(Gross Operating Per Available Room)***, que es el beneficio bruto por el total de habitaciones disponibles en el establecimiento, estén ocupadas o no. En este caso, no se contemplan únicamente los ingresos generados por las habitaciones como en el indicador anterior, sino que se contemplan también otros ingresos, como pueden ser los generados por los departamentos de restauración, eventos, servicios complementarios como minibar, teléfono, lavandería, *spa*, etc. Del mismo modo que se contemplan los ingresos, se deben considerar también los gastos, no solo los fijos, sino los variables y los de explotación. Cuanto mayor sea el valor obtenido de Goppar, más rentable será el establecimiento. Es, por tanto, un buen indicador si se valoran futuras inversiones. En el caso de obtener valores negativos en ciertos períodos, podría derivar en la decisión de cerrar el establecimiento en esas fechas y cesar temporalmente la actividad dada su escasa rentabilidad, o mantenerlo abierto y tratar de compensar períodos de pérdidas con otros de beneficios.

Para ampliar

El cálculo de los indicadores es de utilidad para conocer la rentabilidad del sector; por ese motivo, se efectúan estudios estadísticos que suelen emplear los diferentes establecimientos para compararse con la competencia. En el siguiente enlace a la página de Tourspain podrás conocer los diferentes indicadores relativos al sector de alojamiento.

http://estadisticas.tourspain.es/es-ES/estadisticas/otrasestadisticas/indices/indicadoresrentabilidad/Paginas/FichaTecnicaADR.aspx

Indicadores rentabilidad	Ingresos hoteleros	Precios consumo	Precios hoteleros
• Mensuales	• Mensuales	• Mensuales	• Mensuales
• Series	• Series	• Series	• Series
• Metodología	• Metodología	• Metodología	• Metodología
• Ficha ADR	• Ficha	• Ficha	• Ficha
• Ficha RevPar			

Figura 2.22. *El Goppar contempla los ingresos generados por las habitaciones y por el resto de los departamentos.*

El **ADR *(Average Daily Rate)*** o **ARR *(Average Room Rate)*** es la tarifa media diaria abonada por habitación en un período determinado. Se calcula al dividir los ingresos por habitación entre el número de habitaciones vendidas. Lo ideal es aumentar esta cifra, ya que es un indicador del rendimiento del establecimiento, lo que se puede conseguir ofreciendo servicios complementarios y valorando la satisfacción y la elasticidad de la demanda. Si los clientes están satisfechos, probablemente estén dispuestos a pagar un poco más por un mejor servicio. Esto se denomina ***cross selling*** o **venta cruzada.**

El porcentaje de ocupación se calcula al dividir el número de habitaciones ocupadas entre el número de habitaciones disponibles, expresado en porcentaje.

El volumen de ingresos obtenidos por la venta de habitaciones *(room revenue)* es el ADR por el número de habitaciones ocupadas.

El **RN *(Room Night)*** es el número de pernoctaciones habidas en el establecimiento durante un período determinado.

Otro indicador es el **TrevPAR *(Total Revenue Per Available Room),*** que se puede definir como los ingresos totales posibles generados por habitación. Se calcula al dividir los ingresos totales del establecimiento entre el número de habitaciones disponibles, estén ocupadas o no.

Actividad resuelta 2.4.

Cálculo del TrevPAR

El hotel de la Actividad resuelta 2.3 ha tenido en junio los siguientes ingresos totales:

Por habitaciones: 70 000 €.

Por los servicios de restauración: 24 500 €.

Por los servicios complementarios: 3560 €.

Calcula el TrevPAR.

SOLUCIÓN

Total de ingresos: 70 000 + 24 500 + 3560 = 98 060 en el mes de junio.

80 habitaciones que tiene el hotel × 30 días que tiene el mes de junio = 2400 habitaciones.

98 060 / 2400 habitaciones = 40,85 € de beneficios por habitación.

El **TrevPOR *(Total Revenue Per Occupied Room)*** se define como los ingresos totales por habitación disponible, es decir, los ingresos totales entre el número de habitaciones ocupadas. Al igual que el indicador **Goppor *(Gross Operating Profit Per Occupied Room)*** muestra el beneficio por habitación disponible, una vez computados todos los costes; es decir, los ingresos totales menos los costes divididos entre el número de habitaciones ocupadas.

Todos estos cálculos anteriores se pueden hacer de forma anual, mensual, semanal e incluso diaria. Toda información es poca cuando se trata de definir la mejor estrategia para maximizar el beneficio y el rendimiento de un negocio.

Por supuesto, existen otros muchos métodos de determinación de precios como la ley de Weber-Fechner de fijación de precios para diferentes productos, el índice Revpag de ingresos por cliente, el método USALI, etc. Quizás el más importante de todos sea el denominado ***Competitive Set.*** Para calcularlo, se elige un número variable de establecimientos similares que supongan una competencia respecto a un establecimiento de referencia, ya sea por cercanía, categoría, servicios, oferta, etc. Se comparan los ADR, RevPAR, cuota de mercado, ocupación, etc., del establecimiento de referencia con los de los distintos establecimientos, para ver cómo está posicionado respecto a ellos (similar al *benchmarking*).

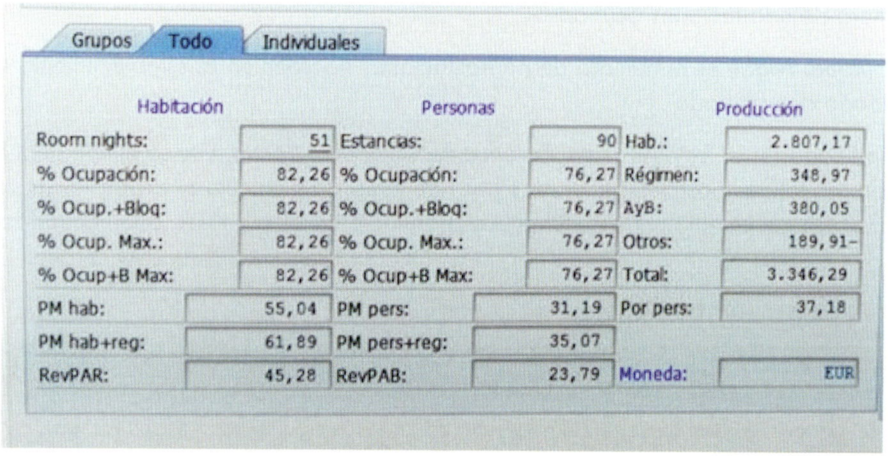
Grupos | Todo | Individuales

Habitación		Personas		Producción	
Room nights:	51	Estancias:	90	Hab.:	2.807,17
% Ocupación:	82,26	% Ocupación:	76,27	Régimen:	348,97
% Ocup.+Bloq:	82,26	% Ocup.+Bloq:	76,27	AyB:	380,05
% Ocup. Max.:	82,26	% Ocup. Max.:	76,27	Otros:	189,91-
% Ocup+B Max:	82,26	% Ocup+B Max:	76,27	Total:	3.346,29
PM hab:	55,04	PM pers:	31,19	Por pers:	37,18
PM hab+reg:	61,89	PM pers+reg:	35,07		
RevPAR:	45,28	RevPAB:	23,79	Moneda:	EUR

Figura 2.23. *Ejemplo del análisis de productividad de un establecimiento en un día concreto.*

Sabías que...

La gestión y manejo de cifras de un establecimiento es sumamente compleja, ya que además de las cantidades barajadas, se deberán considerar otros muchos factores como la elasticidad de la demanda, el comportamiento de la competencia, factores y condicionantes externos, etc., por lo que el *revenue management* conforma un departamento propio en sí mismo, que emplea una cantidad ingente de información, complejos sistemas de cálculo de probabilidades y estadísticas para establecer su dinámica de precios en cada momento.

2.3.2. Control de la ocupación y previsiones

Todas las estrategias de precios se basan fundamentalmente en previsiones. Por tanto, el manejo de las herramientas adecuadas para realizar estas previsiones será la clave del éxito de cualquier planificación.

Estas previsiones se harán periódicamente en el establecimiento, y generarán el denominado «estadillo de previsión de ocupación». Se pondrán en conocimiento de todos los departamentos para que puedan hacer sus propias previsiones de abastecimiento de géneros, cálculo del personal necesario, además de establecer la estrategia de tarifas que se van a aplicar en el período, el cierre o apertura de ofertas a la venta, etc.

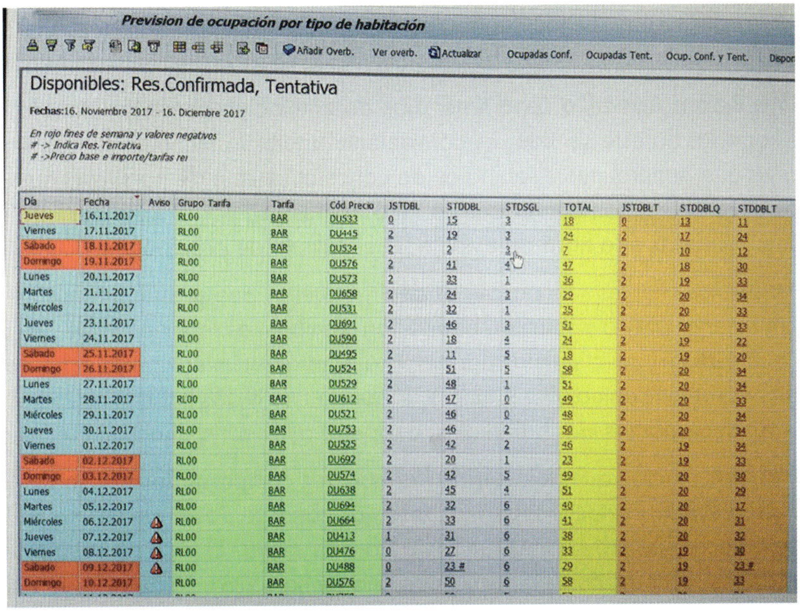

Día	Fecha	Aviso	Grupo Tarifa	Tarifa	Cód Precio	JSTDBL	STDDBL	STDSGL	TOTAL	JSTDBLT	STDDBLQ	STDDBLT
Jueves	16.11.2017		RL00	BAR	DU533	0	15	3	18	0	13	11
Viernes	17.11.2017		RL00	BAR	DU445	2	19	3	24	2	17	24
Sábado	18.11.2017		RL00	BAR	DU534	2	2	3	7	2	10	12
Domingo	19.11.2017		RL00	BAR	DU576	2	41	4	47	2	18	30
Lunes	20.11.2017		RL00	BAR	DU573	2	33	1	36	2	19	33
Martes	21.11.2017		RL00	BAR	DU658	2	24	3	29	2	20	34
Miércoles	22.11.2017		RL00	BAR	DU531	2	32	1	35	2	20	33
Jueves	23.11.2017		RL00	BAR	DU691	2	46	3	51	2	20	33
Viernes	24.11.2017		RL00	BAR	DU590	2	18	4	24	2	19	22
Sábado	25.11.2017		RL00	BAR	DU495	2	11	5	18	2	19	20
Domingo	26.11.2017		RL00	BAR	DU524	2	51	5	58	2	20	34
Lunes	27.11.2017		RL00	BAR	DU529	2	48	1	51	2	20	34
Martes	28.11.2017		RL00	BAR	DU612	2	47	0	49	2	20	33
Miércoles	29.11.2017		RL00	BAR	DU521	2	46	0	48	2	20	34
Jueves	30.11.2017		RL00	BAR	DU753	2	46	2	50	2	20	34
Viernes	01.12.2017		RL00	BAR	DU525	2	42	2	46	2	19	34
Sábado	02.12.2017		RL00	BAR	DU692	2	20	1	23	2	19	33
Domingo	03.12.2017		RL00	BAR	DU574	2	42	5	49	2	20	30
Lunes	04.12.2017		RL00	BAR	DU638	2	45	4	51	2	20	29
Martes	05.12.2017		RL00	BAR	DU694	2	32	6	40	2	20	17
Miércoles	06.12.2017	⚠	RL00	BAR	DU664	2	33	6	41	2	20	31
Jueves	07.12.2017	⚠	RL00	BAR	DU413	1	31	6	38	2	20	32
Viernes	08.12.2017	⚠	RL00	BAR	DU476	0	27	6	33	2	19	30
Sábado	09.12.2017	⚠	RL00	BAR	DU488	0	23 #	6	29	2	19	23 #
Domingo	10.12.2017		RL00	BAR	DU576	2	50	6	58	2	19	33

Figura 2.24. *Visualización de la previsión de reservas.*

Para poder establecer esas previsiones, se recurre a una serie de datos, como los que vamos a ver a continuación:

- **ROH *(Reservations On Hand)*:** son aquellas reservas con las que ya se cuenta en el establecimiento y que están confirmadas.
- ***No shows:*** son reservas no materializadas, debido a que los clientes no han anulado su reserva y no se han presentado en el establecimiento. Suponen un perjuicio, puesto que significa que se ha perdido la oportunidad de vender esa habitación a otro cliente.
- ***Overbooking:*** es una técnica a la que se suele recurrir para optimizar las ventas. Se suele apoyar en el cálculo del porcentaje de *no shows* que se producen habitualmente en un establecimiento, para poder «jugar» así con ese margen a la hora de admitir más reservas de las disponibles, y compensar de ese modo esas habitaciones que previsiblemente se dejarán de vender. Otra opción menos arriesgada para reducir el número de *no shows* es garantizar el pago de las reservas, de modo que, aunque no se presente el cliente, el cobro esté asegurado.
- ***Under/Over stays:*** es bastante frecuente que se produzcan cambios en las fechas previstas de entrada y salida de los huéspedes, que pueden retrasar su entrada o adelantarla, y del mismo modo, adelantar o retrasar su salida. El mayor problema para la rentabilidad del establecimiento es el retraso en la fecha de entrada, sobre todo si se comunica el mismo día en que esta estaba prevista, debido al poco margen de tiempo que queda para intentar vender esa habitación de nuevo. Respecto al adelanto en la fecha de salida ocurre algo similar. En el caso de ampliarse la estancia tanto al inicio como al final, el único inconveniente sería que el establecimiento estuviera completo para esas fechas, y no se pueda

satisfacer la solicitud, pudiendo llegar a perder la reserva completa por esa circunstancia, sobre todo si la solicitud se realiza anteriormente a la llegada del cliente al establecimiento.

- **DBA *(Days Before Arrival)* o *Lead time:*** días de antelación con respecto a la fecha prevista de llegada. En este sentido, es conveniente anotar la fecha en la que se efectuó la reserva, ya que generalmente, el índice de cancelaciones o de *no shows* aumenta cuanto mayor es la antelación con la que se hizo la reserva; por lo tanto, es otro factor que conviene considerar a la hora de establecer el cálculo de previsiones.
- ***Walk-ins:*** son los clientes «de paso», es decir, aquellos que se presentan en el establecimiento sin reserva previa y solicitan habitación. También es recomendable calcular el porcentaje que este tipo de clientela supone para el establecimiento, con el fin de tomar las decisiones oportunas como, por ejemplo, si queda una o dos habitaciones por vender, si es mejor venderla por las vías habituales, o esperar a venderla directamente en mostrador.
- ***Pick up:*** es la evolución que han sufrido las reservas comparando su situación actual respecto a un período. Es decir, según las reservas conseguidas en el mismo período anterior se establecen las previsiones futuras para otra fecha. El *pick up* es la diferencia en volumen de las reservas conseguidas entre una fecha y otra. Lo ideal sería ir vendiendo habitaciones de forma progresiva hasta llenar el establecimiento el mismo día ya que, si se completa el establecimiento con mucha antelación, seguramente se estará perdiendo la oportunidad de vender a un precio superior.

Vamos a verlo con un **ejemplo:**

Hoy es 7 de julio, sábado. Queremos prever las reservas que alcanzaremos en nuestro establecimiento a 14 días vista, es decir, a fecha 21 de julio, sábado. Nuestro establecimiento dispone de 150 habitaciones y actualmente tenemos reservadas 63, y las reservas alcanzadas el año anterior los sábados alrededor de esa fecha, a 14 días vista, 7 días vista y el mismo día, fueron las siguientes:

Tabla 2.1. *Histórico de ocupación*

Histórico	14	7	0
1 de julio	53	88	97
8 de julio	58	91	102
15 de julio	61	93	112
22 de julio	54	87	122
29 de julio	63	102	130
5 de agosto	48	98	145
12 de agosto	50	112	150
Total	401	678	858
Promedio	**57**	**97**	**123**

Lo que debemos hacer es calcular el promedio de ocupación de ese período, a una y dos semanas vista, y calcular el comportamiento de la demanda y el volumen de reservas recogido en ese período para poder determinar la previsión para el período presente.

El *pick up* es de 123 – 57 = 66

La previsión se calculará de la siguiente manera: Previsión = ROH + ***Pick Up***

Por lo tanto: 63 + 66 = 129

Así, la previsión de habitaciones ocupadas para el día 21 de julio será de 129.

A esta cifra obtenida por el *pick-up,* se le deberá sumar o restar la posible variación de habitaciones en función de los parámetros que acabamos de ver: *no shows, over/under stays, walk-in, lead time,* etc., y así se obtendrá como resultado la previsión estimada.

Las acciones estratégicas no se deben basar únicamente en esos datos: la experiencia de otras temporadas, así como las circunstancias propias y ajenas al establecimiento serán también determinantes. Para el cálculo de las previsiones deberán tenerse en cuenta además otras muchas variables. Por poner un ejemplo, la previsión de ocupación de un 18 de agosto de un año pasado puede que no coincida con la ocupación de un 18 de agosto del año corriente, ya que, además de lo que acabamos de ver, influyen otros factores como:

- El día de la semana: no habrá la misma ocupación un sábado que un lunes, por ejemplo.
- La climatología: las previsiones pueden variar enormemente en un solo día por el mero hecho de que llueva.
- Factores externos: huelgas de transporte, eventos en la zona que pueden haber sido temporales (conciertos, ferias, congresos, inauguraciones), inestabilidad política o de seguridad, etc.

Recuerda

Se deben considerar además de las cifras del establecimiento, acontecimientos pasados y futuros eventuales. Por ejemplo: si el año pasado hubo un macro concierto, o un evento deportivo o cultural que hizo aumentar la demanda de forma excepcional, pero este año no se espera ningún evento, probablemente la previsión no cumpla las expectativas.

Los sistemas **ERP (*Enterprise Resource Planning*)** son programas que gestionan diferentes operaciones de ámbito interno en la empresa, como pueden ser la gestión de almacenes, los departamentos de producción o proveedores, etc. De esta forma, las bases de datos estarán integradas en un único programa de gestión, lo que permite realizar informes y análisis del estado de la empresa con facilidad. Estos programas facilitan enormemente la gestión en los establecimientos de alojamiento turístico.

2.4. Contratos

El objetivo de los contratos con particulares, agencias y empresas es establecer una serie de condiciones bajo las cuales se fija el compromiso de ofrecer los servicios solicitados. Como en todo contrato, se generan unos derechos y unas obligaciones que deberán cumplir ambas partes.

Estas condiciones, deberán ser favorables tanto para la empresa como para quienes solicitan sus servicios; de ese modo, se estarán aunando esfuerzos para conseguir el máximo beneficio mutuo; por una parte, estas empresas proporcionarán clientes contribuyendo en la medida de lo posible a mejorar el porcentaje de ocupación del establecimiento quienes, por otro lado, recibirán unas condiciones ventajosas y un pago o contraprestación por los servicios prestados. Las condiciones acordadas dependerán en gran medida del poder de negociación de las partes y de su posición estratégica en el mercado.

Figura 2.25. *Los acuerdos de colaboración entre las partes deben constar en un contrato.*

Entre las condiciones incluidas en el contrato, los puntos más importantes son:

- **Precios.** El precio negociado que se acuerde entre las dos partes, especificando su naturaleza: tipo de habitación, salones, *coffee-breaks,* audiovisuales, desayuno, comidas, bebidas, uso de instalaciones, etc.
- **Descuentos.** En vez de aplicar una tarifa especial, se pueden aplicar descuentos porcentuales sobre el precio correspondiente a la tarifa general. Estas deducciones pueden ser:
  - Una cantidad fija (por ejemplo: 20 € de descuento por factura).
  - Una cantidad proporcional (cuanto más gasto, mayor deducción). Así, se puede establecer una política de tramos como, por ejemplo: por cada 1000 € de consumo, 50 € de deducción; por una facturación superior a los 2500 €, 200 € de deducción; por una facturación superior a los 5000 €, 600 € de deducción, etc.

Figura 2.26. *Los descuentos que se aplican sobre la tarifa general se negociarán entre las partes y responderán a diversos criterios: volumen de operaciones, cifra de negocio, etc.*

- **Comisiones.** Son honorarios que perciben las agencias de viaje o entidades bancarias que suministran tarjetas de crédito, al aplicar un porcentaje fijo sobre el importe neto facturado.
- **Forma de pago y plazo.** Pueden solicitarse cantidades por adelantado en concepto de depósito, arras o fianza; o puede concederse crédito, aplazando el pago durante un número de días previamente acordado a contar desde la fecha de emisión de la factura.
- **Tiempo de vigencia.** Hace referencia al período de validez del contrato, que generalmente suele ser de un año, renovable o revisable al vencimiento, pero también se pueden establecer períodos excluidos de la aplicación de las condiciones del contrato, como pueden ser fechas de alta demanda (temporada alta o media, fechas señaladas de celebración de congresos, etc.).
- **Cupo.** Cantidad de habitaciones que un intermediario solicita a un establecimiento, de modo que se reserva el derecho a vender esas habitaciones a un precio previamente convenido. (Se desarrollará más ampliamente en el epígrafe 2.4.1.).
- ***Release.*** Representa el tiempo límite previo a la fecha prevista de entrada, dentro del cual, si no se ha cubierto el cupo, esas habitaciones no vendidas por el intermediario pasan de nuevo a ser propiedad del establecimiento, que puede disponer de ellas libremente. También es el tiempo límite de que se dispone para cancelar una reserva sin cargo.
- ***Cut off days.*** Determina el número de días de antelación de que se dispone para realizar una reserva *online* o de venta libre, pasados los cuales, no se muestran las habitaciones disponibles, y se debe contactar directamente con el establecimiento.
- **Anulaciones.** Una vez vencido el tiempo de *release*, si se produce una anulación, se deberá fijar el precio a cobrar por el servicio no prestado, que deberá valorar el perjuicio causado al establecimiento por esa habitación que se ha dejado de vender. La política de cancelaciones se establecerá por acuerdo expreso entre las partes (Cataluña y Asturias tienen su propia normativa al respecto).

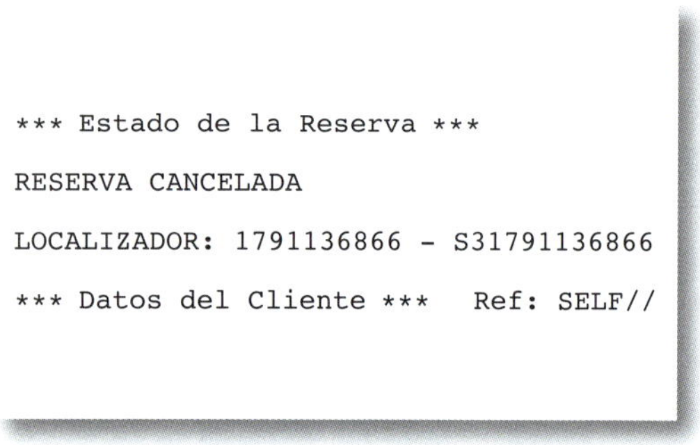

```
*** Estado de la Reserva ***
RESERVA CANCELADA
LOCALIZADOR: 1791136866 - S31791136866
*** Datos del Cliente ***    Ref: SELF//
```

Figura 2.27. *Reserva cancelada.*

Figura 2.28. *La política de cancelaciones será aquella acordada entre las partes.*

Para ampliar

Cataluña establece en el Decreto 159/2012, de 20 de noviembre, de establecimientos de alojamiento turístico y de viviendas de uso turístico, los siguientes criterios de cancelación de reservas:

Art. 26.2. La cancelación efectuada por la persona usuaria dentro de los diez días anteriores a la fecha de llegada da lugar a las siguientes penalizaciones, salvo pacto en contrario:

a) Reserva para dos o menos días, el 50 % del precio total de la estancia.

b) Reserva para más de dos días y hasta siete días, el 35 % del precio total de la estancia.

c) Reserva para más de siete días, el 25 % del precio total de la estancia.

Las anteriores penalizaciones no son de aplicación cuando la cancelación se produce por causa de fuerza mayor, debidamente acreditada.

Art. 26.3. La persona usuaria tiene derecho a cancelar la reserva confirmada, sin ninguna penalización, siempre que se efectúe antes de los diez días anteriores a la fecha de llegada, salvo pacto en contrario.

Art. 27. Cuando la persona usuaria de un establecimiento de alojamiento abandone la unidad reservada antes de la fecha hasta la que la tenía reservada, la persona titular del establecimiento puede pedir hasta el equivalente al 50 % del precio total de los servicios que queden por utilizar, salvo pacto específico entre las partes.

El Principado de Asturias, en el Decreto 78/2004 de 8 de octubre, por el que se aprueba el reglamento de establecimientos hoteleros (modificado por el Decreto 45/2011, de 2 de junio) establece en su artículo 13 que:

En todo momento el usuario podrá desistir de la reserva efectuada, teniendo derecho a la devolución de las cantidades que hubiese abonado. No obstante lo anterior, cuando el desistimiento le sea comunicado con más de siete y menos de quince días de antelación al señalado para la ocupación, el titular del establecimiento podrá retener el 50 % del importe del depósito, o la totalidad del mismo si la comunicación se efectúa dentro del plazo de siete días anteriores a dicha fecha, salvo que, por pacto expreso y específico, cuya prueba incumbirá al empresario, se alteren estos umbrales.

- **Daños y perjuicios, compensaciones o indemnizaciones.** Por incumplimientos de contrato, sean cuales sean sus causas.

- **Bloqueos.** Cuando una agencia precisa de un gran número de habitaciones, como por ejemplo para la celebración de un congreso, se puede dar el caso de que se bloqueen ese número de habitaciones en el establecimiento, a modo de prerreserva, mientras se termina de cerrar la negociación de las condiciones con la otra parte. En esa circunstancia se deberá fijar un plazo máximo de confirmación, tras el cual el establecimiento dispondrá libremente de esas habitaciones, o las reservará definitivamente.

- ***Overbooking.*** Esta situación se produce cuando se han vendido más habitaciones de las que realmente dispone el establecimiento. Puede suceder por error o premeditadamente, considerando las fechas, experiencias anteriores, el tamaño del establecimiento, o simplemente asumiendo el riesgo para conseguir asegurar el 100 % de ocupación en caso de anulaciones de última hora o *no shows*. Para evitar esta situación, y asegurarse el cobro de todas sus reservas, los establecimientos suelen lanzar tarifas *no reembolsables,* que suelen ser algo más económicas que las de *anulación gratuita* hasta el tiempo fijado de *release*. Se aseguran con ello el importe solicitado, aunque el cliente posteriormente anule la reserva o no se presente. Otra medida para evitar el *overbooking* puede ser trabajar con *listas de espera*, pero supone un trabajo extra para el establecimiento, además de la posibilidad de pérdida de esos clientes «en espera» que, ante la incertidumbre de conocer si finalmente se atenderá a su petición o no, puedan valorar otras alternativas y elijan otra opción u otro establecimiento.

Recuerda

> Cualquier cliente, dada la condición de consumidor o usuario, gozará de las garantías y régimen de responsabilidad solidaria previsto en el Real Decreto Legislativo 1/2007, de 16 de noviembre, por el que se aprueba el texto refundido de la Ley General para la Defensa de los Consumidores y Usuarios y otras leyes complementarias.

- **Gratuidades.** Suelen aplicarse principalmente cuando se dan una de estas dos situaciones:
  - Cuando se trata de clientes individuales de cierta importancia para el establecimiento desde un punto de vista comercial o estratégico.
  - Cuando se trata de clientes pertenecientes a un grupo, según el número de personas en doble o de forma fija al chófer o al guía en individual.

2.4.1. Cupos

Uno de los acuerdos a los que deberán llegar las dos partes en el momento de establecer el contrato de colaboración es el número de habitaciones que se compromete a vender el intermediario en un tiempo determinado (generalmente un año).

Pongamos por **ejemplo** que son diez habitaciones diarias (3650 habitaciones al año). Según ese compromiso, el establecimiento ofrecerá unas condiciones y unas tarifas, teniendo en cuenta que la otra parte va a disponer libremente de esas diez habitaciones y que presumiblemente las va a ocupar. El establecimiento lógicamente no puede hacer uso de esas diez habitaciones, puesto que ya dejan de ser propiedad suya, y pasan a pertenecer a la empresa que dispone de ese cupo. Esa empresa tendrá un tiempo máximo para ocuparlas; si una vez vencido el plazo establecido, denominado **tiempo de *release*,** no se ha vendido la totalidad o alguna de esas plazas, estas pasan de nuevo a estar a disposición del establecimiento, que podrá gestionarlas como crea oportuno.

Si una vez vencido el tiempo de *release* la agencia necesitara alguna habitación, deberá solicitarla al establecimiento, que determinará la viabilidad o no de la operación.

Durante el tiempo en que el cupo está abierto, la agencia tiene **venta libre**, es decir, puede ir reservando habitaciones hasta el límite que tiene contratado. Si supera el cupo y necesita más habitaciones de las acordadas, deberá realizar esas reservas *bajo petición*, es decir, necesitará la confirmación y autorización del establecimiento para poder ocuparlas.

Trabajar con cupos suele ser complicado, sobre todo teniendo en cuenta que los establecimientos suelen trabajar con más de un intermediario a la vez; por ese motivo, la tendencia actual, máxime con el auge de las ventas *online*, es ofrecer la modalidad de venta libre a todas las agencias, de forma indiscriminada y sin límite de habitaciones, hasta que se alcance una ocupación que el establecimiento tenga estipulada, a partir de la cual efectúa un cierre de ventas. Según las condiciones contratadas, se puede estipular un tiempo de *release* de unas horas una vez establecido el cierre de venta libre, o puede ser de efecto inmediato, no admitiéndose ninguna reserva más que no sea bajo petición.

Sabías que...

En el caso de un «contrato celebrado a favor de tercero» un cliente disfruta de una estancia como beneficiario de ese contrato entre una agencia de viajes y el establecimiento.

El cliente de este tipo de contrato se podrá acoger al artículo 1257 del Código Civil, así como al Real Decreto 271/1988, en lo que respecta a los servicios sueltos y paquetes turísticos.

Figura 2.29. *La gestión de los grupos lleva un tratamiento diferente al de los clientes particulares.*

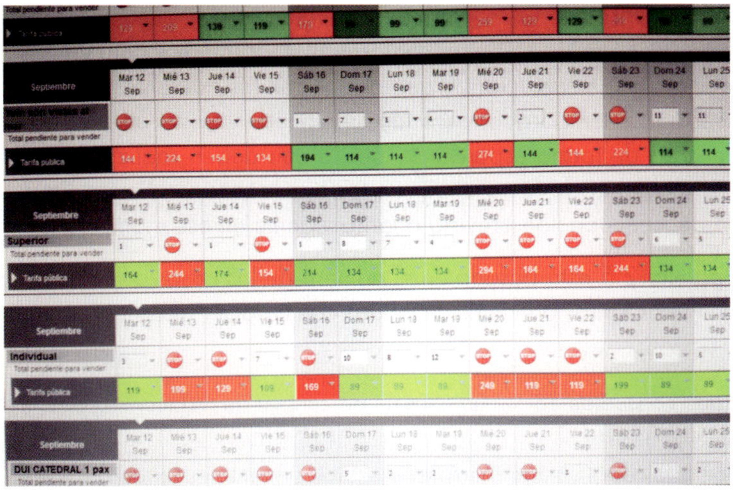

Figura 2.30. Channel Manager *desde el que se procede al cierre de cupo de habitaciones, ampliación del cupo o modificación de tarifas (al alza o a la baja).*

2.5. Cotización de grupos

Como hemos visto en el epígrafe 2.3, entre las diferentes tarifas que se manejan en el establecimiento se incluyen las **tarifas de grupos.** Estas suelen ser bastante más económicas que el resto de las tarifas, al tratarse de un número elevado de habitaciones (generalmente se considera grupo si se reserva un número superior a 10 habitaciones) e incluir algún tipo de régimen. Sin embargo, los grupos también están sujetos a una serie de limitaciones y condiciones:

- Las tarifas que se aplican son por persona y habitación doble.
- Las habitaciones individuales suelen tener un suplemento sobre la tarifa respecto a una habitación doble.
- Las habitaciones triples incluyen generalmente un descuento sobre la tercera persona, cuyo porcentaje suele variar dependiendo de si esa tercera persona es adulto o niño.
- Se suelen ofrecer gratuidades por cada cierto número de personas de pago.
- Es habitual solicitar una *rooming list* con el detalle de la distribución de las personas que se alojarán en cada habitación, con cierto margen de antelación.
- Se suele requerir el pago de una cantidad (suele ser un porcentaje sobre el importe total de la cotización) por adelantado en concepto de depósito, prepago o anticipo.
- Al ser tarifas tan ajustadas, no suelen ser comisionables, sino precios netos.

Como ya se ha comentado anteriormente al hablar del *revenue management*, los establecimientos ya no suelen fijar unas tarifas y mantenerlas invariables a lo largo de todo el año, como puede suceder en el caso de tarifas negociadas o tarifas de empresa, sino que se marcan unos máximos, que son los que se registran ante la autoridad competente. De esa forma, los precios van variando diariamente, en función de múltiples factores e indicadores.

Con respecto a las tarifas de grupos, sucede de igual modo: pueden existir establecimientos que por sus características trabajen con grupos de forma habitual y por lo tanto tengan unas tarifas previamente establecidas y acordadas con los diferentes turoperadores para un determinado período o temporada; pero también pueden existir otros establecimientos que trabajen con grupos de forma esporádica, por lo que deben realizar la cotización correspondiente en el momento de la solicitud, en los términos y condiciones que estos determinen en función de su ocupación prevista o tarifa vigente en ese momento para ese período.

La Actividad resuelta 2.5 está basada en el primero de los casos que se acaba de exponer, en el que existen unas tarifas previamente fijadas con carácter anual que se aplican a grupos.

- Una comisión concedida por un hotel es un porcentaje de reducción o descuento sobre un determinado precio.
- La comisión que cobra un intermediario al establecimiento es un porcentaje sobre un determinado importe, más el IVA del importe de la comisión.

Actividad resuelta 2.5.

Cálculo del presupuesto de grupos

Los precios de un establecimiento para grupos según contrato son los siguientes:

Temporada	Período	Alojamiento	Desayuno	Comida/ cena	Suplemento individual
Temporada alta	Del 1/07 al 31/08 y Semana Santa	45	8,5	15	15
Temporada media	Del 01/06 al 30/06 Del 01/09 al 30/09	35	8,5	15	12
Temporada baja	Del 01/10 al 31/05 (excepto Semana Santa)	30	8,5	15	10

Tarifas aplicables a grupos de más de 20 personas.

Precios netos por persona, IVA no incluido.

Descuento por tercera persona en habitación triple: 20 % en alojamiento.

Descuento niños entre 2 y 12 años: 60 %.

1 persona gratis por cada 20 de pago.

Calcula el presupuesto de un grupo de 25 personas en régimen de media pensión con entrada el 08/12 y salida el 15/12, que quieren alojarse en 10 habitaciones dobles, una triple (adulto) y dos individuales, de las cuales una es para el guía.

SOLUCIÓN

En primer lugar, calcularemos el número de personas:

25 personas – 1 persona gratis = 24 personas que pagan

Seguidamente, calcularemos el importe del presupuesto.

Serán 10 habitaciones dobles, una triple y dos individuales. En este caso, se establece la gratuidad de la habitación del guía, por lo que únicamente cotizaremos la otra.

Régimen de media pensión = 8,5 € desayuno + 15 € comida/cena = 23,5 €

Habitaciones dobles:

(30 + 23,5) × 2 (personas) × 7 (noches) × 10 (habitaciones) = 7490 €

Descuento de la tercera persona en habitación triple: 30 × 20 % = 6 € → 30 – 6 = 24 €

Habitación triple: [(30 × 2) + 24] + (23,5 × 3) × 7 = 1081,50 €

Habitación individual: (30 + 10 + 23,5) × 7 = 444,5 €

El presupuesto total será: 7490 + 1081,5 + 444,5 = 9016 + IVA (10 %) = 9917,6 €

2.6. Proceso de toma de reservas

A continuación, se va a exponer el proceso que debe llevarse a cabo en el Departamento de Reservas toda vez que registremos una solicitud.

Como ya se ha expuesto, este departamento, deberá dar respuesta a todas aquellas peticiones y solicitudes de estancias, para lo cual deberá informar, entre otros muchos aspectos, sobre la disponibilidad, tipos de habitaciones y precios disponibles. Para ello, en primer lugar, y antes de proceder a la toma de una reserva, se deberá conocer cuál es la situación actual del establecimiento, que recogerá el ***planning* de habitaciones.**

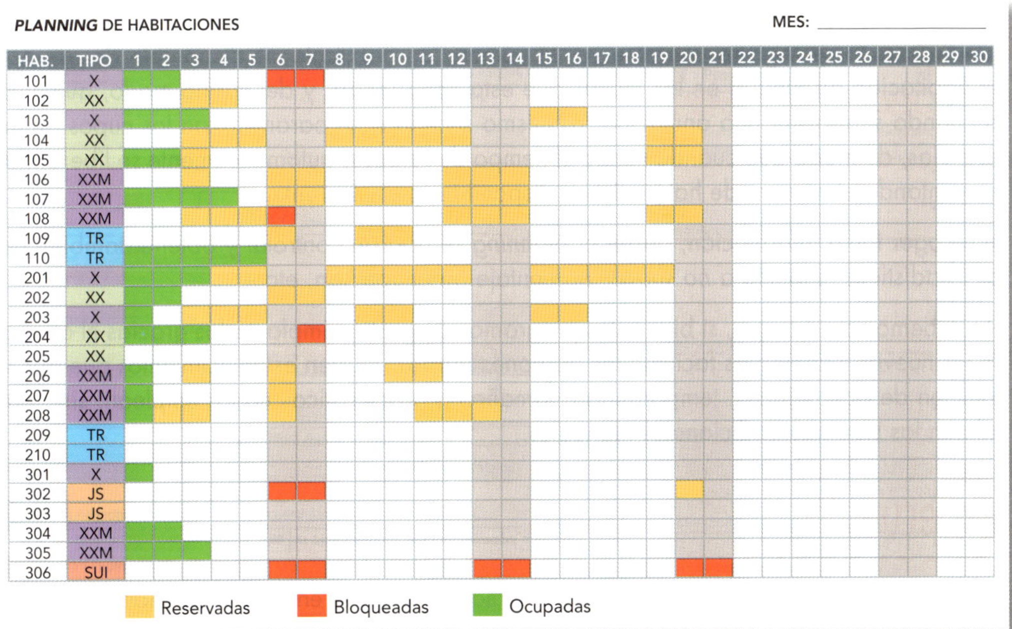

Figura 2.31. *Ejemplo de* planning *de habitaciones.*

En el caso de anunciar un establecimiento en Internet, se debe diseñar su página web de forma que sea atractiva e intuitiva. Se mostrarán fotos cuidadosamente escogidas, ya que es su carta de presentación, y se describirán con detalle las características del establecimiento. Se trata de llamar la atención, ya que lo que se pretende conseguir es que los futuros huéspedes elijan ese establecimiento entre otros cientos que existen en la red de características similares, donde entra en juego la denominada *canibalización*, es decir, la competencia por precio entre productos pertenecientes al mismo segmento. Así pues, serán pequeños detalles los que inclinen la balanza a favor de uno u otro, por lo tanto, todo debe estar medido y no se debe dejar nada al azar.

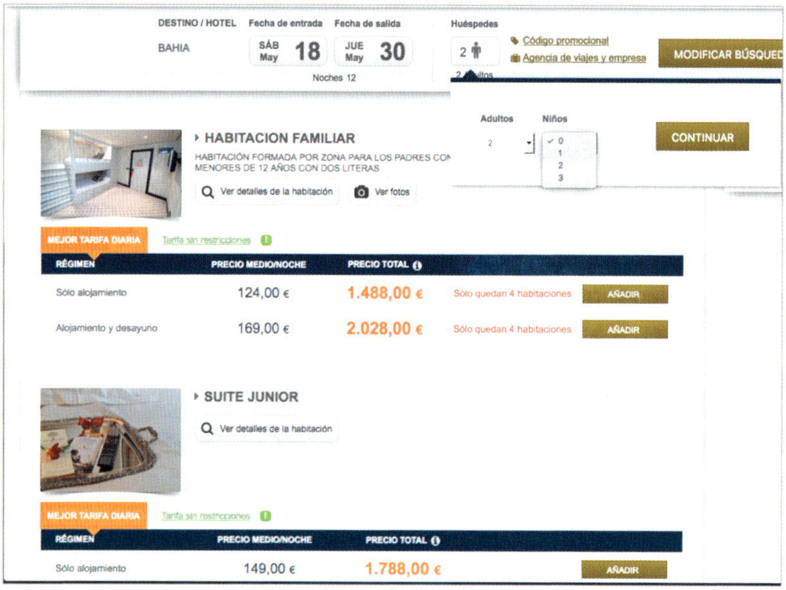

Figura 2.34. *Cada vez más reservas llegan a los establecimientos de forma* online.

Sucede lo mismo cuando se anuncia un establecimiento a través de OTA, ya que el cliente solo verá aquellos establecimientos que respondan a sus criterios de búsqueda, y en ese momento, aparecerán decenas de ofertas en su pantalla. Se debe conseguir ser visible y destacar frente a otros y una vez efectuada la visita y conseguido el «primer clic», convencer para que se materialice la reserva y no se realicen otras búsquedas.

A la hora de recibir reservas por esta vía, se puede proceder de dos formas:

- El SCR o CRS permite formalizar la reserva mediante la introducción de los datos solicitados por parte del cliente.
- Se solicita al cliente que cumplimente un formulario, debiendo dar respuesta a esa petición de reserva a la mayor brevedad posible.

Una vez confirmada la reserva, se le deberá comunicar y reflejar por escrito las condiciones de contratación: fechas de entrada y salida, tarifa, forma de pago, tipo de habitación y régimen, número de personas, etc.

Para ampliar

Los datos de los futuros huéspedes están sujetos a la Ley Orgánica 15/1999 de 13 de diciembre de Protección de Datos de Carácter Personal, (LOPD) y al Real Decreto 1720/2007, que deroga al Real Decreto 994/1999, de medidas de seguridad de los ficheros automatizados que contengan datos personales.

La **reserva por vía telefónica** es la que mayor dificultad entraña por varios motivos:

- Sucede en tiempo real, así que no se pueden permitir tiempos de espera o dudas: hay que dar una respuesta eficiente y eficaz en la misma llamada.
- Supone una primera toma de contacto que condicionará la posterior respuesta por parte del cliente.
- Este medio de comunicación carece de imágenes, por lo que se deberá suplir esa carencia ilustrando lo que se quiere transmitir con palabras.

El trato deberá ser excelente, ya que, aunque no sea de forma física, se está transmitiendo la imagen del establecimiento. Por ese motivo se deben conocer de antemano las características del producto que se está vendiendo, su disponibilidad y tarifas. Hay que ser correctos y educados, cuidar el tono, el ritmo, la pronunciación y, sobre todo, transmitir confianza y profesionalidad. Al principio puede ser necesario tener un pequeño guion preparado para asegurarnos de que no olvidamos tomar ningún dato que posteriormente pueda ser necesario y que hayamos omitido. Para ello existen hojas de reservas que se rellenan de forma manual, si bien podemos anotar los datos de la reserva directamente en el PMS o sistema de gestión del establecimiento, pudiendo acceder al *planning* incluso asignando directamente la habitación solicitada durante el mismo proceso de llamada.

Fundamentalmente, en toda reserva los datos que se deben anotar son:

- Nombre del huésped.
- Número de personas que van a alojarse (es conveniente detallar si son adultos o niños).
- Fechas de llegada y salida.
- Tipo de régimen elegido.
- Tarifa que se aplica (dependiendo de si es un cliente particular, solicita alguna oferta, existe convenio firmado, proviene de alguna agencia, etc.).
- Fecha de toma de reserva y nombre de la persona que la toma.
- Teléfono, o correo electrónico de contacto si quien reserva es un particular. En caso de ser una agencia o una empresa, hay que anotar su denominación y el nombre de la persona que solicita la reserva.
- Forma de pago: directo, mediante bono, a crédito, gratuidad, etc.
- Hora límite de llegada hasta la cual se mantendrá la reserva si no podemos garantizar la misma con un soporte como una tarjeta de crédito o un bono.

- Localizador de la reserva, referencia, código o clave, asignado directamente por el programa de gestión del establecimiento, o determinado por la numeración de la hoja de reservas. Es de utilidad para localizar una reserva en el sistema y sirve como referencia tanto para la empresa que efectúa la reserva como para el futuro huésped.
- Observaciones: apartado en el que se anotarán las preferencias y solicitudes de los clientes (piso alto, cerca del ascensor, vistas, tipo de cama, llega temprano o tarde, reserva plaza de garaje, etc.). Se debe procurar en la medida de lo posible satisfacer estas demandas, sin embargo, es conveniente advertir que, salvo casos concretos de establecimientos pequeños en los que se tenga un número reducido de estancias, como es el caso de casas rurales, por ejemplo, esto no se puede garantizar. En este apartado también se pueden hacer anotaciones por parte de quien toma la reserva destacando algún aspecto: cliente VIP, cargo que ocupa, si sería conveniente tener algún tipo de atención personalizada, si se ha recibido ya el bono de la agencia o un correo de confirmación, etc.

Es importante anotar la fecha en la que se ha tomado la reserva, sobre todo de cara a posibles anulaciones o *no shows*, ya que cuanto más *lead time* tenga una reserva (antelación o tiempo transcurrido entre que se recoge la reserva y la fecha prevista de llegada), más probable es que no acuda finalmente el cliente al establecimiento.

Figura 2.35. *Las reservas efectuadas por vía telefónica son las que mayor dificultad entrañan.*

Recuerda

En el momento de recoger una reserva, es importante comprobar si el cliente tiene cárdex o ficha de datos personales en el establecimiento, puesto que permitirá conocer los datos de sus estancias anteriores. Así se podrá ofrecer una habitación y un servicio acorde con sus preferencias. Los sistemas informáticos facilitan mucho esta labor ya que, si reconoce el nombre del cliente en el momento de introducirlo en el sistema, se abrirá un desplegable desde el cual se puede acceder a su ficha con sus datos.

a)

HOJA DE RESERVAS

N.° 0914

Nombre del cliente: ______________________ N.° de personas: __________

Fecha de llegada: __________________ Primer servicio: ________________

Fecha de salida: ___________________ Último servicio: ________________

Tipo de habitación:

Doble ☐ Individual ☐ S. *Junior* ☐ *Suite* ☐ Especial ☐

Agencia: ______________________________ Teléfono: ______________

Empresa: ______________________________ Fax: _________________

Tarifa: ________________________________

Hora límite de llegada: ____________________

N.° tarjeta de crédito: _____________________ Cad.:

Observaciones: ____

____

____

FIRMA

Fecha: _________________ N.° reserva: ___________________________

b)

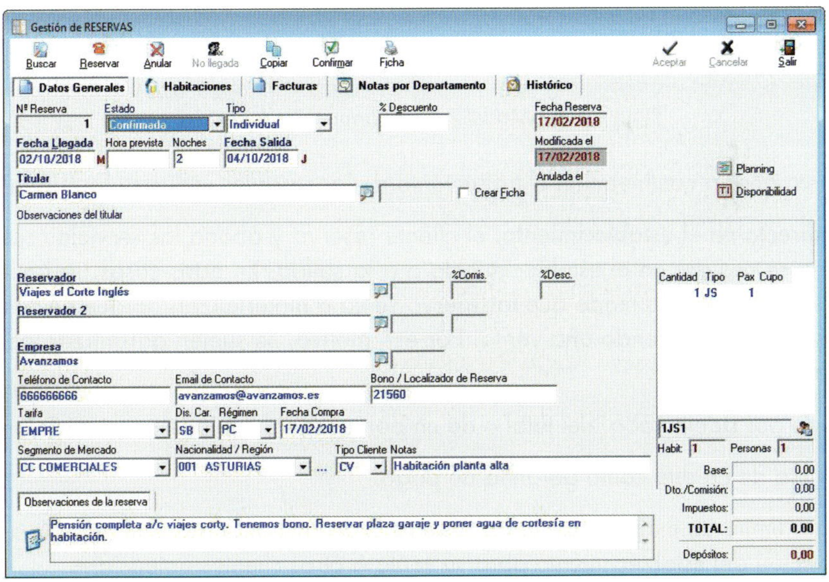

Figura 2.36. *Plantilla de reservas manual (a) y plantilla de reservas electrónica (b).*

Los programas informáticos permiten enviar la confirmación de la reserva de forma inmediata bien por correo electrónico, WhatsApp o SMS, lo que transmite seguridad al cliente y facilita los trámites posteriores. Si se emplea un sistema manual, se podrá enviar un correo electrónico de confirmación con el número de reserva o localizador, o directamente informar por teléfono.

¡GRACIAS SRA. RUIZ!
ESTA ES LA CONFIRMACIÓN DE SU RESERVA
LE ESPERAMOS EN NUESTRO ESTABLECIMIENTO

ESTOS SON LOS DATOS DE SU RESERVA:

ENTRADA: 21 de febrero de 2018
SALIDA: 23 de febrero de 2018
ALOJAMIENTO: 1 Habitación doble
Ocupación: 2 personas
RÉGIMEN: Alojamiento y desayuno

CONDICIONES DE RESERVA:

El pago de la estancia se realizará directamente en el establecimiento. Todas las reservas deben ir garantizadas mediante una tarjeta de crédito vigente en el momento de la estancia. El IVA aplicable será el vigente en España en el momento de la estancia o de la prestación del servicio. Tarifa exclusiva para particulares, no comisionable a terceros. AVISO: el hotel se reserva el derecho a cobrar el importe de la estancia por adelantado en periodos de alta demanda para asegurar la disponibilidad. Antes de realizar el cobro el equipo de reservas se pondrá en contacto con el cliente para confirmar los datos de pago. Horario de entrada: 15:00 h. Horario de salida: 12:00 h.

CONDICIONES DE CANCELACIÓN:

Cancelación gratis si se realiza antes de las 15:00 h (hora local del hotel) del día anterior a la llegada. Si cancela fuera de este plazo o no se presenta en el hotel el día de llegada, se efectuará el cobro de la primera noche.

Figura 2.37. *Modelo de confirmación de reserva.*

Vamos a exponer a continuación el tratamiento de las reservas según su forma de pago:

- **Pago directo en el establecimiento:** el cliente reserva y abona los servicios contratados una vez se registre en el establecimiento o a la salida. En estos casos, se hace necesario asegurar en cierto modo que la reserva se va a materializar, porque en caso contrario, estaremos perdiendo una venta. Por ese motivo, se suelen garantizar las reservas por varias vías:
  - Pago por adelantado, del total o de un porcentaje del mismo a modo de anticipo.
  - Tarjeta de crédito como garantía de pago.
  - Hora límite de mantenimiento de reserva, tras la cual la habitación pasa a libre disposición del establecimiento para su venta a otros clientes potenciales.
- **Pago según bono:** el cliente abona el importe a un intermediario, que será quien emita un bono por los servicios que cubre al establecimiento, como compromiso y garantía de pago, o bien se lo entregará al cliente para que lo presente a su llegada al establecimiento. Se considera un pago a crédito para el establecimiento, ya que posteriormente este deberá emitir una factura al intermediario por el importe de los servicios prestados para su abono.

- **Pago a crédito:** por una empresa con la que se tenga suscrito un contrato de colaboración. Para ello, puede bastar un correo electrónico de confirmación de la solicitud de la reserva como garantía.

BONO / VOUCHER

REFERENCIA:
0054107006743

AGENCIA
IN-PLANT n.º 10

ALOJAMIENTO
HOTEL ***
Avda. Manuel Ríos

ENTRADA: 06/11/2018
SALIDA: 08/11/2018

N.º HAB	TIPO DE HABITACIÓN	REF. PROVEEDOR	RÉGIMEN
1	*Standard double*	00411249257	Alojamiento y desayuno

TITULAR	TARIFA		
Sra. Ruiz	*Corporate*	Comisionable general	

Reservado y pagadero por Your Company, S.A. Avda. Cantabria S/N NIF: A-12345678

Figura 2.38. *Ejemplo de bono emitido por una agencia de viajes cubriendo una reserva.*

Para ampliar

El bono de agencia debe incluir, entre otros, los siguientes datos:

- Nombre de la agencia emisora y su código.
- Nombre del establecimiento destinatario y su NIF.
- Nombre del cliente.
- Número de personas.
- Tipo de habitación o servicios complementarios.
- Fechas de entrada y salida.
- Servicios contratados (SA, AD, MP, PC, FC).
- Fecha de emisión del bono y expediente o referencia.
- Sello de la agencia.

Existen otro tipo de bonos o talonarios, que cubren únicamente el importe especificado en ellos, y todo importe que exceda del mismo queda sujeto al pago directo por parte del cliente en el establecimiento. Del mismo modo, también se pueden emitir bonos de presentación, que únicamente constituyen la confirmación de la reserva, y pueden ser presentados en el establecimiento, pero que en ningún caso constituyen un medio de pago.

De las anteriores formas de pago, las menos ventajosas para el establecimiento son aquellas realizadas con tarjeta de crédito y a través de intermediarios, ya que no podrá disponer del importe de inmediato, que además se verá disminuido por el pago de comisiones o descuentos.

Toda la documentación generada por estas operaciones deberá quedar perfectamente registrada y archivada. En la mayoría de los establecimientos suelen generarse archivos y registros digitales con copia de seguridad, pero por lo general y sobre todo en aquellos en los que se lleve a cabo el trabajo de forma manual, se suele utilizar un archivo físico ordenado cronológicamente por días, en los que se vayan incorporando las diferentes hojas de reservas y documentación asociada a ellas como faxes, correos electrónicos, bonos de agencias, etc. Toda esta documentación deberá hacerse llegar al mostrador con suficiente antelación para que se realicen las gestiones oportunas antes de la llegada del cliente, ya sea por vía digital o en soporte físico.

Figura 2.39. El archivo de toda documentación es fundamental.

2.6.2. Proceso de toma de reservas de grupos

Para los grupos se procederá del mismo modo, con la inclusión de algunas variaciones:

- En el tipo de régimen se especificará si existe alguna intolerancia o alergia alimentaria entre las personas del grupo, ya que se suelen ofrecer menús cerrados a un precio fijo, por lo que se deberán contemplar esas situaciones; la hora prevista del servicio de comidas para tener preparadas las brigadas correspondientes; así como los posibles servicios complementarios, como copa de bienvenida, bolsa de picnic, reserva de salones, etc.
- Con la antelación que se estipule en el contrato, se deberá recibir una *rooming list* con la relación y el detalle de distribución de los clientes que se van a alojar en el establecimiento, a fin de facilitar el trabajo en mostrador y tenerlo todo previsto a la llegada.

- Al tratarse de un gran número de habitaciones, el establecimiento debe asegurarse su cobro, por lo que suele ser habitual solicitar un depósito o directamente un prepago por el importe de los servicios solicitados.
- Se deberán concretar cuáles son las políticas de *release,* modificaciones y cancelaciones, ya que suele ser habitual que en grandes grupos haya variaciones en el número de habitaciones, cancelaciones o cambios en los nombres o tipos de habitación. Puede darse el caso de haber realizado un presupuesto o cotización del grupo contando con un número inicial de habitaciones, y que lo realmente materializado difiera de lo solicitado en un principio.

2.6.3. Proceso de toma de reservas de agencias de viajes o intermediarias

Las agencias de viaje suelen trabajar con **cupos.** El establecimiento únicamente deberá llevar la debida cuenta de las habitaciones de cupo de que dispone cada agencia para asegurarse que se ajusta a lo contratado. Los sistemas informatizados de gestión resultan sumamente útiles para realizar este control, ya que realizan el cálculo de las habitaciones registradas de cupo, incluido las fechas de *release* y las estadísticas de ventas.

Siempre que una agencia tenga **venta libre,** el establecimiento admitirá las reservas que de ella reciba, hasta que llegue al número determinado de habitaciones que tenga estipulado. Será en ese momento cuando se proceda al cierre de la venta libre y se disponga del control de las habitaciones restantes para su venta según la vía que mejor convenga.

2.6.4. Situaciones que se pueden producir en la toma de reservas

Anulaciones

Cuando se produce una anulación de reserva, en ningún caso debe borrarse o eliminarse la información original que dispongamos y que originase la creación de la misma. Nos limitaremos a anularla, anotando previamente en la misma el nombre de la persona que da la orden de anulación, el motivo, la fecha en que anula y un teléfono o mail de contacto al que podamos dirigirnos en caso de reclamación o de precisar de alguna aclaración posterior.

Figura 2.40. Es importante anotar cuál ha sido el motivo de la anulación de la reserva.

No disponibilidad para las fechas solicitadas

Ante esta circunstancia, debemos tener especial cuidado a la hora de dar una respuesta negativa. Así, debemos ofrecer otras alternativas de fechas o sugerir otros establecimientos de confianza o que pertenezcan a la empresa, para procurar en la medida de lo posible no perder un cliente. El uso y manejo de habilidades y técnicas de comunicación será muy útil en estos casos, en los que se evitará el uso de frases negativas. Deberíamos en ese caso dar las explicaciones necesarias con amabilidad para que esa negativa sea entendida y procurando que no se moleste por ello. Por lo tanto, pese a la imposibilidad de poder admitir su solicitud en esa ocasión, deberemos agradecer su interés por el establecimiento, quedando a su disposición para sucesivas ocasiones, dando una buena imagen y sensación de profesionalidad.

No disponibilidad de un tipo de habitación

En este caso, si únicamente tenemos reservadas todas las habitaciones del tipo que nos solicitan, pero tenemos otras disponibles, podemos proceder de dos formas:

- Ofrecer las habitaciones que nos queden disponibles como única alternativa, indicando lo excepcional de la situación; por ejemplo: «no nos quedan habitaciones dobles, pero tenemos triples libres, o *suites,* incluso dos habitaciones individuales, o una individual a la que coloquemos una cama supletoria», si esto es posible. Por supuesto, siempre debemos hacerle ver esas alternativas como algo positivo, no negativo. Aquí volvemos a poner en práctica técnicas y habilidades de venta: «es una habitación más grande, tiene mejores vistas, es más cómoda, las habitaciones individuales están juntas», etc.
- Admitir la reserva, ya que tenemos habitaciones libres, y el en momento de realizar la asignación de las habitaciones que tengan prevista la llegada ese día, alojar al cliente en una habitación superior en lugar de la habitación doble estándar que tenía reservada *(upgrade),* atendiendo a los criterios que se determinen: cliente habitual, cliente nuevo, precio más elevado, estancias más largas, empresa, etc., de modo que el cliente se sienta importante. Causaremos así buena impresión consiguiendo fidelizarlo, a la vez que no desestimamos ninguna reserva, optimizando la ocupación del establecimiento.

Sabías que...

> Se conoce como *upgrade* al cambio de una habitación solicitada por otra de categoría superior, sin que eso suponga un incremento del precio.

No shows

Cuando un cliente no se presenta en el establecimiento, lo primero que debemos hacer es comprobar que los datos que nos constan son correctos y que no ha habido anulación o modificación. También habrá que confirmar si la reserva estaba garantizada por algún medio de pago. Una vez hemos comprobado que está todo correcto, deberemos ponernos en contacto con la empresa o agencia intermediaria, en caso de haberla, para informar de la situación y en caso de tener garantizado el cobro de la misma, será el responsable del departamento quien decida las acciones a tomar, es decir: si se debe emitir una factura por el importe de la misma y pasarla a cobro, o no. Esto dependerá del tipo de relación que se tenga con la empresa intermediaria. En el caso de ser un cliente particular, se procederá de igual forma.

Modificaciones de reservas

Los cambios de fechas, tipo de habitación, número de personas, forma de pago, etc., deben quedar registrados. Es recomendable no borrar los datos originales y anotar a continuación las modificaciones realizadas; además del nombre de quien solicita las modificaciones, la fecha y el teléfono, y los datos de quien las realiza, por si hay que solicitar alguna aclaración o recibimos alguna reclamación. En especial, si se trata de un cambio de fechas o de tipo de habitación, lo primero que deberemos hacer es comprobar que existe disponibilidad antes de confirmar la viabilidad del cambio. Esto produce cambios en el *planning* y en el libro de reservas.

Si nos solicitan un ***overstay*** y el establecimiento tiene disponibilidad, se deberá comprobar si la tarifa que se aplica ese día es la misma que la que el cliente tenía contratada, o si por el contrario es diferente, hecho que se deberá comunicar al cliente, ya que estamos hablando de unas nuevas condiciones de contratación. Lo mismo sucede si el cliente tenía reserva a través de una empresa o agencia de viajes, ya que en ese caso deberemos solicitar que emitan bono por las noches añadidas o, por el contrario, abriremos una factura de extras que será de pago directo del cliente en el establecimiento. Del mismo modo, si el cliente ya estaba alojado, reemplazaremos la tarjeta de cliente por otra con las fechas actualizadas, y volveremos a configurar la llave magnética, que se habrá programado en el momento del *check-in* según las condiciones iniciales. Por supuesto, estas modificaciones deberán comunicarse oportunamente a los departamentos implicados, en este caso, especialmente al Departamento de Pisos, ya que no se efectúa la limpieza de la habitación de igual manera si es una estancia que si es una salida.

Envío de bono de servicios por una agencia

Localizaremos la reserva buscándola bien por fecha, por el número de localizador, por el nombre del cliente o por el nombre del titular de la reserva. Comprobaremos que el bono emitido coincide con los servicios reservados y lo adjuntaremos a la reserva, haciendo una anotación en la misma indicando que hemos recibido el bono y añadiendo su número de referencia de modo que este conste posteriormente en la factura emitida.

Si dentro del tiempo de *release*, o al menos el día anterior a la llegada del cliente, no lo hemos recibido, será conveniente reclamárselo a la agencia para garantizarnos el cobro de la misma.

Mapa conceptual

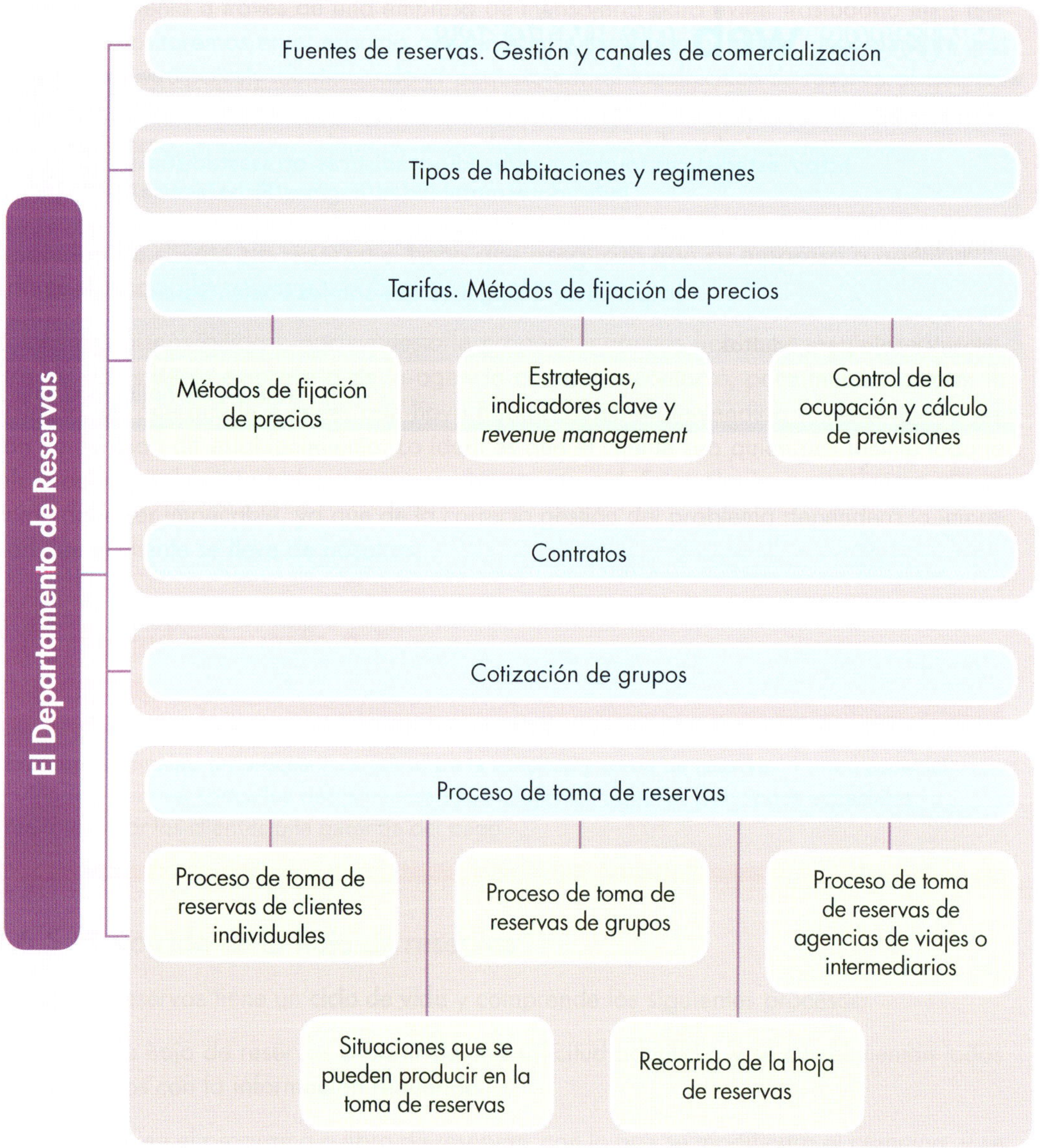

Actividades de comprobación

2.1. En el caso de clientes que hayan realizado su reserva a través de una agencia de viajes, y tengan el servicio de alojamiento cubierto por un bono de servicios, las facturas que se generarán serán:

a) Una factura para la agencia y otra para el cliente.

b) Solo una factura por el importe de los servicios no incluidos en el bono y consumidos por el cliente.

c) Solo la factura de la agencia por los servicios cubiertos por el bono.

d) Solo la factura para la agencia por el importe de los servicios extras consumidos.

2.2. Un cliente que tiene el importe de todos los gastos cubiertos por una agencia o empresa recibe el nombre de:

a) Cárdex.

b) VIP.

c) *Full credit.*

d) Pago directo.

2.3. ¿En qué casos se generan las facturas de agencia y de cliente?

a) En el caso de clientes de empresa.

b) En el caso de clientes de agencia.

c) En el caso de clientes particulares.

d) Todas las respuestas anteriores son correctas.

2.4. Las tarifas «no reembolsables»:

a) No dan derecho a devolución por cancelación.

b) Suponen un pago por adelantado.

c) Conllevan la anulación por no conceder crédito.

d) Las respuestas a) y b) son correctas.

2.5. Cuando anulan una reserva:

a) Nos aseguraremos bien de eliminar toda la información relativa a la reserva, tanto en el ordenador como en los archivos físicos para evitar errores.

b) No eliminaremos la información, nos limitaremos a anotar que está anulada en la reserva.

c) Mantendremos los datos de los que disponemos, cambiando el estado de la reserva a cancelada, y anotando el teléfono, fecha y nombre de la persona que anula.

d) Cambiamos el estado de la reserva a anulada en el sistema, anotando los datos de la persona que anula, y eliminamos toda la documentación para evitar confusiones.

2.6. ¿Cuál de las siguientes tarifas es la que debe sellarse ante la autoridad competente?

a) Los *packs* que se diseñen.

b) Las tarifas de grupo.

c) Las tarifas confidenciales.

d) La tarifa *rack*.

2.7. El precio que cobre los costes totales y además permite obtener un beneficio se denomina:

a) Precio objetivo.

b) Precio de costo más margen.

c) Precio técnico.

d) Precio óptimo.

2.8. ¿Cuál de los siguientes indicadores tiene en cuenta los ingresos generados por otros departamentos además de las habitaciones?

a) Goppar.

b) RevPAR.

c) TrevPAR.

d) Goppor.

2.9. ¿Qué nombre reciben las reservas sujetas a confirmación por parte del establecimiento?

a) De cupo.

b) Extra cupo.

c) Bajo petición.

d) Venta libre.

2.10. ¿Qué dato no es imprescindible tomar a la hora de anotar una reserva?

a) El tipo de habitación.

b) El número de personas.

c) La fecha de nacimiento.

d) La fecha de llegada.

Actividades de aplicación

2.1. Explica el proceso derivado del *check-out* de un cliente que acude con un bono en SA al establecimiento, y toma el desayuno y usa plaza de garaje.

2.2. ¿Cómo definirías el *pick-up*? Detalla los diferentes factores que influyen en él.

2.3. Explica cómo se pueden calcular las previsiones para tener datos a partir de los cuales definir la estrategia de precios a seguir.

2.4. Explica las condiciones que suelen establecerse en las cotizaciones de grupos.

2.5. ¿Cuántos tipos diferentes de tarifas se pueden aplicar en los establecimientos de alojamiento turístico? Refléjalas en un cuadro e indica sus principales características.

2.6. Explica según qué criterios se establecen las políticas de precios de un establecimiento.

2.7. Define qué es un indicador clave y qué información ofrece.

2.8. ¿Qué utilidad tiene el estadillo semanal de ocupación? ¿A qué departamentos afecta?

2.9. Detalla cuáles son los principales aspectos que deben negociarse en un contrato entre un establecimiento de alojamiento turístico y un intermediario (empresa o agencia de viajes).

2.10. Elabora un diagrama en el que representes el proceso de toma de reservas contemplando todas las variables posibles.

Actividades de ampliación

2.1. En tu opinión, ¿crees que es mejor vender menos habitaciones a un precio más elevado, o por el contrario llenar el establecimiento a un precio más bajo? Justifica tu respuesta.

2.2. ¿Crees que realmente son necesarios los intermediarios en los establecimientos de alojamiento? Debátelo con tus compañeros.

2.3. ¿Qué tipo de habitaciones encontramos en los diferentes establecimientos de alojamiento turístico? Investiga algún otro tipo de habitación que no se haya visto en la Unidad y que sea propio y característico de algún tipo concreto de establecimiento como puedan ser, por ejemplo, los bungalós en los campamentos de turismo.

2.4. ¿Crees que es justo que existan diferentes precios por un mismo servicio? Debátelo con tus compañeros.

2.5. ¿Cómo se puede evitar incurrir en *overbooking* y garantizar la materialización de las reservas? ¿Se te ocurre algún modo de llegar al 100 % de ocupación sin perder clientes?

2.6. Lee el siguiente artículo y debate en clase:

Booking renuncia a pedir cupos por contrato al hotel

Booking.com está eliminando de sus contratos con los hoteleros la exigencia de un cupo mínimo de habitaciones disponibles o la 'última habitación disponible'. Así lo ha confirmado a preferente.com Toni Raurich, director de Alianzas de la OTA en la región EMEA, quien ha admitido que se trata de una consecuencia de la limitación de las cláusulas de paridad o MFN *(most favoured nation)* por parte de las autoridades europeas de la competencia.

Raurich ha señalado que "la negociación de cupos ya no se usa", pero que "aunque la disponibilidad no es una exigencia por contrato, la queremos y la negociamos comercialmente" con los proveedores. Hasta fechas recientes, el cierre de ventas a la compañía con sede en Ámsterdam era penalizado con una bajada en el ranking (Booking.com penaliza a aquellos hoteles que le cierran ventas).

Por otro lado, la agencia *online* aboga por la generalización de las '*narrow MFN*' en todos los países europeos, pero no así que los hoteleros puedan vender más barato en su canal online propio que en la web de Booking.com, a pesar de las peticiones de algunos representantes de la patronal española CEHAT (Booking mantendrá la paridad). "Ahora estamos viendo cómo se aplica la ley en España, pero no está teniendo efectos sobre resultados ni reservas", ha comentado el ejecutivo catalán.

En cuanto a las comisiones que se cobran a los alojamientos, Toni Raurich descarta cualquier cambio en la estrategia porque "es competitiva y da buenos resultados". En España oscila de media entre un 15 % y un 17 %, aunque "hay un contrato general y luego se habla con cada cadena para simplificar las relaciones y vender más".

La oferta no hotelera está creciendo en Booking y supone algo más de la mitad de las propiedades que se anuncian en su plataforma. A su rival en este segmento, Airbnb, Raurich le tiende la mano: "Si quieren ser un distribuidor nuestro, como otras OTA, estaremos encantados de colaborar". Y destaca que todas las viviendas vacacionales comercializadas a través de su agencia tienen que ser legales y reservables al momento.

En su opinión, a la agencia del grupo Priceline le queda aún mucho por crecer, principalmente en cuatro áreas: el cliente corporativo (que ahora supone el 20 %), las agencias de viajes (para las que acaba de lanzar una plataforma de afiliación), la intermediación en la venta de tours y actividades, y las soluciones para hoteles de Booking Suite. Booking.com lleva más de 12 años trabajando en España, un mercado que considera "difícil, por estar muy atomizado", pero en el que ve "gran potencial de crecimiento".

Fuente: Preferente.com. http://www.preferente.com/noticias-de-agencias-de-viajes/on-line/booking-renuncia-a-pedir-cupos-por-contrato-a-los-hoteles-263356.html (Consultado el 27/02/2018).

2.7. Accede a la siguiente página web en https://goo.gl.WSW686 y averigua los diferentes índices e indicadores que tienen los establecimientos de alojamiento turístico de tu comunidad autónoma.

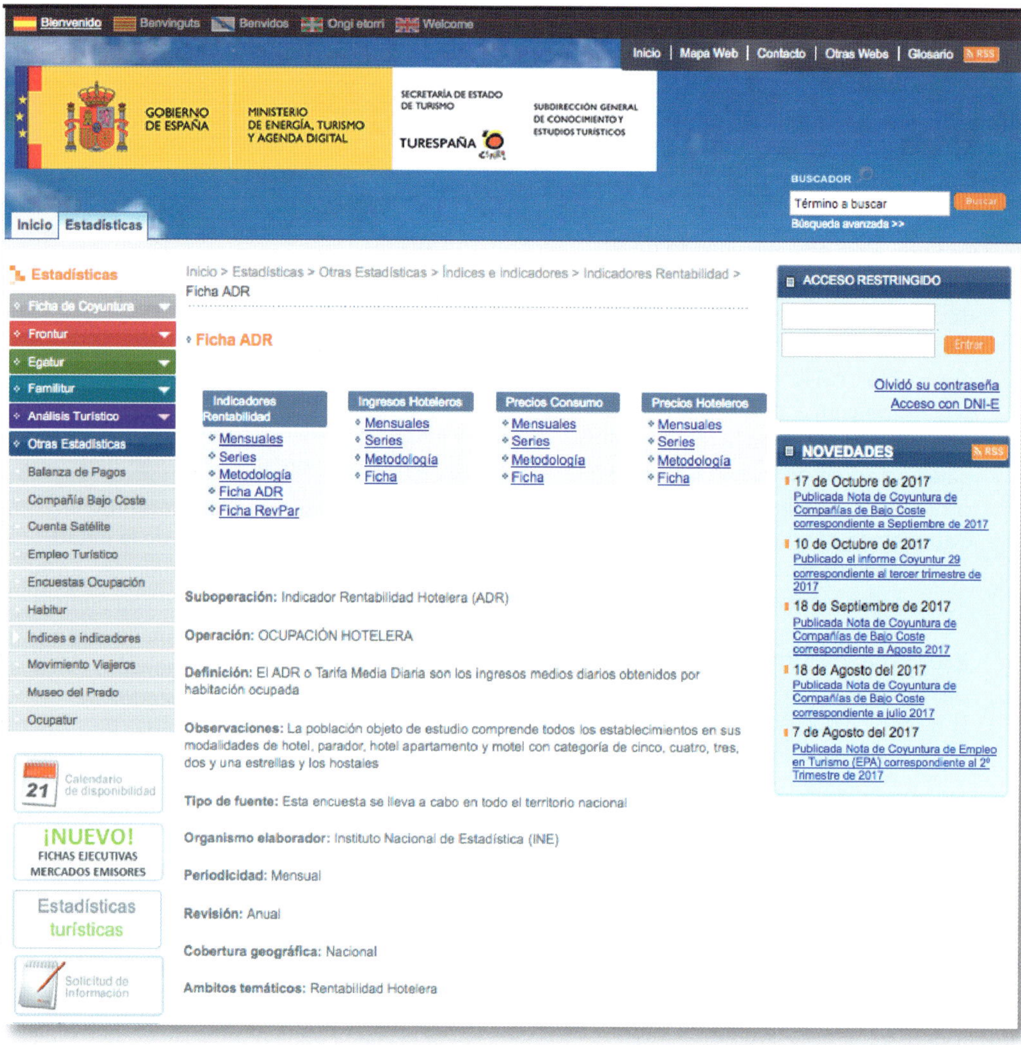

Unidad 3

El Departamento de Mostrador en los establecimientos de alojamiento turístico

Contenidos

Objetivos

- Definir las funciones que deben realizarse en el Departamento de Mostrador.
- Clasificar los distintos documentos generados por la actividad: listado de llegadas o salidas previstas, parte de entrada de viajeros, órdenes de atenciones especiales, *planning*, *rack*, etc.
- Profundizar en el proceso de registro de los huéspedes en el alojamiento, así como los criterios para la óptima asignación de las habitaciones en función de las solicitudes de los clientes y la disponibilidad del establecimiento.
- Plantear las diferentes circunstancias y situaciones que se pueden dar en el mostrador, y las posibles alternativas para resolverlas.
- Establecer los protocolos de actuación en caso de *overbooking, overstay, understay, early check-in, late check-out*, y cambios de habitación.
- Concretar las posibles acciones que se pueden aplicar para incrementar la satisfacción y fidelización de sus clientes, así como el servicio de información y asistencia o la labor del Departamento de Conserjería.

En esta unidad, analizaremos y describiremos las funciones que se llevan a cabo en el Departamento de Mostrador, que pertenece al *Front office*, y representa el primer punto de contacto físico del establecimiento con la clientela. De la primera impresión que causemos a nuestros huéspedes dependerá en buen grado su satisfacción posterior; en ese sentido, debemos esmerarnos por ofrecer un trato amable y un servicio exquisito a nuestra clientela.

Además, este departamento es el motor de todo establecimiento de alojamiento turístico, ya que alrededor de él giran todos los demás. La correcta gestión de los documentos generados en este departamento, así como el adecuado flujo de comunicación con el resto de los departamentos es esencial para un correcto desarrollo de la actividad de la empresa.

3.1. Operaciones derivadas de la actividad

En la Unidad 1, hemos explicado las funciones básicas de cada grupo funcional de la empresa. Vamos a conocer ahora cómo desarrollan su labor.

El Departamento de Mostrador es muy dinámico; en él acontece una gran actividad derivada del flujo de clientes y huéspedes. Al pertenecer al Departamento de Recepción, centro neurálgico de la organización del establecimiento, es el encargado de gestionar y coordinar las actividades que se suceden en el mismo.

Es un subdepartamento que debe estar operativo las 24 horas del día (con la excepción de las pensiones, a quienes no se les exige) para poder atender cualquier contingencia, puesto que su actividad de asistencia y de información al viajero no se detiene, sino que debe velar constantemente por el bienestar de sus huéspedes y por el buen funcionamiento del establecimiento.

Ya hemos visto también que las funciones asumidas por el Departamento de Recepción se suelen distribuir entre los diferentes subdepartamentos; Caja, Facturación, Mano Corriente, Créditos, Centralita, Reservas, Mostrador y Conserjería, en función del tipo y de la categoría del establecimiento, pero lo cierto es que la tendencia evoluciona a que el personal del Departamento de Recepción realice todas estas funciones, relegando aquellas que supongan una mayor complejidad o responsabilidad al jefe de recepción y aquellas de menor responsabilidad a los ayudantes de recepción.

No menos importante que la correcta gestión de las funciones anteriormente citadas, es el trato al cliente; no hemos de olvidar que se trata de un departamento que pertenece al *Front office*, y que, por tanto, está en contacto directo con la clientela. Por ese motivo, el personal que lo conforme deberá reunir una serie de cualidades imprescindibles para el buen desarrollo de su labor. Muchas de ellas tendrán que ver con rasgos de la personalidad y otras muchas se pueden adquirir mediante una adecuada formación. Son precisamente esos aspectos los que deberá valorar el Departamento de Recursos Humanos, de cuyo acierto en la selección del personal idóneo para cada puesto y de la formación de equipos de trabajo dependerá el éxito de la organización.

Algunas de estas cualidades son:

- **Personales:**
  - Adecuada imagen: la higiene personal y la uniformidad transmitirán al cliente una imagen de confianza y profesionalidad.
  - Buen trato: la educación, la cortesía, el respeto y sobre todo la discreción son los pilares básicos de cualquier profesional que realice su función de cara al público.
  - Habilidades como la empatía, la capacidad de resolución de conflictos, de toma de decisiones, la convivencia, el trato hacia los compañeros, sean estos superiores o subordinados formarán lazos fuertes entre los equipos de trabajo.

Figura 3.1. *La imagen del personal debe ser impecable.*

Figura 3.2. *Habilidades profesionales del personal de mostrador.*

- **Laborales:**
  - Dominio de las competencias inherentes al puesto y categoría profesional.
  - Dominio de competencias lingüísticas, ya que deberá tratar con clientes de diversas nacionalidades, en su idioma de origen o al menos en inglés.
  - Dominio de competencias tecnológicas, al tener que manejar los diferentes sistemas de gestión hotelera, redes sociales, correo electrónico, página web, etc.
  - Conocimiento de la oferta de servicios del establecimiento, imprescindible para ofrecer una correcta información y un buen servicio.

Recuerda

La amabilidad, la imagen y la discreción son valores que no debemos perder si se está al frente de un mostrador.

Como ya se ha mencionado, este departamento debe desarrollar su función a lo largo de las 24 horas del día en las que está en funcionamiento, lo que supone que deben existir tres turnos entre los que se distribuyen las diferentes tareas. La hora de comienzo o finalización de los diferentes turnos variará en función de cada establecimiento, pero por lo general podemos afirmar que se distribuyen de la siguiente forma:

- Turno de mañana: de 7:00 h u 8:00 h de la mañana a 15:00 h o 16:00 h de la tarde.
- Turno de tarde: de 15:00 h o 16:00 h de la tarde a 23:00 h o 00:00 h de la noche.
- Turno de noche: de 23:00 h o 00:00 h de la noche, a 7:00 h u 8:00 h de la mañana.

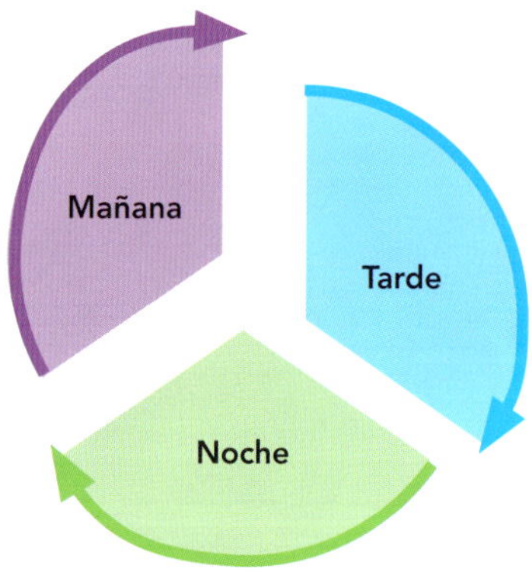

Figura 3.3. *Turnos horarios del personal de mostrador.*

En cada turno se realizarán aquellas tareas que sean inherentes al puesto, si bien en función del turno de que se trate y debido al horario que comprende cada uno, será más habitual la realización de unas tareas u otras.

Es importante reseñar que en cada relevo se deben comentar aquellas incidencias que hayan podido ocurrir en el transcurso del turno, o en turnos anteriores, para que todo el departamento esté informado. Esto se suele reflejar en el denominado *libro de novedades*, donde se reseñarán aspectos que se consideren relevantes, como por ejemplo la llegada de alguna personalidad, un cambio de tarifas, un cierre de fechas de venta, un evento que vaya a tener lugar en el establecimiento, alguna incidencia o, simplemente, tareas que han quedado pendientes de hacer, para que sea el siguiente turno quien las finalice.

Además, en el Departamento de Recepción debe haber un fondo de caja, que cumple varios propósitos: disponer de metálico suficiente para poder proporcionar cambio de moneda extranjera a los huéspedes que lo soliciten, tener cambio para poder cobrar las facturas a la salida de los huéspedes y realizar compras necesarias para el establecimiento o por encargo de la clientela. Se estudiará con más detalle en la Unidad 4.

Veremos a continuación cómo puede ser el desarrollo de un día habitual en el establecimiento, realizando un recorrido por los tres turnos. El orden es orientativo y, por supuesto, se pueden producir infinidad de variaciones; solo se pretende ofrecer una idea general de una jornada de rutina.

3.1.1. Turno de mañana

Se comenzará revisando el libro de novedades. Se contará el fondo de caja para verificar que el cuadre es correcto y que disponemos del metálico necesario para acometer la jornada. Posteriormente se comprobarán el listado de salidas previstas y el listado de *no shows* del día anterior para realizar las operaciones pertinentes (se explicarán en la Unidad 4), y se procederá a atender a la clientela cuya estancia finalice ese día, realizando el cierre y cobro de facturas, la comprobación de los cargos a crédito con sus correspondientes vales, y la liquidación y cierre de caja cuadrando los diferentes medios de pago (tarjetas de crédito y débito, créditos a clientes, empresas o agencias, pagos en metálico, cheques, etc.), además de la correcta gestión y guarda de equipajes.

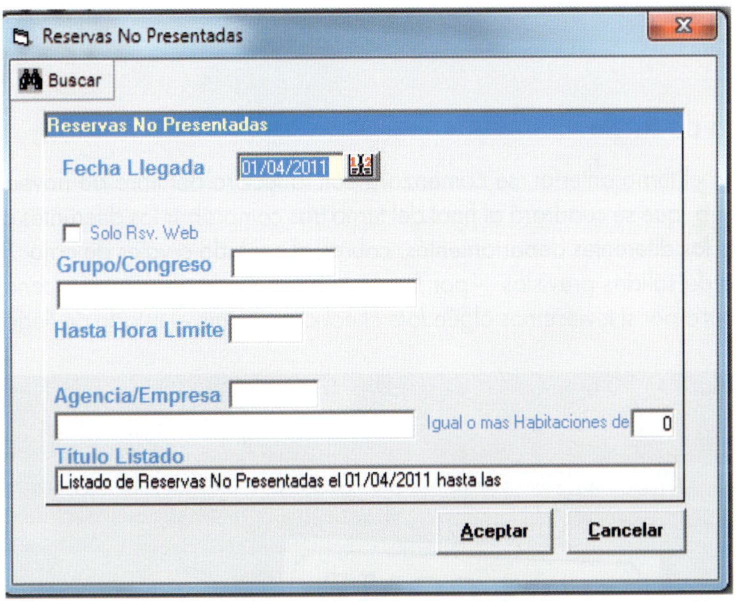

Figura 3.4. *Listado de reservas no presentadas.*

En todo momento se estará pendiente del estatus de las habitaciones, tanto para controlar la salida efectiva de las habitaciones como para actualizar el estado de estas de cara a posibles *early check-in*. También se comprobará el listado de llegadas previstas y la documentación relativa a las reservas, de modo que esté todo dispuesto en el momento en que lleguen los nuevos huéspedes.

Se realizará la preasignación de las habitaciones con llegada prevista en el día, prestando especial atención a las posibles ampliaciones de estancia que se puedan producir *(overstays)*, o salidas imprevistas *(understays)*. Cualquier incidencia que se produzca a lo largo del turno, deberá reflejarse en el cuaderno de novedades, para informar a los turnos posteriores. Por supuesto, en todo momento se ofrecerá la atención e información necesaria a nuestros clientes.

Figura 3.5. *Durante el turno de mañana se produce de forma mayoritaria el* check-out *de las habitaciones.*

3.1.2. Turno de tarde

Al igual que en el turno anterior, se comenzará con la lectura del libro de novedades y con el conteo de la caja, que se cuadrará al final del turno tras comprobar los diferentes cargos a crédito por parte de los diferentes departamentos, cobros al contado o vales de caja. Se consultarán tanto el listado de salidas previstas —por si aún hubiera alguna habitación pendiente de efectuar su *check-out* o por si tuviésemos algún *late check-out*— como el listado de llegadas previstas.

Figura 3.6. *Durante el turno de tarde se producen la mayoría de entradas o* check-in *de clientes.*

Figura 3.7. *Cliente acudiendo al mostrador.*

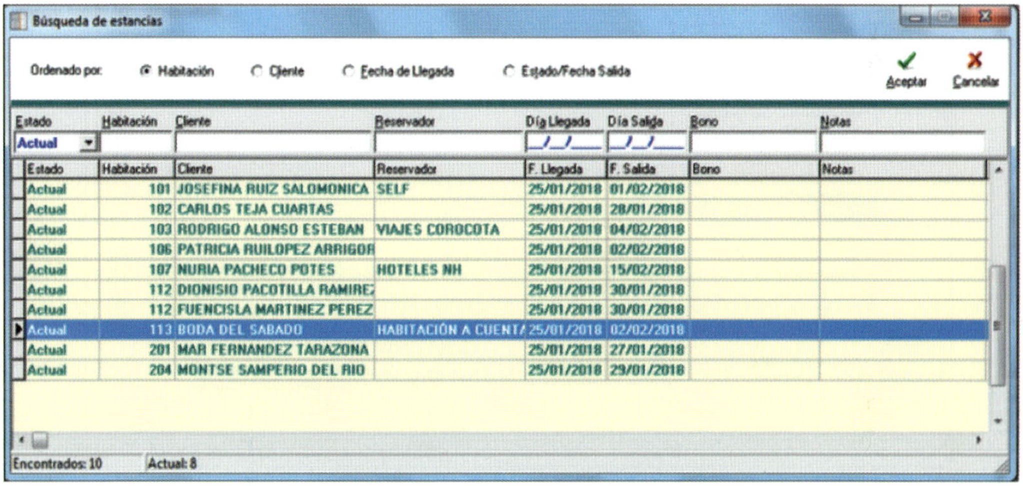

Estado	Habitación	Cliente	Reservador	F. Llegada	F. Salida	Bono	Notas
Actual	101	JOSEFINA RUIZ SALOMONICA	SELF	25/01/2018	01/02/2018		
Actual	102	CARLOS TEJA CUARTAS		25/01/2018	28/01/2018		
Actual	103	RODRIGO ALONSO ESTEBAN	VIAJES COROCOTA	25/01/2018	04/02/2018		
Actual	106	PATRICIA RUILOPEZ ARRIGOR		25/01/2018	02/02/2018		
Actual	107	NURIA PACHECO POTES	HOTELES NH	25/01/2018	15/02/2018		
Actual	112	DIONISIO PACOTILLA RAMIRE		25/01/2018	30/01/2018		
Actual	112	FUENCISLA MARTINEZ PEREZ		25/01/2018	30/01/2018		
Actual	113	BODA DEL SABADO	HABITACIÓN A CUENTA	25/01/2018	02/02/2018		
Actual	201	MAR FERNANDEZ TARAZONA		25/01/2018	27/01/2018		
Actual	204	MONTSE SAMPERIO DEL RIO		25/01/2018	29/01/2018		

Figura 3.8. *Listado de llegadas previstas.*

LLEGADAS DÍA ___/___/___

PAX.	HAB.	NOMBRE	CONTRATO	SALIDA	PRECIO	RÉGIMEN	OBSERVACIONES

Figura 3.9. *Plantilla para listado de llegadas previstas.*

Confirmaremos las reservas y la documentación asociada a cada una, revisando las asignaciones de habitación por si hubiese alguna incidencia y cotejándolo con la gobernanta, especialmente en el caso de tener que disponer alguna atención especial en las habitaciones.

A medida que transcurra la tarde, estaremos especialmente pendientes de la hora límite de llegada garantizada a los clientes, por si tuviésemos que cancelar alguna reserva, y atenderemos a los clientes de paso *(walk-in)*. Al igual que en el turno anterior, reflejaremos en el libro de novedades cualquier incidencia para que sea transmitida al resto de turnos.

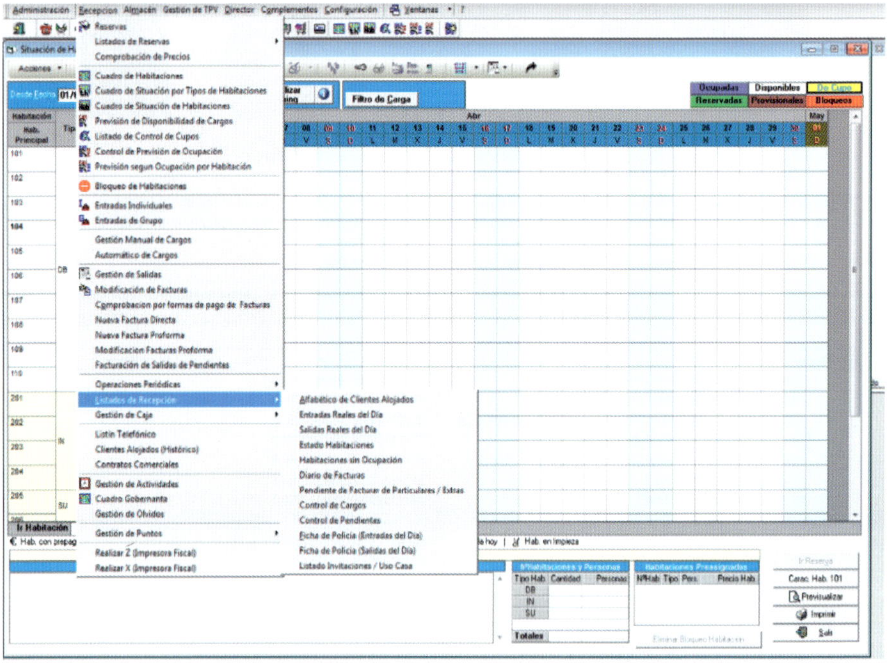

Figura 3.10. *Detalle de las tareas que hay que realizar en el Departamento de Recepción.*

a) b)

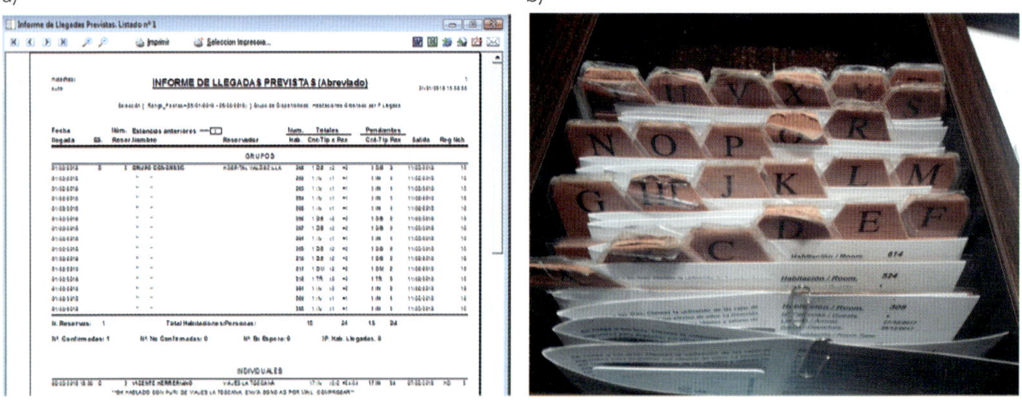

Figura 3.11. *Proceso de* check-in *informatizado (a) y proceso de* check-in *manual (b): tarjetas de clientes con las llaves listas para ser entregadas a la llegada.*

3.1.3. Turno de noche

Se procederá idénticamente a los dos turnos anteriores en lo que se refiere a la lectura del libro de novedades y al conteo de caja. Se consultará el listado de llegadas previstas, verificando junto con la documentación de reserva las que aún están pendientes de llegar.

Figura 3.12. *Una de las actividades que suele efectuar el turno de noche incluye «realizar la ronda» por las instalaciones del establecimiento para verificar que todo está en orden.*

Se efectuará la liquidación diaria, una vez que haya finalizado el servicio en todos los departamentos, especialmente el de Restauración. Se comprobará que cuadren todos los cargos diarios y arqueos de caja; se revisará que todas las habitaciones tengan los grupos de cargo correspondientes abiertos y con la tarifa correcta; se generarán las estadísticas, el resumen y cuadre de la producción diaria desglosado por departamentos (para ello, cada departamento habrá realizado su liquidación de caja correspondiente y habrá adjuntado las facturas con sus tickets, comandas o vales correspondientes) y previsiones correspondientes, junto con los *no shows*; y finalmente, se procederá a hacer el cierre del día, que en el caso de este tipo de establecimientos, jamás coincidirá con el día natural. Una vez hecho el cierre, se deberá comprobar que se hayan volcado los cargos a las habitaciones según los grupos de cargo que tuviese dados de alta. Se realizará la copia de seguridad o *back up,* ya que, tras el cierre del día, quedarán todas las cuentas a cero, y comenzará un nuevo día en el establecimiento.

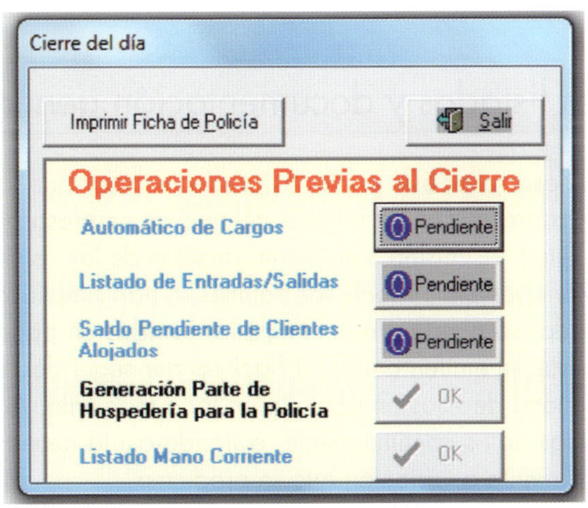

Figura 3.13. *Relación de operaciones previas al cierre del día.*

También en este turno el personal se puede encargar de «hacer la ronda» y verificar que todo está en orden, si es que no se dispone de un Departamento de Vigilancia y Seguridad que cumpla esta función. Se extraerá del archivo toda la documentación relativa a las llegadas previstas del día siguiente, realizando las comprobaciones oportunas y verificando que todos los datos estén correctos. Probablemente se realizará el *check-out* de los primeros clientes. Por último, y al igual que en los turnos anteriores, se reflejará en el libro de novedades cualquier circunstancia reseñable.

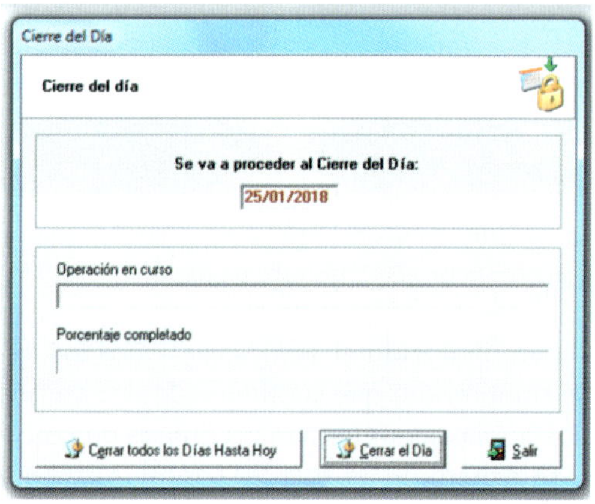

Figura 3.14. *Cierre del día.*

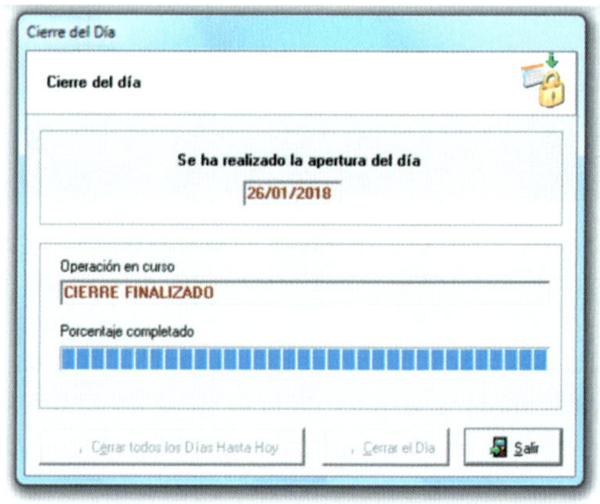

Figura 3.15. *Apertura de un nuevo día hotelero.*

Recuerda

Las comunicaciones y las relaciones interdepartamentales son esenciales para el buen funcionamiento de la organización.

3.2. Principales listados y documentación generada

Antes de comenzar a desarrollar este punto, es preciso señalar que la gestión del Departamento de Mostrador variará mucho en función del tipo de empresa de que se trate (dimensión, tipo de clientela, etc.). Asimismo, con la introducción de los sistemas de gestión hotelera (PMS —*Property Management System*), los trámites se han simplificado notablemente, de tal forma que, a menudo, se puede prescindir de los listados en papel, salvo aquellos que son imprescindibles o que se emiten antes del *back up* por seguridad en caso de avería del sistema, ya que se dispone de ellos en pantalla en todo momento. Además, estos sistemas de gestión actualizan los datos continuamente, evitando así la necesidad de anotar en los listados cualquier movimiento o variación que se produzca.

Las tareas que se pueden gestionar con un PMS se representan en el esquema de la Figura 3.16.

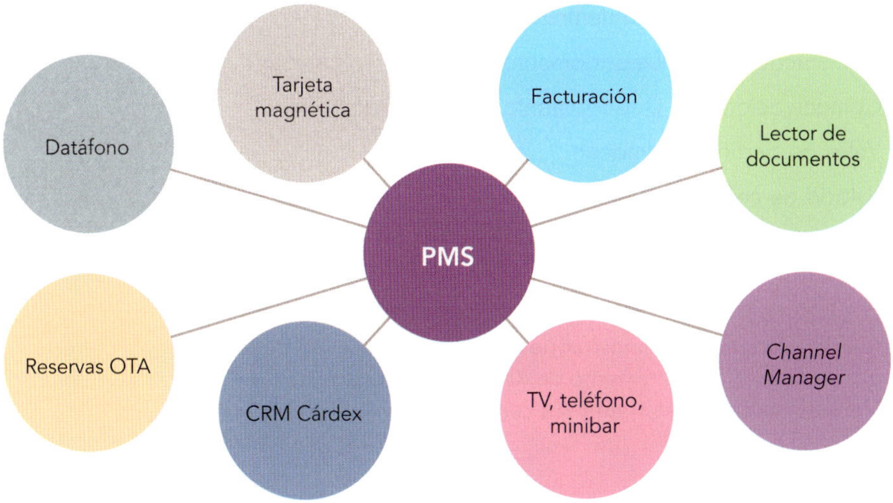

Figura 3.16. *Ejemplo de las diferentes tareas que puede integrar un PMS.*

Podemos clasificar los diferentes documentos generados en función de su utilidad o momento de uso:

- **Antes de la llegada del huésped:**
  - *Planning.*
  - Listado de llegadas previstas.
  - Cárdex o ficha de cliente.
  - *Rack* de habitaciones / *slip.*
  - Listado de atenciones / necesidades en las habitaciones.
- **En el momento de llegada del huésped:**
  - Tarjeta de registro, de cliente o de admisión.
  - Parte de viajeros o ficha de policía.
- **Tras la llegada del huésped:**
  - *Slips.*
  - Listado de ocupación y régimen.
  - Listado de *no shows.*
- **A la salida del huésped:**
  - Listado de salidas previstas.
  - Facturas emitidas.
- **Otros listados o documentos:**
  - Estadísticas.
  - Facturas abiertas.

— Averías o partes de mantenimiento.
— Comunicaciones al Departamento de Pisos.
— Comunicaciones al Departamento de Restauración.
— Vales de pedido a Almacén.
— Listado de caja.
— Hojas de servicio.

Esta clasificación pretende mostrar de forma visual los diferentes listados que deberá generar y utilizar el Departamento de Recepción. Estos variarán en función del tipo de establecimiento de que se trate y sus características.

Planning

Es un documento que en el que figuran los distintos tipos de habitaciones de que dispone el establecimiento, y ofrece de un vistazo cuál es la ocupación real y la prevista, puesto que se muestra la fecha actual o las fechas futuras que se deseen consultar. En un PMS se actualiza automáticamente; sin embargo, en un *planning* manual deberemos ser especialmente cuidadosos de anotar bien cada movimiento para no incurrir en errores. Además, pueden existir diferentes tipos de *plannings,* dependiendo de las instalaciones del establecimiento: así, se puede establecer un *planning* de plazas de garaje, de salones reservados, de habitaciones, etc.

PLANNING **DE HABITACIONES** MES: ____________

HAB.	TIPO	1	2	3	4	5	6	7	8	9	10	11	12	13	14	15	16	17	18	19	20	21	22	23	24	25	26	27	28	29	30
101	X																														
102	XX																														
103	X																														
104	XX																														
105	XX																														
106	XXM																														
107	XXM																														
108	XXM																														
109	TR																														
110	TR																														
201	X																														
202	XX																														
203	X																														
204	XX																														
205	XX																														
206	XXM																														
207	XXM																														
208	XXM																														
209	TR																														
210	TR																														
301	X																														
302	JS																														
303	JS																														
304	XXM																														
305	XXM																														
306	SUI																														

Figura 3.17. *Plantilla del* planning *de un establecimiento.*

En la Figura 3.19 podemos ver un *planning* de un día en concreto. En verde se muestran las habitaciones que tienen llegada prevista ese día —reservadas y asignadas—, en rojo las habitaciones ocupadas (huéspedes que están alojados desde días anteriores y que aún continúan estancia), en blanco las habitaciones que están libres y en morado las habitaciones bloqueadas.

Figura 3.18. Planning *de un programa PMS.*

Existen diferentes tipos de *planning*. Los principales y más empleados son dos:

- ***Planning* nominal:** es el más adecuado para establecimientos de pequeño tamaño, ya que permite asignar directamente una habitación concreta en el momento de tomar la reserva, según las preferencias del cliente. En él aparece el detalle de los diferentes tipos de habitación, con sus características (vistas al mar, triple, ducha, etc.). Si esa habitación está disponible, se anotará el nombre del cliente en las casillas correspondientes a las fechas solicitadas, con el resto de información complementaria (teléfono, número de personas, tarifa, forma de pago), de modo que en ese documento se aúnan el listado de salidas, entradas y el libro de reservas.
- ***Planning* numérico:** empleado en establecimientos que manejan gran volumen de habitaciones. Permite conocer el número de habitaciones disponible de cada tipo para la fecha seleccionada, lo que nos resulta de gran utilidad en el momento de tomar la decisión de aceptar una reserva o no.

Para ampliar

El *planning* es una «foto fija» que refleja la ocupación actual y prevista del hotel. Es de gran utilidad para realizar una correcta planificación ya que, dependiendo de la ocupación prevista, se lanzan ofertas o se cierran ventas. Esta estrategia de optimización de ventas se denomina *revenue management*.

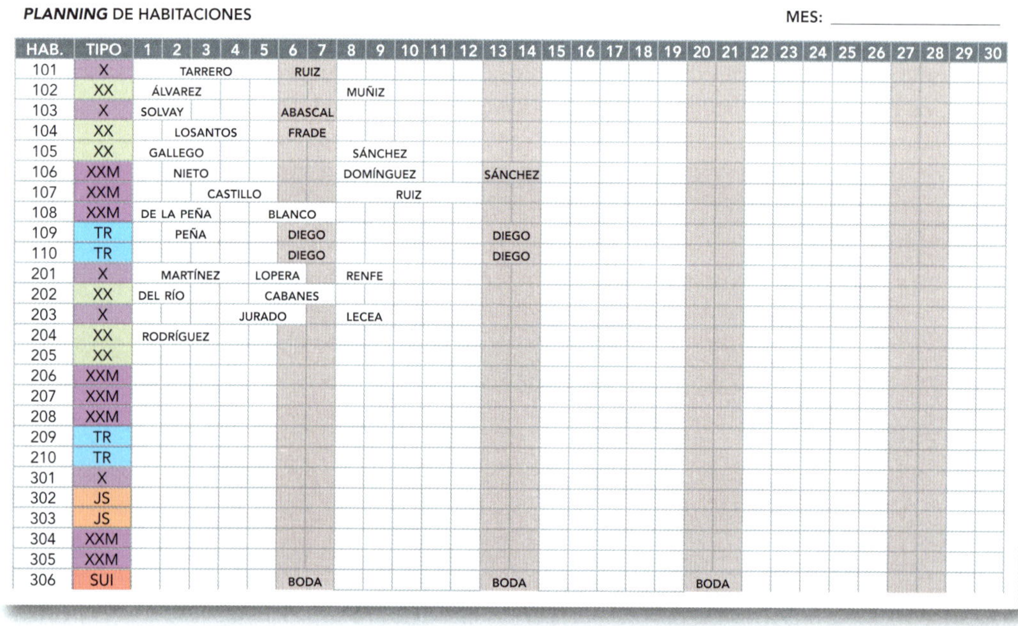

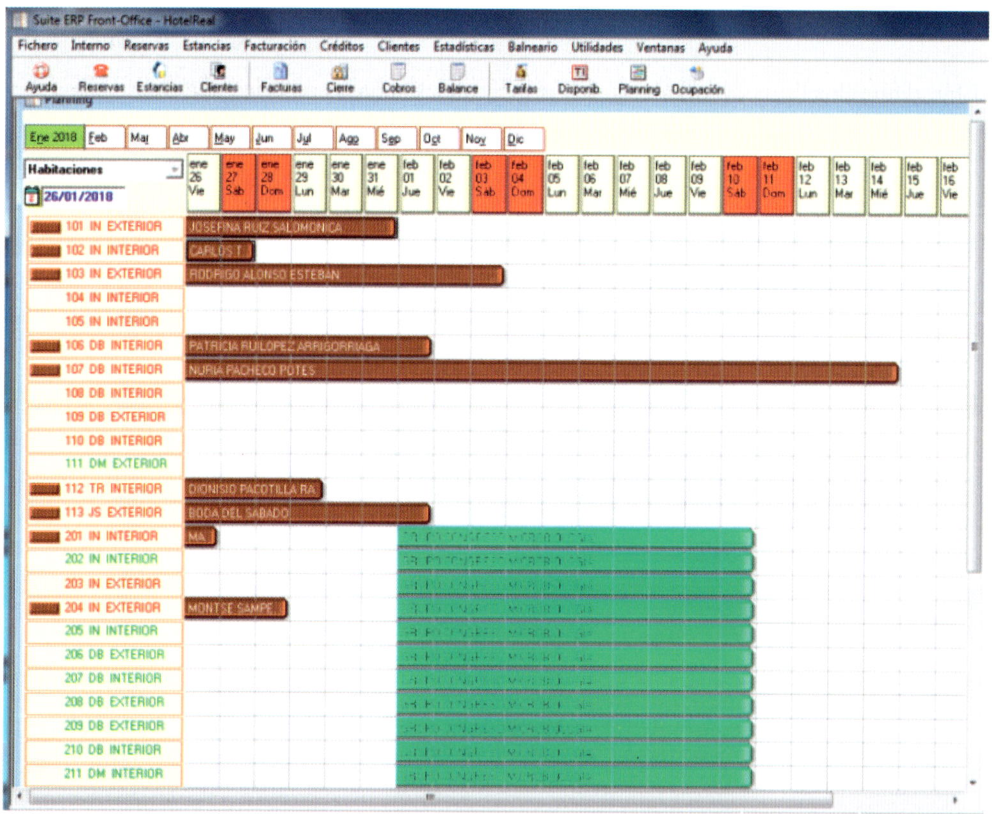

Figura 3.19. Plannings *nominales.*

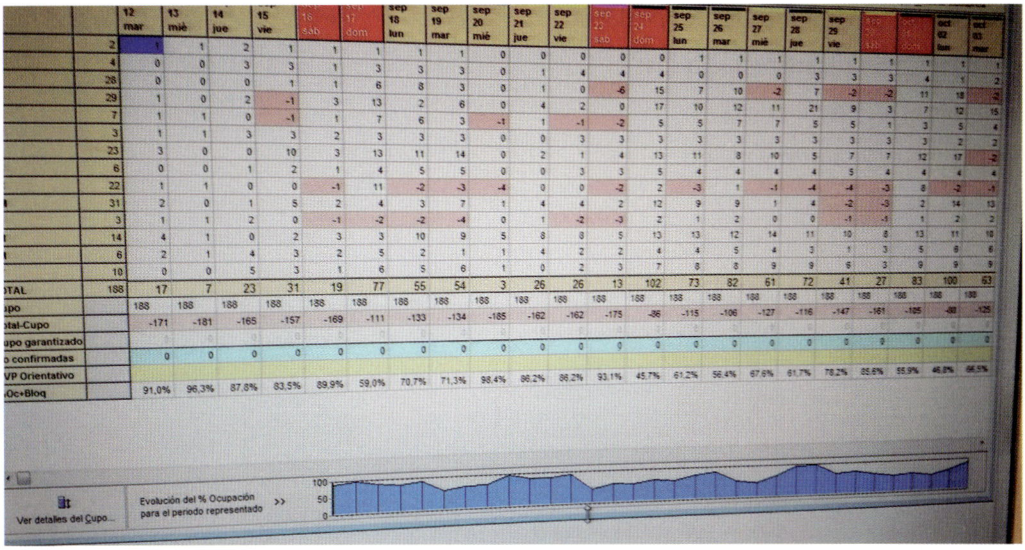

PLANNING NUMÉRICO DE HABITACIONES MES: ______

TIPO	TOTAL	N. DE HABITACIONES						N. DE HABITACIONES						N. DE HABITACIONES						N. DE HABITACIONES						N. DE HABITACIONES						N. DE HABITACIONES						N. DE HABITACIONES					
DM/D	6	6	5	4	3	2	1	6	5	4	3	2	1	6	5	4	3	2	1	6	5	4	3	2	1	6	5	4	3	2	1	6	5	4	3	2	1	6	5	4	3	2	1
SUM	2					2	1					2	1					2	1					2	1					2	1					2	1					2	1
DM/B	2					2	1					2	1					2	1					2	1					2	1					2	1					2	1
JUM	1						1						1						1						1						1						1						1
IN/D	6	6	5	4	3	2	1	6	5	4	3	2	1	6	5	4	3	2	1	6	5	4	3	2	1	6	5	4	3	2	1	6	5	4	3	2	1	6	5	4	3	2	1
TW/D	1						1						1						1						1						1						1						1
CU/C	2					2	1					2	1					2	1					2	1					2	1					2	1					2	1
TW/C	4			4	3	2	1			4	3	2	1			4	3	2	1			4	3	2	1			4	3	2	1			4	3	2	1			4	3	2	1
DM/C	2					2	1					2	1					2	1					2	1					2	1					2	1					2	1
TIPO	TOTAL	N. DE HABITACIONES						N. DE HABITACIONES						N. DE HABITACIONES						N. DE HABITACIONES						N. DE HABITACIONES						N. DE HABITACIONES						N. DE HABITACIONES					
DM/D	6	6	5	4	3	2	1	6	5	4	3	2	1	6	5	4	3	2	1	6	5	4	3	2	1	6	5	4	3	2	1	6	5	4	3	2	1	6	5	4	3	2	1
SUM	2					2	1					2	1					2	1					2	1					2	1					2	1					2	1
DM/B	2					2	1					2	1					2	1					2	1					2	1					2	1					2	1
JUM	1						1						1						1						1						1						1						1
IN/D	6	6	5	4	3	2	1	6	5	4	3	2	1	6	5	4	3	2	1	6	5	4	3	2	1	6	5	4	3	2	1	6	5	4	3	2	1	6	5	4	3	2	1
TW/D	1						1						1						1						1						1						1						1
CU/C	2					2	1					2	1					2	1					2	1					2	1					2	1					2	1
TW/C	4			4	3	2	1			4	3	2	1			4	3	2	1			4	3	2	1			4	3	2	1			4	3	2	1			4	3	2	1
DM/C	2					2	1					2	1					2	1					2	1					2	1					2	1					2	1
TIPO	TOTAL	N. DE HABITACIONES						N. DE HABITACIONES						N. DE HABITACIONES						N. DE HABITACIONES						N. DE HABITACIONES						N. DE HABITACIONES						N. DE HABITACIONES					
DM/D	6	6	5	4	3	2	1	6	5	4	3	2	1	6	5	4	3	2	1	6	5	4	3	2	1	6	5	4	3	2	1	6	5	4	3	2	1	6	5	4	3	2	1
SUM	2					2	1					2	1					2	1					2	1					2	1					2	1					2	1
DM/B	2					2	1					2	1					2	1					2	1					2	1					2	1					2	1
JUM	1						1						1						1						1						1						1						1
IN/D	6	6	5	4	3	2	1	6	5	4	3	2	1	6	5	4	3	2	1	6	5	4	3	2	1	6	5	4	3	2	1	6	5	4	3	2	1	6	5	4	3	2	1
TW/D	1						1						1						1						1						1						1						1
CU/C	2					2	1					2	1					2	1					2	1					2	1					2	1					2	1
TW/C	4			4	3	2	1			4	3	2	1			4	3	2	1			4	3	2	1			4	3	2	1			4	3	2	1			4	3	2	1
DM/C	2					2	1					2	1					2	1					2	1					2	1					2	1					2	1

Figura 3.20. Planning *numérico*.

Listado de llegadas previstas

En él aparecerá la relación de habitaciones que tenemos previsto ocupar en ese día. También se puede considerar como una relación de las reservas que se han realizado en nuestro establecimiento y que tienen como fecha de entrada el día en curso. Entre los datos que debe contener, tenemos:

- Nombre del titular de la habitación.
- Número de personas alojadas.
- Tarifa y forma de pago.
- Fechas de entrada y salida.
- Tipo de régimen.
- Observaciones.

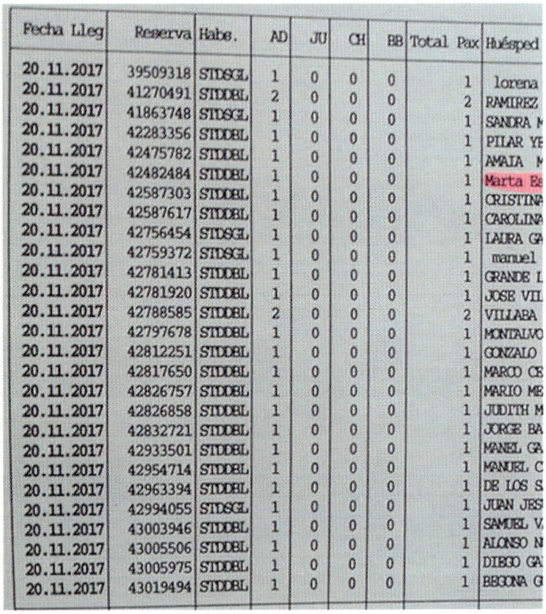

Fecha Lleg	Reserva	Habs.	AD	JU	CH	BB	Total Pax	Huésped
20.11.2017	39509318	STDSGL	1	0	0	0	1	lorena
20.11.2017	41270491	STDDBL	2	0	0	0	2	RAMIREZ
20.11.2017	41863748	STDSGL	1	0	0	0	1	SANDRA M
20.11.2017	42283356	STDDBL	1	0	0	0	1	PILAR YE
20.11.2017	42475782	STDDBL	1	0	0	0	1	AMAIA M
20.11.2017	42482484	STDDBL	1	0	0	0	1	Marta Es
20.11.2017	42587303	STDDBL	1	0	0	0	1	CRISTINA
20.11.2017	42587617	STDDBL	1	0	0	0	1	CAROLINA
20.11.2017	42756454	STDSGL	1	0	0	0	1	LAURA GA
20.11.2017	42759372	STDSGL	1	0	0	0	1	manuel
20.11.2017	42781413	STDDBL	1	0	0	0	1	GRANDE L
20.11.2017	42781920	STDDBL	1	0	0	0	1	JOSE VIL
20.11.2017	42788585	STDDBL	2	0	0	0	2	VILLABA
20.11.2017	42797678	STDDBL	1	0	0	0	1	MONTALVO
20.11.2017	42812251	STDDBL	1	0	0	0	1	GONZALO
20.11.2017	42817650	STDDBL	1	0	0	0	1	MARCO CE
20.11.2017	42826757	STDDBL	1	0	0	0	1	MARIO ME
20.11.2017	42826858	STDDBL	1	0	0	0	1	JUDITH M
20.11.2017	42832721	STDDBL	1	0	0	0	1	JORGE BA
20.11.2017	42933501	STDDBL	1	0	0	0	1	MANEL GA
20.11.2017	42954714	STDDBL	1	0	0	0	1	MANUEL C
20.11.2017	42963394	STDDBL	1	0	0	0	1	DE LOS S
20.11.2017	42994055	STDSGL	1	0	0	0	1	JUAN JES
20.11.2017	43003946	STDDBL	1	0	0	0	1	SAMUEL V.
20.11.2017	43005506	STDDBL	1	0	0	0	1	ALONSO N
20.11.2017	43005975	STDDBL	1	0	0	0	1	DIEGO GA
20.11.2017	43019494	STDDBL	1	0	0	0	1	BEGONA G

Figura 3.21. *Listado de llegadas previstas impreso.*

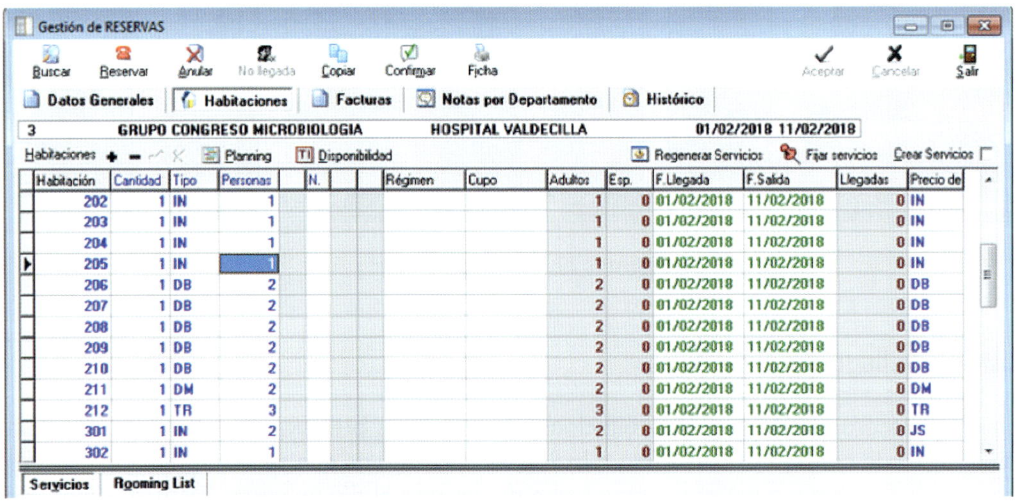

Habitación	Cantidad	Tipo	Personas	N.	Régimen	Cupo	Adultos	Esp.	F.Llegada	F.Salida	Llegadas	Precio de
202	1	IN	1				1	0	01/02/2018	11/02/2018	0	IN
203	1	IN	1				1	0	01/02/2018	11/02/2018	0	IN
204	1	IN	1				1	0	01/02/2018	11/02/2018	0	IN
205	1	IN	1				1	0	01/02/2018	11/02/2018	0	IN
206	1	DB	2				2	0	01/02/2018	11/02/2018	0	DB
207	1	DB	2				2	0	01/02/2018	11/02/2018	0	DB
208	1	DB	2				2	0	01/02/2018	11/02/2018	0	DB
209	1	DB	2				2	0	01/02/2018	11/02/2018	0	DB
210	1	DB	2				2	0	01/02/2018	11/02/2018	0	DB
211	1	DM	2				2	0	01/02/2018	11/02/2018	0	DM
212	1	TR	3				3	0	01/02/2018	11/02/2018	0	TR
301	1	IN	2				2	0	01/02/2018	11/02/2018	0	JS
302	1	IN	1				1	0	01/02/2018	11/02/2018	0	IN

Figura 3.22. *Listado de llegadas previstas en pantalla.*

Cárdex o ficha de cliente

El cárdex, *card-desk,* fichero de clientes o histórico de clientes es una ficha en la que se recogen los datos de un cliente, empresa o agencia, en el que deben figurar:

- **Datos personales:** nombre completo, DNI o NIF dependiendo de si se trata de un particular o una empresa, dirección, teléfono, dirección de correo electrónico, etc.
- **Tipología de cliente:** es decir, si es un cliente de empresa y tiene contratada alguna tarifa especial, si es un cliente particular o si acude a través de un intermediario, por ejemplo, una agencia de viajes. De este modo, podremos emitir facturas a nombre de la agencia o empresa, y controlar el volumen de facturación de cada una, lo que será de utilidad de cara a negociar, mantener, ampliar o anular los contratos y convenios de colaboración. Respecto a esto último, se puede diferenciar asimismo entre:
  - Cárdex de cliente, donde podemos hacer constar sus preferencias en cuanto al tipo de habitación, periodos en los que se ha alojado o tarifas.
  - Cárdex de empresa, donde conste la denominación social, el NIF, la dirección, la persona de contacto, las tarifas negociadas, el número de cuenta o la tarjeta bancaria de cara al tratamiento de créditos, descuentos, etc.
  - Cárdex de agencia, donde conste igualmente la denominación social, NIF, dirección, número de cuenta o tarjeta bancaria para el cobro de las facturas a crédito, porcentaje de comisión negociado según las diferentes tarifas aplicadas, etc.
- **Apartado de observaciones:** en el que reflejaremos sus gustos o preferencias en cuanto al tipo de habitación, tipo de cama, número de planta o si tiene alguna necesidad especial debido a alguna discapacidad, alergia o intolerancia, etc. Este apartado es especialmente útil en caso de clientes VIP e incluso conflictivos o con alguna cuenta pendiente, ya que si lo hacemos constar en este apartado, en cuanto le demos de alta en el sistema, este nos avisará y podremos obrar en consecuencia.

En el cárdex, por tanto, se reflejarán las diferentes estancias que ha tenido un cliente, las fechas y las tarifas aplicadas, lo que puede servir en caso de querer emprender alguna campaña de marketing, o anunciar ofertas y promociones.

Para ampliar

Las bases de datos que contengan información de clientes están sujetas a la Ley Orgánica 15/1999 de 13 de diciembre, de Protección de Datos de Carácter Personal y el Real Decreto 1720/2007, de 21 de diciembre, por el que se aprueba el Reglamento de desarrollo de la Ley Orgánica 15/1999, de 13 de diciembre, de protección de datos de carácter personal.

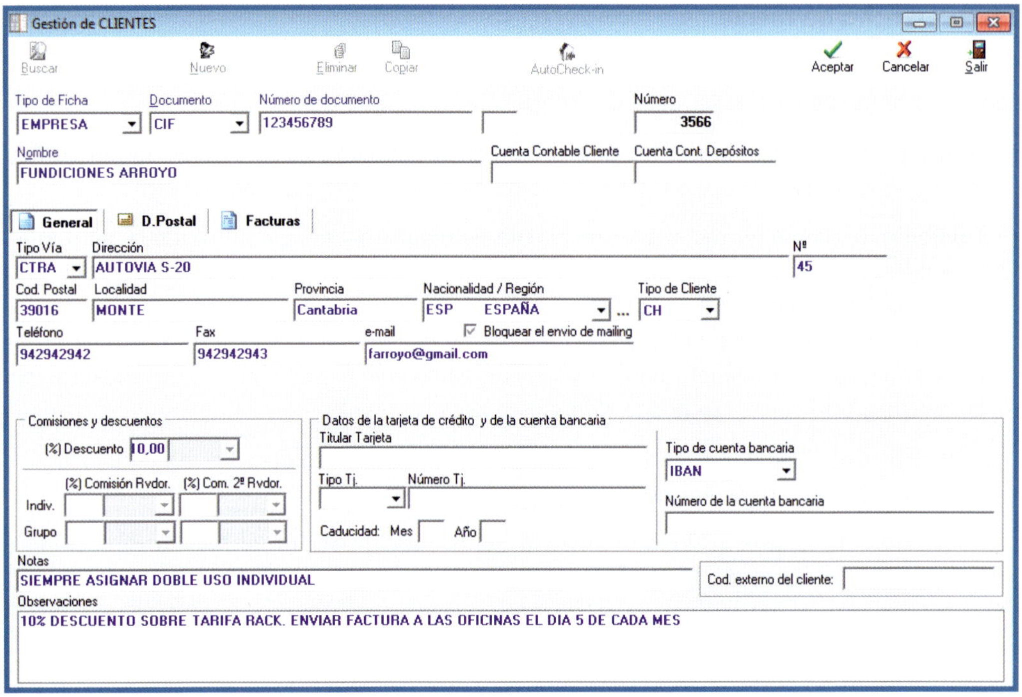

Figura 3.23. *Cárdex o ficha de empresa.*

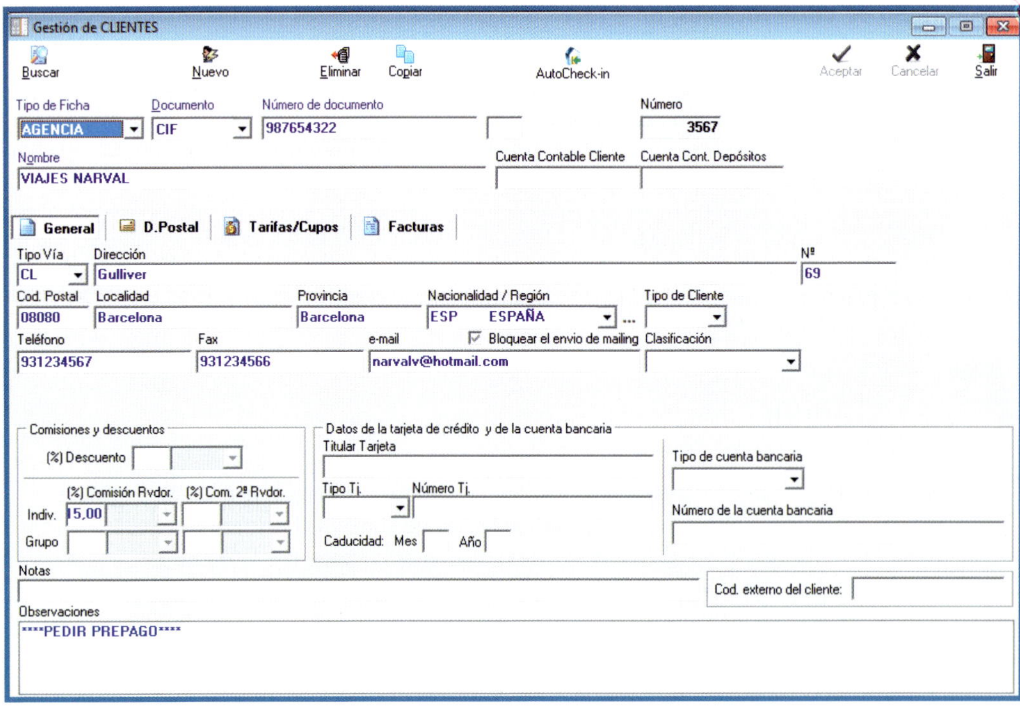

Figura 3.24. *Cárdex o ficha de agencia.*

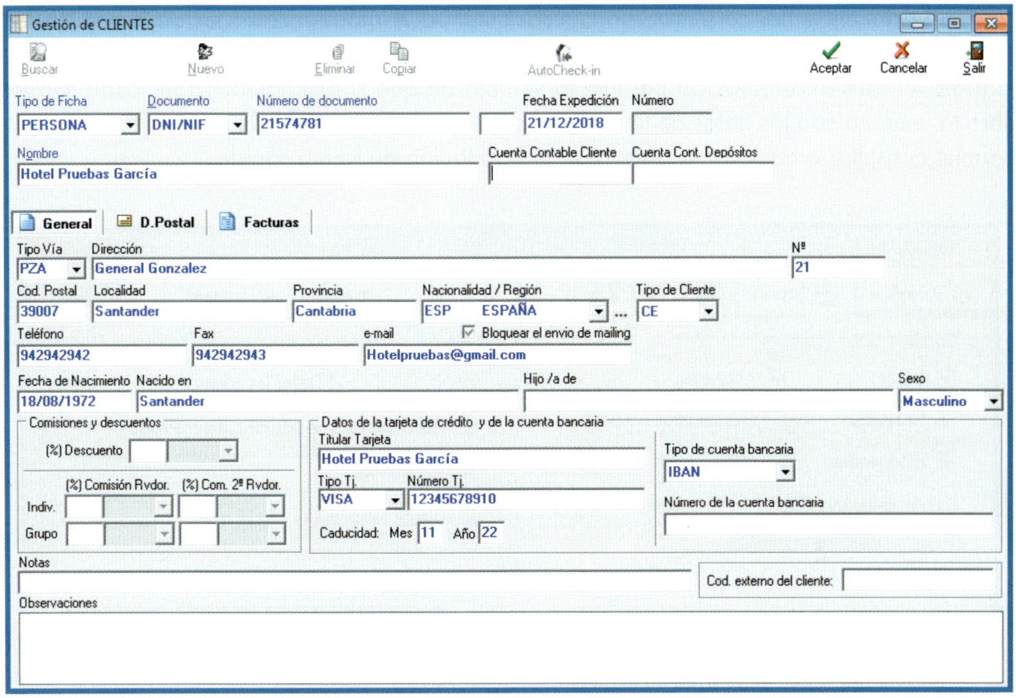

Figura 3.25. *Cárdex o ficha de cliente particular.*

Rack de habitaciones

El *rack* físico de tarjetas de habitaciones es un panel provisto de tantas ranuras dobles como habitaciones tiene el alojamiento, numeradas según los números de habitación del establecimiento y con la descripción del tipo de habitación. En él se van colocando *slips* o tarjetas en las que constan los principales datos de los huéspedes: fechas de entrada y salida, nombre, número de personas, empresa o agencia, régimen y forma de pago. Actualmente está en desuso, ya que han sido sustituidos por los *racks* informatizados; sin embargo, aún existen establecimientos que los utilizan o que emplean ambos de forma simultánea.

Recuerda

El *rack* es una herramienta que permite visualizar de forma rápida el estado actual de ocupación, tanto de salones como de garaje, por ejemplo. Posibilita, de un solo vistazo, el control de la situación del establecimiento: la disponibilidad, el estado de revisión o limpieza, el bloqueo, etcétera.

El *planning* permite realizar una visualización más amplia, lo que facilita llevar a cabo previsiones en un plazo de tiempo mayor, y por lo tanto es de gran utilidad para previsiones futuras.

En establecimientos donde se trabaja con *rack* manual e informatizado, existe la posibilidad de que los *slips* los confeccione el propio programa informático, al igual que las tarjetas de registro. El *rack* informatizado permite la ventaja de que si pinchamos sobre cada *slip*, se abre la ventana con los datos de la reserva (si aún no ha llegado) o de la estancia. Además, permite consultar o cambiar el estado de la habitación de forma rápida.

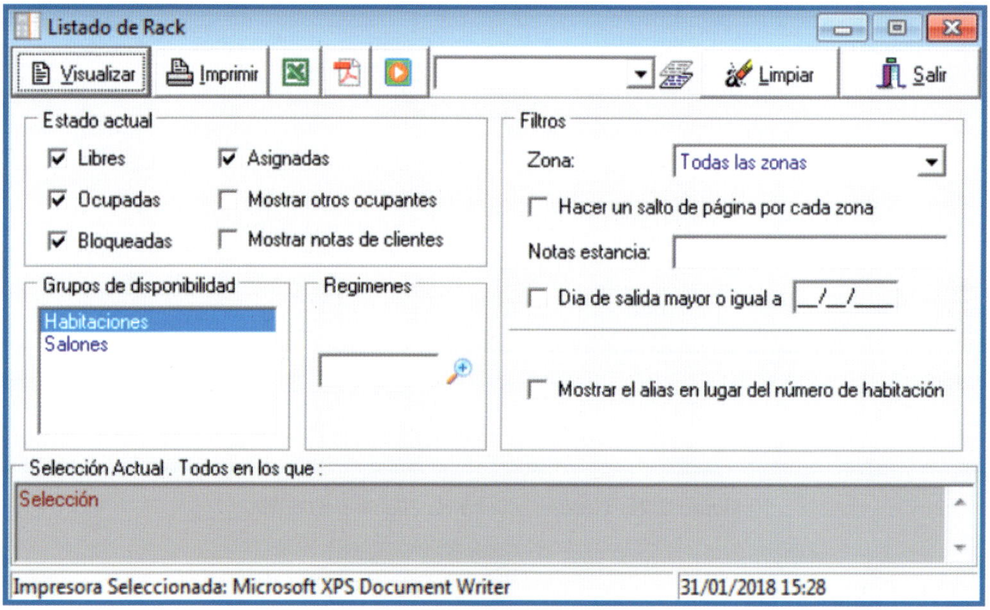

Figura 3.26. Rack *de habitaciones.*

Figura 3.27. Rack *manual. Se observa que junto al número de la habitación se especifica también el tipo de habitación.*

Sabías que...

La denominación de las habitaciones es inherente a cada establecimiento. Por ejemplo: «–» individual, «=» doble, «X» doble con cama de matrimonio.

Pero también se podrían denominar: «X» individual, «XX» doble, «XM» doble con cama de matrimonio, «IN» individual, «DB» doble, «DM» doble con cama de matrimonio, etc.

			E
Habitación	Persona	Apellidos	S

Figura 3.28. Slip.

En los *racks* se emplea un código de colores que facilita su lectura e interpretación. Este código puede variar según el criterio de cada establecimiento. Sirva a modo de ejemplo, la siguiente codificación:

Estado de la habitación	Color
Estancia	
Asignada o llegada prevista del día	
Salida prevista del día	
Grupos	
Bloqueos	
Personas VIP	

Figura 3.29. *Ejemplo del código de colores del* rack.

Generalmente, y para no tener que cumplimentar varias veces el *slip* de habitación (puesto que una misma habitación pasa por varios estados dentro de una misma estancia), se suelen emplear *slips* blancos, sobre los que se colocan otros *slips* plásticos de tipo celofán rígido de colores, de forma que únicamente haya que cambiar cuando sea necesario el plástico de color colocado sobre el *slip* que contiene la información del huésped. Así, si tenemos una habitación preasignada con llegada hoy, tendremos el *slip* blanco conteniendo los principales datos de la reserva, y sobre él, un plástico verde. En el momento de que el huésped se haya registrado, retiraremos el plástico verde, y quedará únicamente el *slip*, porque esta habitación ya es una estancia. El día de salida, colocaremos sobre el *slip* una lámina de plástico rojo, y en el momento que el huésped haya abandonado la habitación, retiraremos el *slip*, puesto que el cliente ya no está, y dejaremos la lámina roja, para dejar constancia de que esa habitación está sucia y debe ser limpiada. Cuando la gobernanta haya verificado que la habitación está lista para volverse a ocupar, retirará la lámina roja, quedando ese casillero del *rack* vacío y, por lo tanto, significa que esa habitación está libre y limpia.

Número	Tipo	descripción	Estado actual
101	STDSGL	Standard Single	LIMPIA
112	STDSGL	Standard Single	LIMPIA
114	STDDBLT	Standard Double Twin	LIMPIA
118	STDDBLQ	Standard Double Queen	LIMPIA
207	STDDBLT	Standard Double Twin	LIMPIA
209	STDDBLT	Standard Double Twin	LIMPIA
217	STDDBLT	Standard Double Twin	LIMPIA
218	STDDBLQ	Standard Double Queen	LIMPIA
311	STDDBLT	Standard Double Twin	LIMPIA
312	STDSGL	Standard Single	LIMPIA
403	STDDBLT	Standard Double Twin	PENDIENTE REVISAR
404	STDDBLT	Standard Double Twin	PENDIENTE REVISAR
407	STDDBLT	Standard Double Twin	PENDIENTE REVISAR
408	STDDBLQ	Standard Double Queen	PENDIENTE REVISAR

14 habitaciones disponibles

Figura 3.30. *Estado de limpieza de las habitaciones.*

Actividad propuesta 3.1.

Rack

¿De qué color será la cartulina de una habitación reservada que acaba de realizar el *check-in*?

¿Y el de una habitación que se ha ocupado, pero no le ha gustado al cliente y ha pedido un cambio a otra habitación?

Todo este movimiento se ha simplificado muchísimo con los sistemas informáticos ya que, en lugar de tener un único *rack* en un lugar físico, cada departamento dotado de un terminal puede acceder al estado de las habitaciones y consultarlo o modificarlo (es el caso del Departamento de Pisos o de Mantenimiento), con lo que se agilizan las operaciones y la información. Sucede lo mismo cuando debemos cambiar una habitación por el motivo que sea: disconformidad por parte del cliente, cambio en el número de ocupantes o alguna incidencia que haga necesario el cambio (averías o molestias por ruidos, por ejemplo).

En el caso de que debamos cambiar una habitación, solicitaremos al cliente que nos entregue su tarjeta identificativa, para poder entregarle una nueva junto con la llave correspondiente a su nueva habitación. Deberemos informar del cambio a los departamentos interesados, en especial al Departamento de Pisos, que deberá encargarse del acondicionamiento de la habitación que se acaba de liberar, así como de reponer el minibar y dar parte de los consumos correspondientes, o tomar nota de la nueva habitación en caso de que haya entregado ropa a lencería, para entregarla en la habitación que corresponde. También al Departamento de Restauración, en caso de cargar algún consumo a la habitación. Sería conveniente enviar a un responsable que acompañe a los huéspedes (*valet* en caso de existir), les indique cuál será su nueva ubicación y los ayude a trasladar sus pertenencias. Deberemos tener especial cuidado por si hubiesen dejado alguna pertenencia en la caja fuerte, en cajones o armarios. Se procurará en la medida de lo posible realizar el cambio con los huéspedes presentes, para que sean testigos del traslado, recibir sus indicaciones respecto a la manipulación de sus enseres y para que verifiquen que se han trasladado todas sus pertenencias. Por último, nos restará realizar el cambio en el sistema, comprobando que todos los cargos son debidamente traspasados de una factura a otra. Esa habitación pasará a estar bloqueada o sucia, según el motivo que haya generado el cambio, y la que acaban de ocupar será estancia.

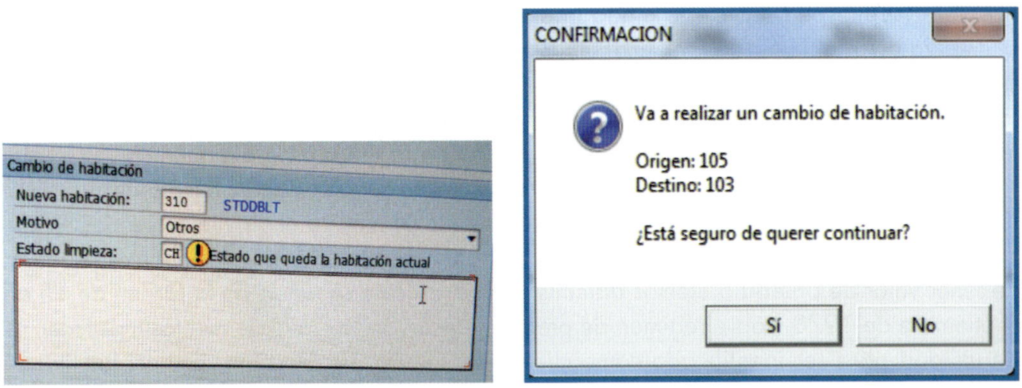

Figura 3.31. *Cambio de habitación en el PMS.*

Las habitaciones bloqueadas son habitaciones que no tenemos disponibles a la venta, porque se estén realizando operaciones de mantenimiento en ellas o porque no queramos ocupar esas habitaciones. En el caso de existir una avería, se deberá cumplimentar el parte de averías correspondiente para su correcta gestión.

Es conveniente resaltar o diferenciar de algún modo las habitaciones pertenecientes a grupos, o aquellas en las que se aloje algún tipo de personalidad o cliente VIP, para que todo el personal esté informado de esa circunstancia.

Listado de atenciones / Necesidades en las habitaciones

En este listado aparecerá la relación de habitaciones en las que sea necesario incluir camas supletorias o cunas, pero también atenciones, como pueden ser: cestas de fruta en la habitación, una botella de agua, cava o vino, bombones o flores, por poner algún ejemplo. En este último caso, se deberá identificar esta necesidad con antelación puesto que necesitaremos realizar las gestiones necesarias para proveernos del material necesario con tiempo suficiente.

Tarjeta de registro

Es un documento donde se recogen los datos del cliente que se va a alojar en nuestro establecimiento. Entre otros, deben constar sus datos personales: nombre, número del Documento Nacional de Identidad, domicilio, teléfono, nacionalidad, fechas de entrada y salida, tarifa, servicios o régimen contratados, número de personas, etc. También se puede solicitar información sobre la forma de pago elegida, o una dirección de correo electrónico, que nos será de utilidad si queremos emprender acciones de fidelización de la clientela y contactar con ellos por esa vía para ofrecerles ofertas, informarles de *packs* especiales o eventos en el alojamiento, etc., como veremos en la Unidad 6. En el caso de clientes que tengan el servicio de alojamiento cubierto por una agencia de viajes o empresa, con el fin de garantizar la confidencialidad de los precios pactados entre las partes, no constará precio alguno en la tarjeta, sino únicamente el tipo de régimen contratado.

Este proceso se ha agilizado mucho con la inclusión de sistemas informáticos, que permiten realizar el documento en el acto, incluyendo todos los datos de la reserva y de identificación del huésped. En cierto modo podría decirse que es una especie de contrato que se realiza entre el huésped y el establecimiento, en el que queda constancia de las fechas acordadas, la tarifa, número de personas, etc. En algunos establecimientos, este documento va acompañado de la tarjeta de identificación del huésped, que es una cartulina que suele acompañar a la llave de apertura de la puerta de la unidad de alojamiento, en la que se ofrece información sobre horarios y diferentes servicios del establecimiento (franja horaria durante la cual se sirve el desayuno, horario de la piscina, o el gimnasio, servicios complementarios, clave wifi, hora de salida, y normas generales del establecimiento). Además de tener valor de prueba a efectos administrativos (artículo segundo de la Orden de 15 de septiembre de 1978, sobre régimen de precios y reservas en los alojamientos turísticos), es de utilidad para ser identificado como cliente de nuestro establecimiento y así facilitar su acceso a dichas áreas, siendo necesaria su presentación para acceder a las diferentes instalaciones en grandes complejos hoteleros *(resorts)*.

Sabías que...

En la jerga hotelera, se suele denominar «bienvenido» a la tarjeta de identificación del huésped, pues es habitual encontrar esa palabra en él. Consiste en una cartulina que se da a firmar al cliente en la cual aparecen datos como: nombre del huésped, fechas de entrada y salida, régimen contratado, forma de pago, número de personas y tarifa. Suele constar de dos partes, una que se hace firmar al cliente y que queda en el Departamento de Recepción como justificante de estancia, y otra que se entrega al cliente junto con la llave de la habitación, la cual lo identifica como huésped del hotel de cara a permitir el acceso a las instalaciones y el cargo de créditos en la habitación. Una vez finalizada la estancia, ese documento firmado se debe conservar debidamente archivado durante el tiempo que marca la ley en caso de que se produzca alguna reclamación.

PROCEDENCIA
DESTINO
MOTIVO DEL VIAJE
FORMA DE PAGO

TARJETA DE REGISTRO DE VIAJERO

NOMBRE Y APELLIDOS	TIPO DE DOCUMENTO	NACIONALIDAD

DIRECCIÓN	LOCALIDAD

CIUDAD	C. P.	PAÍS

CORREO ELECTRÓNICO	TELÉFONO

FECHA DE LLEGADA	FECHA DE SALIDA

N.° PERSONAS	NIÑOS	MASCOTAS

FIRMA

Figura 3.32. *Ejemplo de tarjeta de registro de viajero.*

Sr. / Sra.
Mr. / Ms.

Personas	**Habitación**
Guests	*Room Number*

Fecha de llegada	**Fecha de salida**
Arrival	*Departure*

Tipo de régimen	**Tarifa***
Meal plan	*Rate**

* IVA incluido / *Tax included*

Firma / *Signature*

He sido debidamente informado de los precios de los servicios y consumiciones, así como otros cargos que pudieran ser de aplicación durante mi estancia. Con la firma del presente documento autorizo al cargo de los consumos realizados.

Desayuno / *Breakfast*	07:00 - 10:30
Fines de semana y festivos	08:00 - 11:30
Weekends and holidays	

Restaurante / *Restaurant*
Almuerzo / *Lunch*

Cena / *Dinner*

***Room Service*: consulte la carta en su habitación**
Check the menu at your room

* Horarios sujetos a cambios dependiendo de la temporada.

WIFI:
Usuario / *User:* Hotel
Contraseña / *Password:* Hotel

Figura 3.33. *Modelo de tarjeta de cliente o bienvenido.*

Parte de viajeros o ficha de policía

El Decreto 1513/1959 de 18 de agosto, en relación con los documentos que deben llevar los establecimientos de hostelería referentes a la entrada de viajeros, en su artículo primero, establece la obligatoriedad de llevar un libro registro en el que «se inscribirán los nombres de las personas que ingresen en los mismos». Este libro debe ajustarse al modelo legal preestablecido. Este Decreto ha sido modificado con posterioridad.

El Decreto 231/1965 de 14 de enero, por el que se aprueba el Estatuto ordenador de las empresas y de las actividades turísticas privadas, en su artículo segundo reconoce como empresas de hostelería a «las dedicadas de modo profesional o habitual, mediante precio, a proporcionar habitación a las personas con o sin otros servicios de carácter complementario».

La Orden INT/1992/2003, de 3 de julio sobre libros-registro, y partes de entrada de viajeros en establecimientos de hostelería y otros análogos, contiene diversas normas de registro documental ampliando la obligación a los establecimientos de hostelería y otros análogos como campings, apartamentos, bungalós y otros alojamientos similares de carácter turístico.

Anteriormente, estos partes de viajeros cumplimentados según modelo oficial debían ser presentados personalmente (debiendo en ese caso presentar dos copias para que una de ellas fuese sellada y archivada en el establecimiento como prueba de haberla presentado), por fax, por correo ordinario, o mediante soporte físico (*pendrive*, CD), en las comisarías de Policía o puestos de la Guardia Civil, en las 24 horas siguientes al registro del huésped en la unidad de alojamiento. El Plan Info XXI optimizó esta gestión, al aprobar la tramitación de estos partes a través de aplicaciones informáticas e Internet, que permiten, tras registrarse y darse de alta en el sistema, enviar archivos y ficheros con los datos de los huéspedes.

Figura 3.34. *Acceso digital a la plataforma de envío de datos de clientes a la Dirección General de la Policía.*

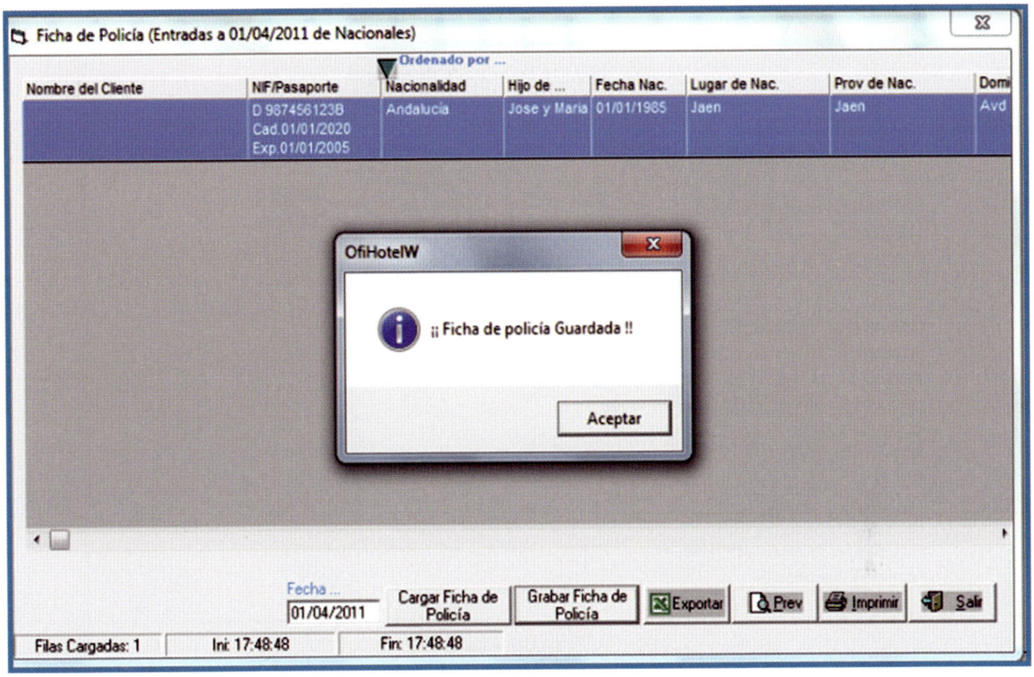

Figura 3.35. *Confirmación del registro de datos de clientes para su posterior envío a la Dirección General de la Policía.*

Este parte deben cumplimentarlo todos los huéspedes mayores de 16 años que pernocten en el establecimiento, pudiéndose rellenar de forma manual o informatizada siempre y cuando se ajuste al modelo oficial. Esta documentación quedará archivada, de forma que se confeccione un libro-registro (libro de policía), que en cualquier momento puede ser solicitado por los miembros de las Fuerzas y Cuerpos de Seguridad del Estado. Debe conservarse durante un tiempo mínimo de tres años.

Actividad propuesta 3.2.

Listado de policía

En el siguiente enlace web, puedes acceder al modelo de parte de entrada de viajeros, donde encontrarás los pasos que hay que seguir para cumplimentar y enviar el parte de viajeros a la policía.

http://goo.gl/K2ve6L

Observa el proceso y cumplimenta la ficha prestando especial atención a no omitir ningún dato. ¿De qué formas se puede hacer llegar este documento? ¿Cuánto tiempo deben mantenerse estos registros? Investiga: ¿puede un ciudadano español registrarse en un hotel con el pasaporte en lugar del DNI?

ANEXO Tamaño A5

Modelo de parte de entrada de viajeros

Hoja-registro

(Rellenar con mayúsculas)

DATOS DEL ESTABLECIMIENTO

NIF: Parte n.º

Nombre del establecimiento:

Municipio:

Provincia:

Sello del establecimiento

DATOS DEL VIAJERO

N.º de documento de identidad:

Tipo de documento: (1)

Fecha de expedición del documento: (5)

Primer apellido:

Segundo apellido:

Nombre:

Sexo: (2)

Fecha de nacimiento: (3)

País de nacionalidad: (4)

Fecha de entrada: (5)

____________, ____ de ___________ de 20__

Firma del viajero

La recogida y tratamiento se hará de acuerdo con la Ley Orgánica 15/1999, de 13 de diciembre, de Protección de Datos de Carácter Personal y al amparo de lo dispuesto en el artículo 12.1 de la Ley Orgánica 1/1992, de 21 de febrero, sobre Protección de la Seguridad Ciudadana.

Instrucciones de confección del impreso.

(1) Se admiten:

- Para españoles: DNI, pasaporte o permiso de conducir.
- Para extranjeros: pasaporte, carta o documento de identidad (para ciudadanos de la Unión Europea, Andorra, Islandia, Suiza, Noruega, Malta, Mónaco y San Marino). Permiso de residencia española en vigor para extranjeros residentes en España.

Se cumplimentará: D = DNI, P = pasaporte, C = permiso de conducir, I = carta o documento de identidad, N = permiso de residencia español, X = permiso de residencia de otro estado miembro de la Unión Europea.

(2) F = sexo femenino y M = sexo masculino.

(3) En el formato AAAAMMDD, al menos se cumplimentará el año de nacimiento. El mes y el día, si se desconocen, irán como 0000.

(4) Nombre del país de nacionalidad.

(5) En el formato AAAAMMDD.

Figura 3.36. *Modelo de parte de entrada de viajeros.*

Listado de ocupación y régimen

Una vez que hemos registrado a los clientes en el establecimiento, deberemos emitir un listado a los departamentos interesados, en el que consten las habitaciones ocupadas y el régimen. Este aspecto es sumamente importante en el caso del Departamento de Restauración, ya que, cuando un cliente se identifique como tal y acceda al servicio de desayunos, o bien al de comida o cena, el departamento deberá comprobar si dichos servicios están incluidos en la tarifa contratada, o por el contrario, debe realizar el cargo correspondiente, que bien se abonará en efectivo por el cliente, bien se cargará a la habitación, en cuyo caso, será necesario conservar el ticket de crédito firmado por el cliente, y adjuntarlo a la documentación relativa a esa habitación de cara a posibles reclamaciones.

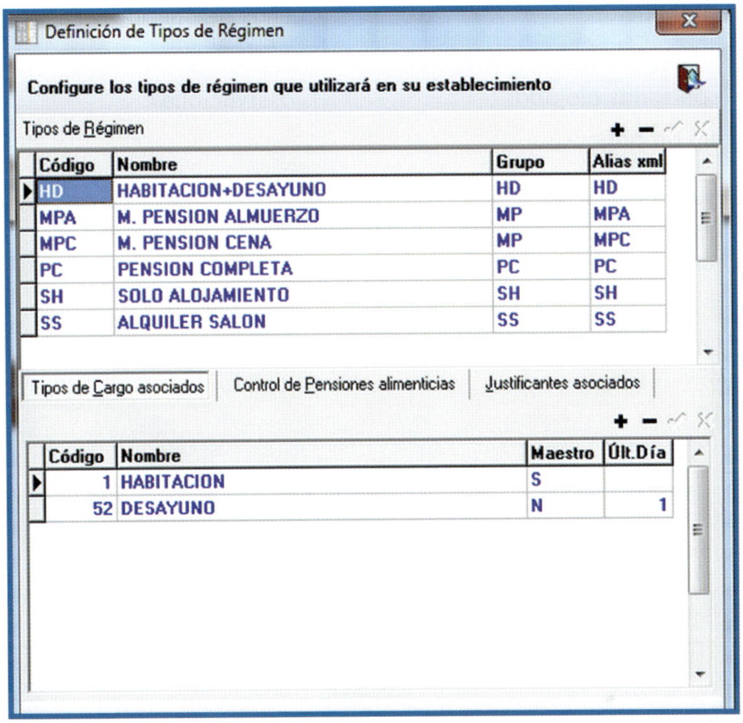

Figura 3.37. *Tipos de regímenes contratados en el establecimiento.*

Listado de no *shows*

En él se reflejarán las habitaciones de clientes cuya entrada estaba prevista para el día anterior que no se han presentado en el hotel y no han anulado su reserva. Su formato será similar al listado de llegadas previstas (véase Figura 3.13). El tratamiento de los *no shows* se verá en la Unidad 4.

Para ampliar

El porcentaje de *no shows* está condicionado en gran parte por la gestión del Departamento de Reservas. De la correcta toma de datos dependerá que podamos garantizar, por un lado el cobro de esa estancia al tener una garantía de pago o establecer una hora límite de llegada, y por otro, que efectivamente la fecha prevista de entrada es la que consta y no se ha registrado otra por error, con el consiguiente perjuicio que pudiera suponer para el establecimiento que se haya anotado una fecha que no es la que solicitó el huésped, pudiendo suceder que este se presente en otra fecha inesperada y tengamos problemas de disponibilidad.

Listado de salidas previstas

Al inicio del turno se deberá tener constancia de aquellas habitaciones con salida prevista en el día de la fecha. En este listado deberán aparecer los siguientes datos:

- Número de habitación.
- Nombre del titular de la habitación.
- Número de personas alojadas.
- Tarifa y forma de pago.
- Fechas de entrada y salida.
- Tipo de régimen.
- Observaciones.

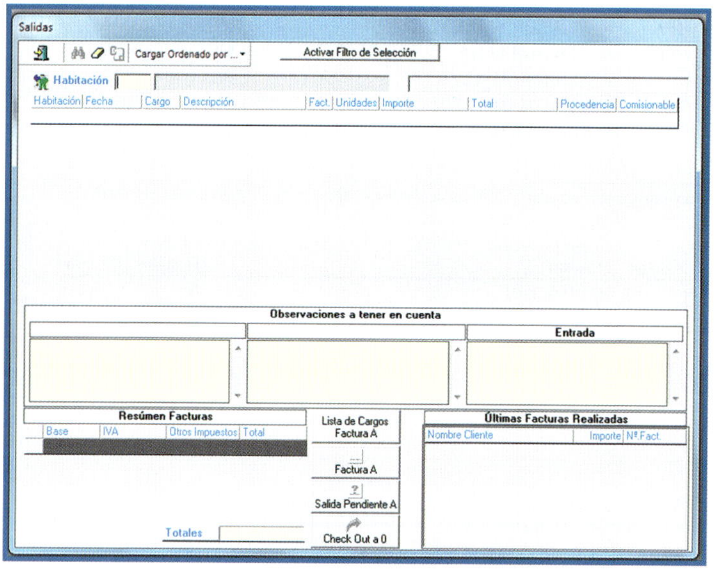

Figura 3.38. *Listado de salidas previstas en PMS.*

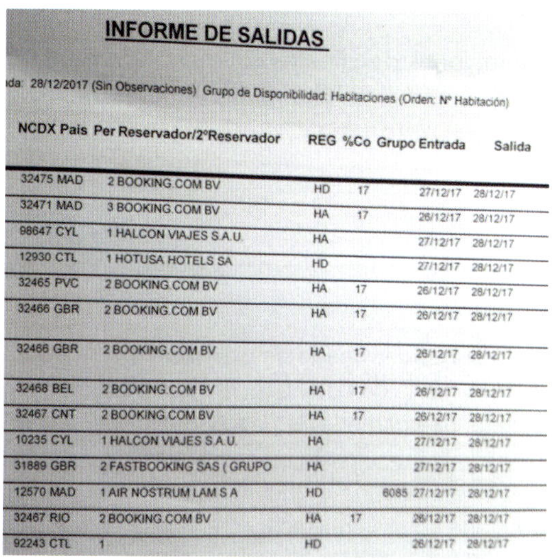

INFORME DE SALIDAS

ida: 28/12/2017 (Sin Observaciones) Grupo de Disponibilidad: Habitaciones (Orden: Nº Habitación)

NCDX	Pais	Per	Reservador/2ºReservador	REG	%Co	Grupo	Entrada	Salida
32475	MAD	2	BOOKING.COM BV	HD	17		27/12/17	28/12/17
32471	MAD	3	BOOKING.COM BV	HA	17		26/12/17	28/12/17
98647	CYL	1	HALCON VIAJES S.A.U.	HA			27/12/17	28/12/17
12930	CTL	1	HOTUSA HOTELS SA	HD			27/12/17	28/12/17
32465	PVC	2	BOOKING.COM BV	HA	17		26/12/17	28/12/17
32466	GBR	2	BOOKING.COM BV	HA	17		26/12/17	28/12/17
32466	GBR	2	BOOKING.COM BV	HA	17		26/12/17	28/12/17
32468	BEL	2	BOOKING.COM BV	HA	17		26/12/17	28/12/17
32467	CNT	2	BOOKING.COM BV	HA	17		26/12/17	28/12/17
10235	CYL	1	HALCON VIAJES S.A.U.	HA			27/12/17	28/12/17
31889	GBR	2	FASTBOOKING SAS (GRUPO	HA			27/12/17	28/12/17
12570	MAD	1	AIR NOSTRUM LAM S A	HD		6085	27/12/17	28/12/17
32467	RIO	2	BOOKING.COM BV	HA	17		26/12/17	28/12/17
92243	CTL	1		HD			26/12/17	28/12/17

Figura 3.39. *Listados de salidas previstas en papel.*

Estadísticas

El INE (Instituto Nacional de Estadística) para realizar su actividad, envía a los establecimientos unos cuestionarios mensuales de ocupación de alojamientos turísticos (Resolución de 5 de octubre de 2007) según el cual, los establecimientos deberán recoger sus cifras en lo que respecta al número de personas agrupadas por nacionalidades que han pernoctado en su establecimiento, el número de plazas ocupadas diarias, el promedio de estancia, etc. Los cuestionarios son de cumplimentación obligatoria atendiendo a la Ley 13/1996, de 30 de diciembre, de medidas fiscales, administrativas y del orden social, y se pueden cumplimentar de forma segura a través del sistema ARCE, facilitando para ello unas claves de acceso y una dirección desde la cual acceder al formulario, ya que la información proporcionada está protegida por el Secreto Estadístico (Ley de la Función Estadística Pública de 9 de mayo de 1989). Como ya se ha indicado anteriormente, los PNR están agilizando muchísimo los procesos de obtención de estos datos ya que, con la parametrización adecuada, se pueden obtener de forma automática.

HOUSE STATUS

	HABITACIONES TOTALES	GRUPO	INDIVIDUAL
ALOJADOS			
SALIDAS PREVISTAS			
SALIDAS ACTUALES			
LLEGADAS PREVISTAS			
LLEGADAS ACTUALES			
ESTANCIAS EXTENDIDAS			
CHECK OUT ANTICIPADOS			
CHECK OUT POSPUESTOS			
USO DIURNO			
CHECK IN EN ESPERA			

% OCUPACIÓN			
PRODUCCIÓN HAB.			
PRODUCCIÓN RÉGIMEN			
HABITACIONES		ESTANCIAS	
PM HAB.		PM PERS.	
REVPAR			

Figura 3.40. *Modelo de plantilla para el cálculo de estadísticas.*

Existen otros listados y estadísticas, además de los legalmente exigidos, que pueden elaborarse para la gestión interna del establecimiento, ya que son una fuente de información de gran utilidad de cara a la toma de decisiones, y además permiten, a partir de los datos obtenidos, marcar una ruta o estrategia de mercado, como ya se ha mencionado en la Unidad 2.

Estos pueden ser:

- Porcentaje (%) de plazas ocupadas a diario y por mes.
- Precio medio de venta.
- Segmentos de mercado (% agencias, % empresas, % particulares, etc.).

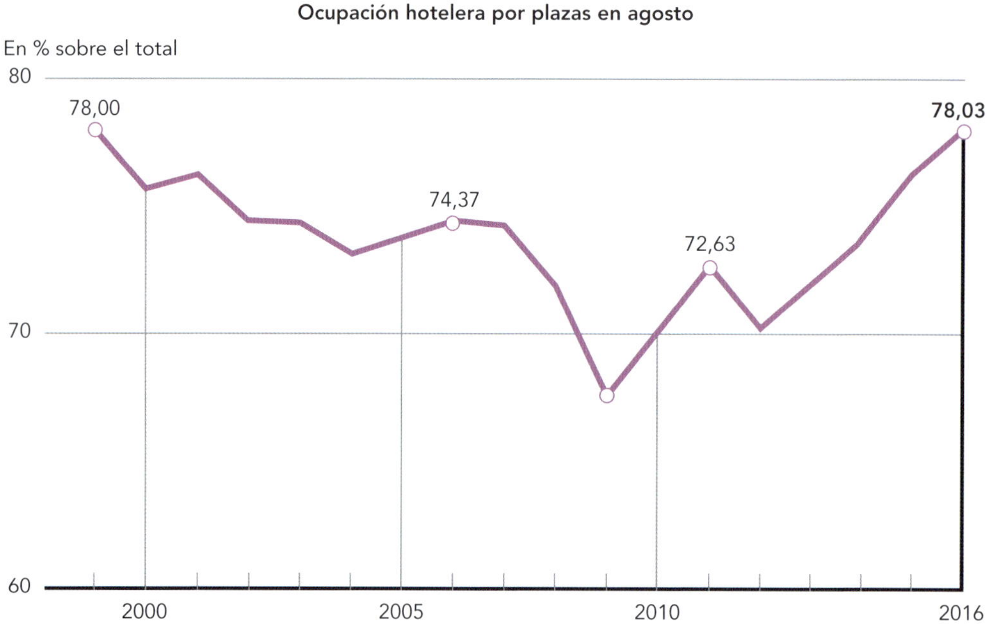

Figura 3.41. *Ejemplo de gráfico estadístico de ocupación hotelera. Fuente: INE.*

Facturas abiertas

El listado de facturas abiertas se emplea a nivel interno para detectar aquellas facturas que aún estén pendientes de cerrar. Será el Departamento de Administración quien nos reclame su cierre de cara a las liquidaciones contables. Dentro de estas facturas abiertas podemos encontrar créditos a empresas o a intermediarios como agencias de viaje, o facturas internas como los consumos de la alta dirección, etc.

Para ampliar

Dentro de las funciones de la alta dirección del establecimiento está la de atender a un gran número de clientes (ya sean actuales o potenciales), proveedores, representantes de empresas, comerciales, agentes de viajes, etc., por lo que es frecuente que este departamento tenga una cuenta abierta en el establecimiento en la que cargar el importe de los consumos realizados en concepto de invitaciones. Por supuesto, no tendrá que abonar la factura, ya que son considerados gastos de explotación, pero sí que es conveniente que queden reflejados los consumos.

Averías o partes de mantenimiento

Puede ocurrir que haya alguna avería o malfuncionamiento en algún área del establecimiento: grifos o cisternas que gotean, enchufes que no funcionan, bombillas fundidas, mandos a distancia que no funcionan, desconfiguraciones de receptores de televisión, enchufes sin corriente, cortinas descolgadas, puertas de armarios defectuosas, y un sinfín de situaciones más, que pueden ser detectadas tanto por las camareras de pisos al hacer las habitaciones, salones, áreas de personal o zonas nobles, como por los clientes. En estos casos, procede cumplimentar un parte avisando al departamento correspondiente para que lo repare a la mayor brevedad posible.

Estos partes pueden ser elaborados en papel o por medios digitales, pero deben cumplimentarse para que el departamento correspondiente justifique su trabajo. Cabe decir que, dependiendo del tipo de establecimiento de que se trate, dispondremos de un Departamento de Mantenimiento interno, o bien contrataremos los servicios de alguna empresa externa.

En el caso de que la avería no se pueda resolver en un corto espacio de tiempo, será necesario cambiar al huésped de habitación, y mantener esa estancia bloqueada hasta nuevo aviso.

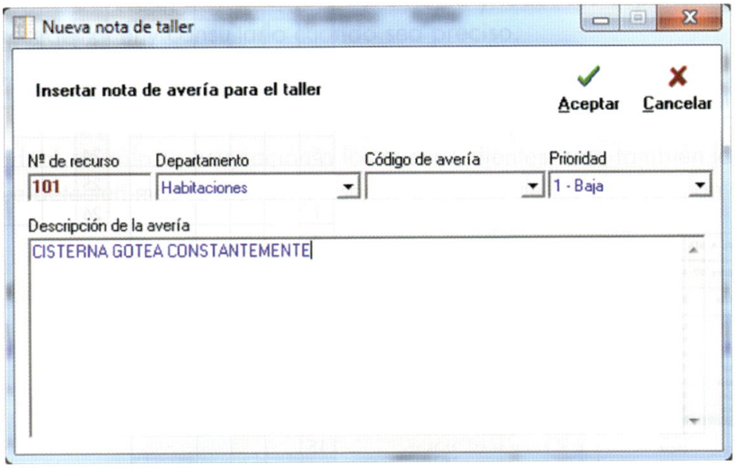

Figura 3.42. *Nota de averías para el taller de mantenimiento.*

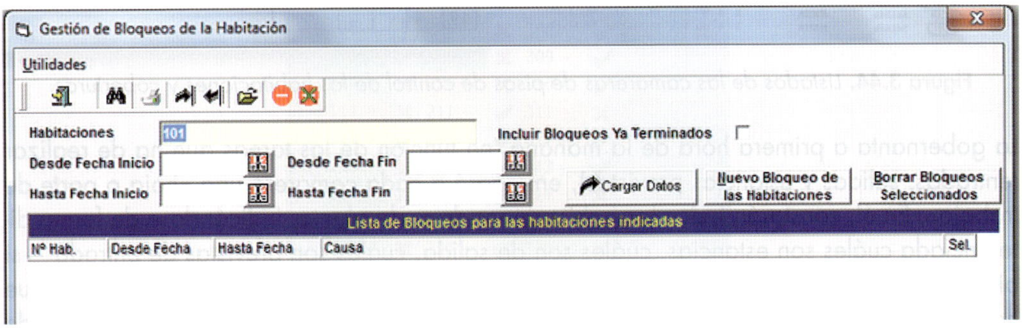

Figura 3.43. *Gestión de bloqueos de habitación por revisión o reparaciones.*

- El montaje de audiovisuales requerido, que puede ser instalado por el propio Departamento de Mantenimiento del establecimiento, o solicitarse a una empresa externa, dependiendo de sus características.
- El nombre del salón o la ubicación en la que se desarrollará el evento, para que el Departamento de Conserjería indique la ubicación y acompañe a los asistentes hasta el emplazamiento correspondiente, y también para que el Departamento de Pisos lo tenga todo limpio y dispuesto, así como la mantelería necesaria (muletones, manteles, cubre manteles, servilletas, etc.).
- Los datos de la persona solicitante, ya que el Departamento de Recepción deberá abrir una factura conteniendo dichos datos, en la que se efectuarán los cargos por los servicios solicitados. Finalizado el evento la cerrará y procederá a su cobro.

HOJA DE SERVICIO

Tipo de evento:			
Solicitante:			
Personal necesario:			
Fecha de servicio:			
Hora:			
Forma de pago:		**Personas:**	
Salón:			
Precio:			

TIPO DE MONTAJE	**MENÚ**

Audiovisuales:
Observaciones:
Firma:

Figura 3.49. *Ejemplo de plantilla de hoja de servicio para un evento en el establecimiento.*

Actividad resuelta 3.1.

Hoja de servicios

Cumplimenta la hoja de servicios de un hotel en el que se va a celebrar un congreso. Al efecto, se ha dispuesto el salón Santander, de 300 m^2, con un montaje en escuela para 200 personas, una mesa de presidencia, un atril para el ponente, pantalla, proyector, micrófono y agua en la presidencia. Al término del congreso se ofrecerá un vino español, compuesto por: jamón de bellota sobre pan con tomate natural rallado, brocheta de cecina de león con alcachofa, tablas de quesos con uvas, nueces y mermeladas caseras, pimientos con anchoas, ventresca de atún con aceitunas, taquitos de tortilla de patata y croquetas de bacalao, así como refrescos, agua, vinos y cervezas de la casa. El servicio lo dará el personal de la casa.

SOLUCIÓN

HOJA DE SERVICIO

Tipo de evento:	I Congreso de podología		
Solicitante:	Celestino Calcetín, presidente del Colegio Oficial de Podólogos		
Personal necesario:	2 camareros (de la casa)		
Fecha de servicio:	25 de noviembre		
Hora:	18:00	**Personas:**	200
Forma de pago:	pasar factura al Colegio de Podólogos. Tenemos cárdex		
Salón:	Santander. Vino español en el *hall*		
Precio:	salón 400 €; vino español: 10 €/pax		

TIPO DE MONTAJE

Escuela con atril y presidencia

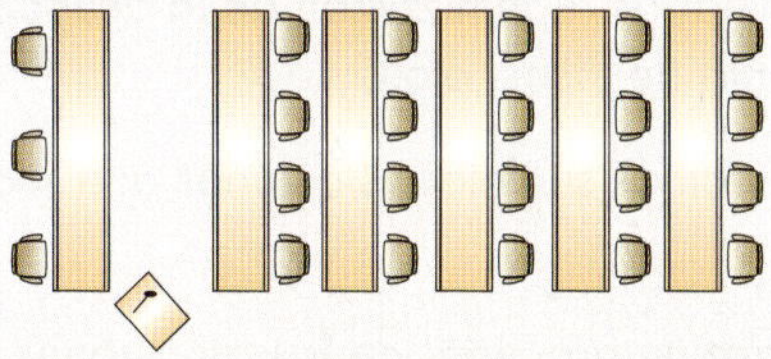

MENÚ

Jamón de bellota sobre pan con tomate rallado
Brocheta de cecina con alcachofa
Tabla de quesos con uvas, nueces y mermeladas
Pimientos con anchoas
Ventresca de atún con aceitunas
Taquitos de tortilla de patata
Croquetas de bacalao
Vino, cerveza, agua y refrescos

Audiovisuales:
Pantalla, proyector, micrófono en atril y presidencia.

Observaciones:
En presidencia: vestir mesa con mantel color gris oscuro.
En presidencia: agua, caramelos, vasos, posavasos, carpeta, folios y bolígrafo.

Firma:

Figura 3.50. *Hoja de servicio para un evento en el establecimiento.*

3.3. Proceso de registro de huéspedes

Para poder realizar esta tarea, en primer lugar, deberemos contar con el listado de llegadas previstas (véase la Figura 3.11), y así sabremos el volumen de habitaciones que se ocuparán hoy que, sumadas a las estancias, nos darán el total de ocupación del establecimiento. Disponer de esta información es importante, puesto que puede que recibamos reservas de última hora o clientes de paso, y deberemos saber si tenemos habitaciones libres, de qué tipo, y las tarifas aplicables.

Paralelamente, deberemos rescatar toda la documentación relativa a las reservas cuyas llegadas tendrán lugar en el día en curso, y se realizarán las tareas que se explican a continuación.

3.3.1. Antes de la llegada

Un detalle de calidad y buen trato, es tenerlo todo previsto a la llegada del cliente; debemos hacerlo sentir especial, que sepa que lo estábamos esperando, que conocemos sus preferencias porque las ha hecho constar en la reserva y que lo hemos dispuesto todo para que se sienta cómodo. Para lograr esto, solo tenemos que seguir unos pocos pasos:

- **Comprobación del cárdex,** para obtener toda la información posible de ese huésped y así poder adecuarnos a sus características o necesidades (en el caso que sea un cliente de empresa, por ejemplo, o una familia, pues éstas serán diferentes), conocer las habitaciones que se le han asignado en anteriores estancias, tarifas, comentarios, etc.
- **Asignación de la habitación,** que se realizará teniendo en cuenta las preferencias señaladas en la reserva por el cliente: planta alta, cerca del ascensor, cama de matrimonio, etc., además de los condicionantes propios del establecimiento (plantas o habitaciones bloqueadas, grupos, instalación de camas supletorias, optimización de la ocupación de plantas para facilitar el trabajo del Departamento de Pisos, etc.).
- **Comunicación al Departamento de Pisos** de las camas supletorias o cunas que sea preciso colocar en la habitación.
- **Comunicación al Departamento de *Room Service*,** si procede, de las atenciones que se deban poner en la habitación (cava, bombones, flores, agua, cesta de frutas, etc.).
- **Comunicación a la dirección** o al Departamento de Relaciones Públicas si procede, en caso de esperar la llegada de clientes VIP.
- **Cumplimentación del parte de viajeros y de la tarjeta de cliente.** Este paso únicamente podremos realizarlo con antelación si ya tenemos cárdex del huésped; en caso contrario, deberemos esperar al registro para tener los datos del cliente.
- Disposición en el caso particular de los **grupos** de toda la **información** con antelación, se realizará la asignación conforme a la *rooming list* recibida, y se podrán realizar las tarjetas de cliente y las llaves con antelación, que podrán ser entregadas al responsable del grupo para su distribución, o realizarlo en un *hospitality desk* dispuesto al efecto o en el propio mostrador de recepción.

Para poder realizar estas tareas, se deberá consultar el *planning* del establecimiento. De ese modo, se podrá realizar una asignación óptima de las habitaciones. Por lo tanto, en lo referente a la asignación de habitaciones, se tendrán en consideración los siguientes aspectos:

- **Duración de la estancia:** para verificar que ésta no se solapa con otra reserva que haya solicitado (y se le haya garantizado) esa habitación en concreto.
- Posibles **previsiones de bloqueo de plantas** o áreas del establecimiento para acometer una reforma o tarea de limpieza general, pintado de habitaciones, o revisiones rutinarias, puesto que el hecho de que aún nos queden habitaciones ocupando esa planta en la fecha en que tuviésemos previsto realizar dichas tareas, supondría que deberemos cambiar a los huéspedes de habitación o retrasar los trabajos, con el consiguiente trastorno por ambas partes. Por ese motivo, las habitaciones que tengan prevista una estancia más o menos larga, se ubicarán en las plantas que habitualmente sean de uso frecuente en el establecimiento
- Asimismo, debemos procurar **ocupar áreas o plantas completas,** de forma que se facilite el trabajo a las camareras de pisos evitando así desplazamientos innecesarios, además de permitirnos cerrar ciertas áreas o plantas, con el consiguiente ahorro en luz o calefacción, por ejemplo.
- En el caso de tener que asignar **habitaciones con cuna o supletoria,** debemos informar cuanto antes al Departamento de Pisos, para que tenga preparada la habitación antes de la llegada del cliente. Asimismo, si tenemos constancia (consultando el listado de salidas del día) de que una habitación con salida hoy ha utilizado una cama supletoria o cuna, procuraremos asignar esa misma habitación, para optimizar el trabajo de las camareras de pisos.
- En el caso de **grupos,** se les ubicará en una misma planta, a ser posible la más baja del establecimiento, a fin de que no se bloqueen los ascensores en momentos puntuales, y causen molestias al resto de huéspedes del establecimiento.
- Siempre que tengamos constancia de la solicitud de una habitación con **cama de matrimonio,** procuraremos asignarla, dejando las *twins* para el final, puesto que son más socorridas en caso de tener que ocuparlas con llegadas imprevistas, en el caso de clientes que no sean pareja.

Además de todo lo anteriormente expuesto, pueden darse otras circunstancias: por ejemplo, que tengamos *overbooking* en ciertos tipos de habitaciones del hotel.

En la Figura 3.51 observamos que el día 1 tenemos un *overbooking* de dos habitaciones dobles (hemos reservado más habitaciones dobles de las que realmente tenemos); sin embargo, aún tenemos ocho dobles con cama de matrimonio, por lo tanto, no es un *overbooking* real; asignaríamos estas habitaciones según las preferencias anotadas en la reserva, y confirmaríamos el tipo de habitación asignada con los huéspedes en el momento del registro. En el caso de que ninguno quisiera cama de matrimonio, aún tenemos siete habitaciones triples que poder ofrecerles (por supuesto, respetando el precio que se le ofreció en el momento de realizar la reserva).

PLANNING **DE HABITACIONES** MES: __________

TIPO	TOTAL	1	2	3	4	5	6	7
DB	15	–2	–22	4	2	6	12	1
DM	10	8	9	5	–3	2	3	4
TRI	7	7	5	3	6	2	2	6
CUA	2	0	–2	0	1	0	0	2
COM	8	8	8	8	8	5	5	8
JUN	5	2	5	5	5	4	2	5
SUI	1	1	0	1	1	0	0	1
TOTAL	48	24	3	26	20	19	24	27

Figura 3.51. *Ejemplo de* planning *numérico.*

El día 2 tenemos un *overbooking* dos habitaciones cuádruples; lo podríamos solucionar de varias maneras: ofreciendo dos habitaciones comunicadas (ya que aún tenemos ocho disponibles), o colocando dos camas supletorias en una suite, (ya que aún nos quedan cinco *junior suites*), o colocando una cama supletoria en una habitación triple —siempre y cuando las medidas de la habitación lo permitan— (ya que tenemos cinco disponibles). Por otra parte, tenemos otro *overbooking* de 22 habitaciones dobles. Vamos a ver cómo podemos solucionarlo: tenemos nueve dobles con cama de matrimonio, cinco triples, cinco *suites* y 8 habitaciones comunicadas, por lo tanto, podemos intentar acomodarlos en estos otros tipos de habitación, siempre intentando buscar el máximo confort de nuestros huéspedes, y atendiendo a sus necesidades o características.

Como habrás podido comprobar, ninguna de estas situaciones constituye un *overbooking* real, puesto que, si consultamos la última fila que muestra el «total» de habitaciones, no tenemos el hotel completo ningún día, siempre nos quedan habitaciones libres, por lo tanto, podemos distribuir las reservas entre los diferentes tipos de habitación de que dispone el establecimiento.

El problema sucede cuando realmente hemos incurrido en un *overbooking*. Esto puede suceder por un error de cálculo, por no haber contabilizado los cupos, o por una estrategia de empresa en previsión de posibles anulaciones. En cualquier caso, es una situación delicada que es importante saber gestionar bien, ya que de ello depende que ganemos o perdamos un cliente.

Cuando se produce un *overbooking* real, ante todo lo que debemos hacer, es:

- Informar a todas las personas implicadas, para que no se admitan más reservas, ni se amplíen estancias.
- Pasar a confirmar todas las reservas con entrada ese día, para asegurar que no se han producido duplicidades, que no hay anulaciones no registradas, o que no existen discordancias de fechas.

- Insistir en la hora máxima de mantenimiento de reserva, si no tenemos un documento que garantice el cobro de esta en caso de *no show.*
- Establecer contacto con otras empresas de alojamiento, para conocer su disponibilidad, en el caso de que tengamos que desviar a algún cliente hacia su establecimiento. En este caso, siempre deberá tratarse de un establecimiento de igual o superior categoría, y se deberá avisar al cliente con la suficiente antelación para evitar un mayor perjuicio.

Actividad propuesta 3.3.

Gestión de *overbooking* de habitaciones

En grupos, y teniendo en cuenta el *planning* mostrado en la Figura 3.51:

- Analizad las posibles alternativas o soluciones que se pueden ofrecer para resolver los *overbookings* de tipo de habitación.
- Leed los siguientes artículos donde encontraréis más información sobre el *overbooking* y debatidlos en el aula.

http://www.viajeros.com/articulos/1191-hoteles-que-hacer-si-sufres-overbooking
http://www.ocu.org/site_images/educar3/derechos_deberes_consumidores/amargen_vacaciones.pdf

3.3.2. En el momento de la llegada

Según el tipo de establecimiento de que se trate y de su plantilla, los auxiliares de recepción o conserjes se encargarán de recibir al cliente en la puerta, ayudándolo con su equipaje, encargándose de aparcar su vehículo si es oportuno y acompañándolo hasta el mostrador, donde lo estaremos esperando.

Es importante que se sienta acogido; incluso aunque en ese momento estemos ocupados, solo una mirada y un saludo ya significa que lo recibimos y lo vamos a atender en cuanto nos sea posible. En ese momento, la decoración y el ambiente (el olor del ambientador, la música de fondo, la iluminación, etc.), también están desarrollando un papel importante en lo que respecta a la impresión que el cliente pueda llevarse de nuestro establecimiento.

Llegado el momento de atenderle, deberemos seguir los siguientes pasos para desarrollar el proceso de *check-in* o registro de clientes:

- **Darle la bienvenida,** si lo conocemos, dirigiéndonos por su nombre; es un detalle de cortesía preguntarle si ha tenido un buen viaje, por ejemplo, pero siempre con discreción y profesionalidad, sin caer en el amiguismo o la pedantería. Debemos mostrarnos amables y naturales, no hay nada peor que una actitud forzada. Por supuesto, si estamos sentados nos pondremos de pie para recibirlo, y en el caso de clientes extranjeros, nos dirigiremos a ellos en su idioma o al menos en inglés, esforzándonos por entenderlos y hacernos entender, facilitándoles toda información o ayuda que precisen para que tengan una estancia agradable.

- **Preguntarle si tiene reserva** y a qué nombre, o si conoce el código o su referencia, para localizarlo en nuestro listado de llegadas previstas.
- **Confirmar y verificar en ese momento con el cliente los datos que constan en nuestra reserva,** por si hubiera algún cambio, error o discrepancia (número de personas, fecha de salida).
- **Solicitarle un documento identificativo,** y tomarle los datos para poder rellenar el parte de viajeros y la tarjeta de registro. En este momento le podemos solicitar también los datos que quiere que consten en factura (si quiere que se emita a su nombre, no hace falta, pero suele ser habitual que nos soliciten la factura a nombre de alguna empresa, siendo conveniente tomar nota de los datos en este momento, para agilizar los trámites a la salida).
- **Darle a firmar el parte de entrada de viajeros.**
- **Asignarle la habitación**, si es que no lo habíamos hecho con anterioridad.
- **Entregar la llave y la tarjeta de cliente.**
- **Cobrar el importe** de los servicios contratados, en caso de ser pago directo y siempre a criterio del establecimiento. En caso contrario, se realizará el cobro a la salida *(check-out)*. Si el cliente tiene los gastos cubiertos por la empresa o agencia, le solicitaremos el bono que cubre los servicios, y le especificaremos qué gastos tiene cubiertos y cuáles deberá abonar a la salida.

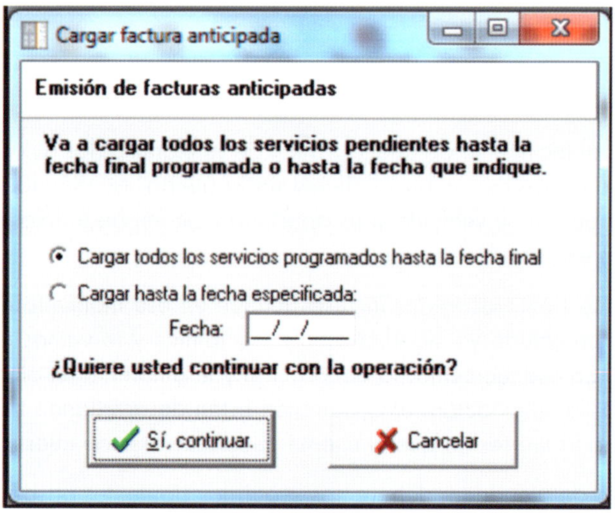

Figura 3.52. *En el caso de cobrar una factura por adelantado, realizaremos los cargos de forma manual, o bien una vez que hayamos parametrizado los cargos, daremos orden al PMS de que realice el vuelco de los mismos en la factura. Una vez realizado el cobro, estos quedarán a cero.*

- **Informar** del número de habitación asignado, de la planta en la que se encuentra, de los servicios que tiene incluidos, así como del horario y del lugar donde se servirá el desayuno.
- **Recibir a los grupos,** como ya se ha expuesto. Si acuden con un guía o responsable, generalmente será este quien distribuirá las llaves entregadas en el mostrador. Solicitaremos el bono que cubra los servicios contratados, y avisaremos a los departamentos implicados

de su llegada a fin de que lo tengan todo dispuesto. El Departamento de Conserjería será el encargado de distribuir los equipajes a las habitaciones, por lo que deberá disponer de una copia de la *rooming list*.

- **Preguntar al cliente que llega sin reserva,** qué tipo de habitación necesita y para qué fechas, y comprobar la disponibilidad. Si podemos atender su demanda, le preguntaremos si desea acogerse a algún tipo de régimen alimenticio, y le informaremos de la tarifa a aplicar. Si no tenemos cárdex, es recomendable tomarle los datos de la tarjeta de crédito o incluso pasar al cobro de la habitación, según tenga por norma el establecimiento. Deberá firmar el parte de entrada de viajeros al igual que el resto de huéspedes, se le hará entrega de la tarjeta de cliente y la llave de la habitación, informándole de la ubicación de esta y quedando a su disposición para cualquier información que precise.

Es un buen momento para aplicar técnicas de **venta sugestiva,** y lograr así maximizar el beneficio de nuestro establecimiento *(up-selling);* por ejemplo, ofrecerle servicios complementarios como puede ser el *parking,* el uso del *spa,* la compra de alguna excursión o visita organizada, entradas a espectáculos, museos, etc. De hecho, puede suceder que una vez en el establecimiento, soliciten la modificación de los servicios que previamente han reservado o contratado. En ese caso, lo primero que debemos comprobar es si podemos atender sus demandas, y posteriormente, realizar las gestiones oportunas (puede ser desde un cambio de régimen, de tipo de habitación, de número de personas, contratación de servicios complementarios, aumento o disminución del número de noches...).

En el caso de que la forma de pago sea directa en el establecimiento, estos cambios no supondrían más trámite que el hecho de modificar los grupos de cargo; sin embargo, si la reserva está hecha a través de una agencia de viajes o una empresa, que cubren los servicios inicialmente contratados, sí que deberemos ponernos en contacto con ellos para comunicarles el cambio, principalmente por dos motivos: puede ser que la empresa o la agencia asuma la modificación, por lo tanto será necesaria la emisión de un nuevo bono con el detalle de los nuevos servicios contratados o un correo electrónico de confirmación; por el contrario, puede suceder que no asuman los gastos no incluidos previamente, en cuyo caso se deberán abrir dos facturas en el sistema, de modo que se carguen los servicios contratados en una primera factura, y en la segunda, el resto de servicios extras.

Sabías que...

Un ejemplo que ilustre la explicación anterior puede ser que nos pidan, por ejemplo, una *suite* teniendo reservada previamente una habitación doble estándar. Si no se hace cargo el primer reservador del nuevo tipo de habitación, se abrirá una segunda factura de extras, y cargaremos en ella el suplemento, es decir, la diferencia de tarifa entre la *suite* y la habitación doble. En el caso de clientes de empresa, es frecuente que en viajes de negocios cubiertos por la empresa los empleados viajen con sus parejas. Supongamos que la empresa paga únicamente una habitación individual para su empleado; en ese caso, el cliente debería pagar directamente en el establecimiento la diferencia entre la habitación individual y la habitación doble, además de otros servicios como puede ser el desayuno de la segunda persona.

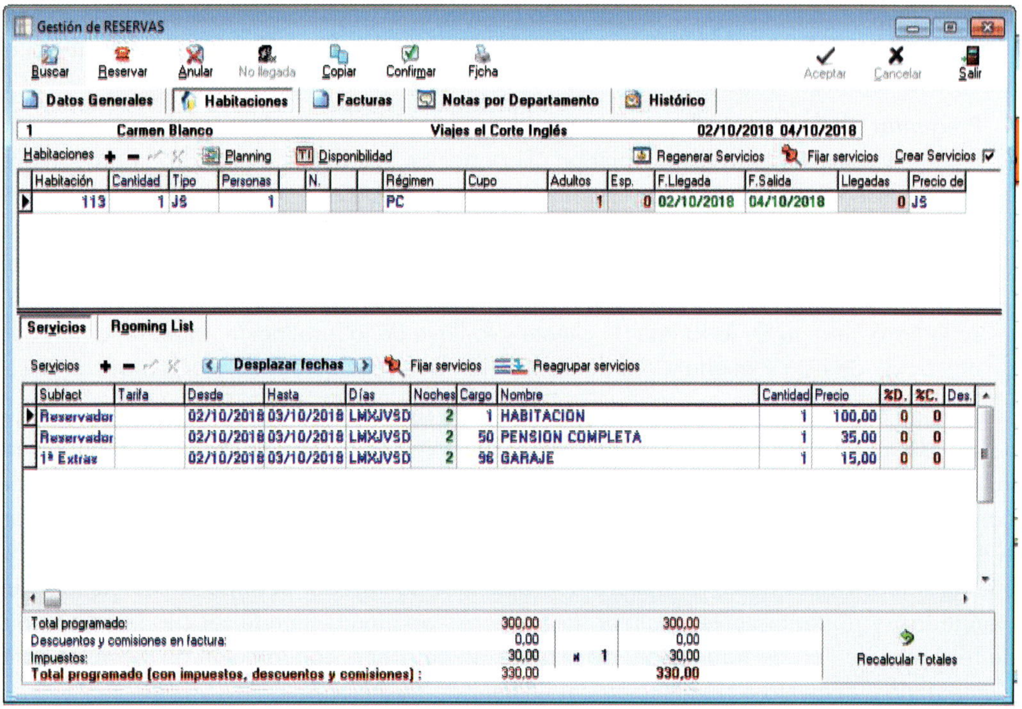

Figura 3.53. *Diferentes líneas de cargo según el tipo de reservador o empresa.*

Actividad propuesta 3.4.

Modificación de los servicios contratados y peticiones extras

Piensa en más peticiones que nos pueden realizar los clientes en el establecimiento y cómo se procedería en cada caso.

En el caso de que se personen los clientes temprano en el establecimiento y aún no tuviéramos ninguna habitación disponible que ofrecerles, nos ofreceremos a recogerles el equipaje, para que vuelvan más tarde, o si prefieren esperar, les dirigiremos a alguna zona de nuestras instalaciones donde puedan descansar o tomar algún refrigerio, para que se sientan atendidos y acorten la espera. Esto además puede suponer algún ingreso extra para el establecimiento.

También podremos entregarles un plano de la zona e informarles de las visitas más recomendables, si es que no conocen el lugar. Una vez procedamos a entregarles la llave de la habitación, el personal encargado los acompañará a su habitación si procede, comprobará que todo está a su gusto, les informará del funcionamiento de algunos elementos (caja fuerte, aire acondicionado, televisión de pago) y les deseará una agradable estancia.

Figura 3.54. *El momento de recibir a los clientes es único y debemos hacerlo especial.*

3.3.3. Tras la llegada

Una vez realizado el registro del huésped, se produce la materialización de la reserva y, por lo tanto, el desencadenante de una serie de procesos:

- **Dar de alta la habitación:** esto implica abrir la factura —se verá con más detalle en la unidad siguiente—, ya que mientras esto no se haga, no estarán operativos los servicios y no se podrán volcar cargos en la cuenta del cliente.
- **Actualizar el cárdex con los datos extra que tengamos:** correo electrónico, teléfono.
- **Informar a los departamentos correspondientes de la llegada,** si es preciso por la tipología de cliente.
- **Colocaremos el *slip* correspondiente en el *rack*** si es que es manual; de otro modo, el *planning* de habitaciones se actualizará automáticamente.

Las nuevas tecnologías al servicio de los huéspedes

Los sistemas informatizados son herramientas muy útiles para agilizar y optimizar los procesos y tareas que se llevan a cabo en el Departamento de Recepción: la facturación, el sistema de reservas, la actualización automática del *planning*, el lector de DNI que rellena de forma automática el parte de viajeros y el registro, etc., la sustitución de las llaves con llaveros por tarjetas electrónicas y lectores inteligentes o la aparición del móvil que descongestiona la centralita son algunos ejemplos de la aparición de las nuevas tecnologías en los establecimientos turísticos.

No hay que olvidar que la gestión manual supone la base a partir de la cual se han creado los actuales sistemas de gestión. Por lo tanto, entender el fundamento de la operativa de trabajo será clave.

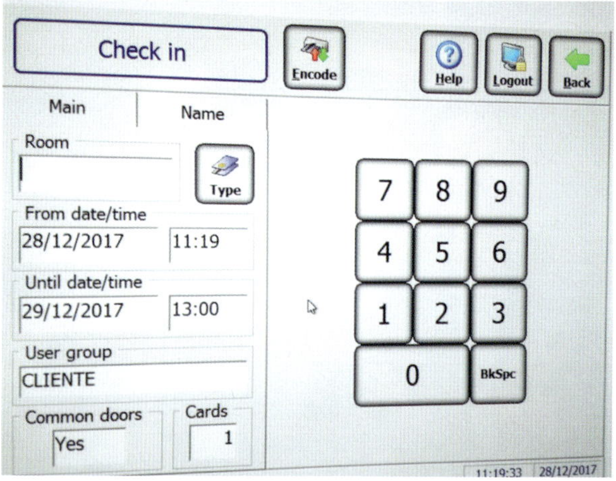

Figura 3.55. *Programación de llaves magnéticas de apertura de puertas de las habitaciones.*

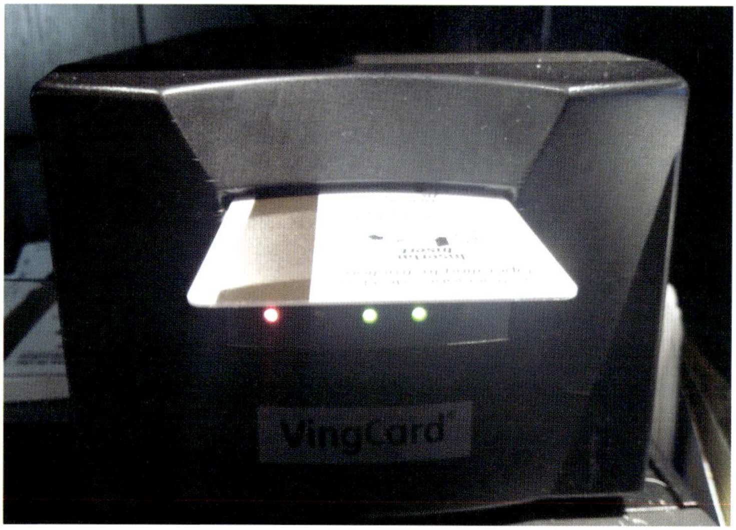

Figura 3.56. *Dispositivo lector y grabador de llaves magnéticas de apertura de puertas de las habitaciones.*

Para ampliar

Un ejemplo de las nuevas tecnologías en establecimientos turísticos son los lectores de documentos: que permiten registrar de forma automática los datos contenidos en el documento de identidad o en el pasaporte en la ficha de cliente del programa o aplicación digital. De esta forma ya disponemos de sus datos, y se pueden cumplimentar el parte de entrada de viajeros y la ficha de policía. Asimismo, estos datos al generarse en tiempo real se pueden enviar a la Dirección General de la Policía en ese mismo momento.

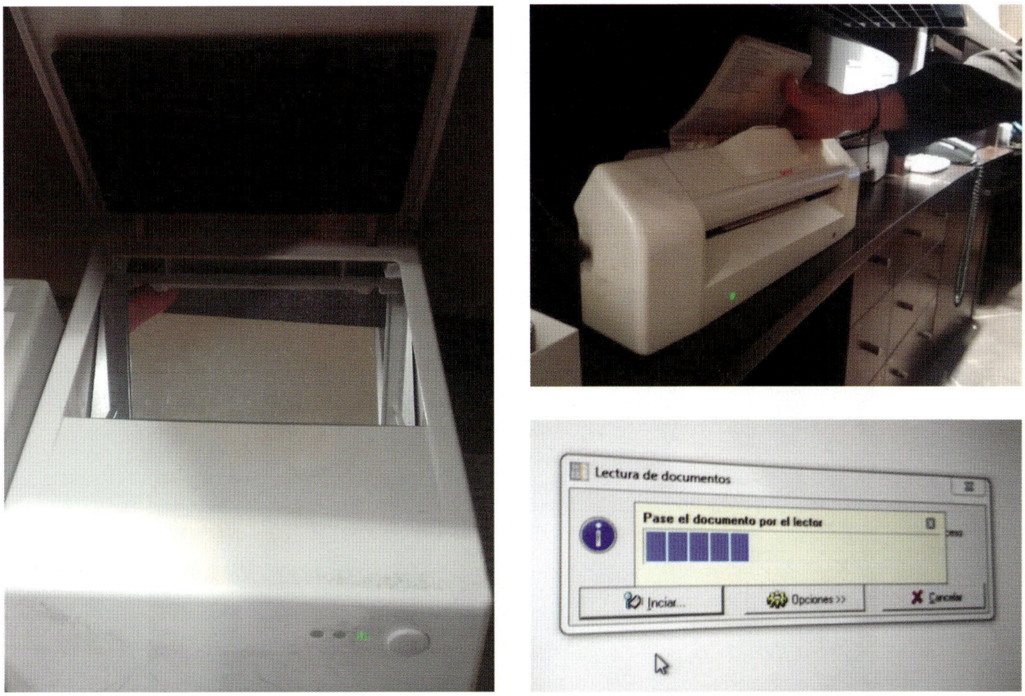

Figura 3.57. *Lectores de documentos.*

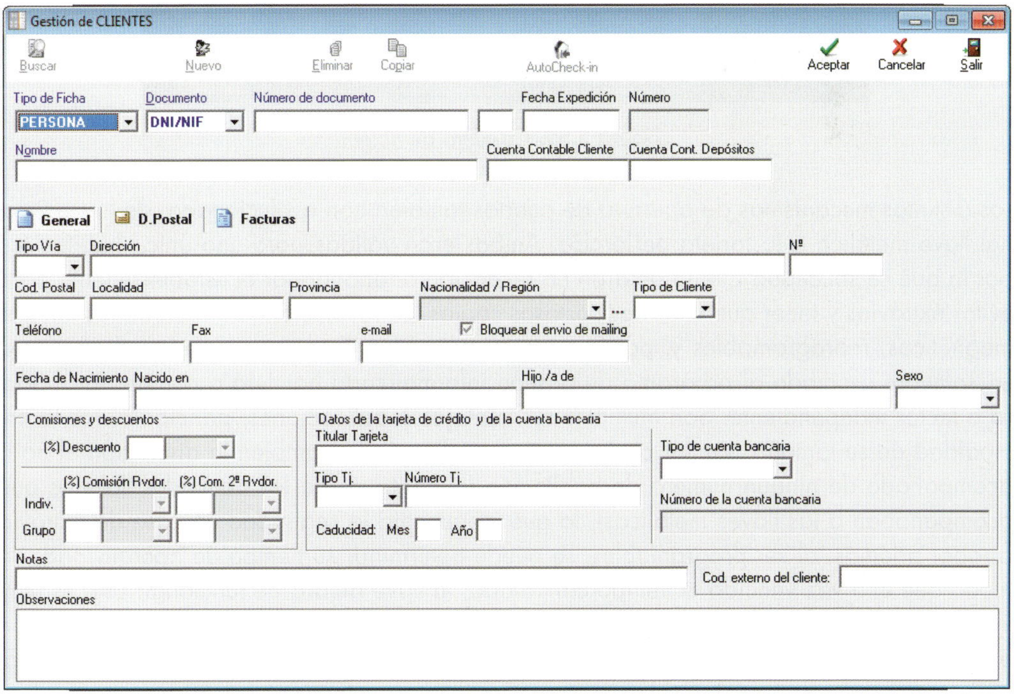

Figura 3.58. *Plantilla de cárdex o ficha de cliente o registro de datos de viajero.*

Atrás quedaron los llaveros pesados y los casilleros donde se guardaban las cartas que llegaban a los huéspedes o los avisos de llamadas. Las tarjetas magnéticas, los teléfonos móviles y el correo electrónico ha reemplazado este mobiliario, cambiando así la estética de los establecimientos de alojamiento turístico. Era habitual identificar los establecimientos de alojamiento por sus tradicionales casilleros en los que se depositaban las llaves, los avisos, documentos, mensajes... hoy en día la estética de estos establecimientos es más moderna, al poder prescindir del casillero o el *rack* tras el mostrador de recepción, dando una imagen más fresca y ofreciendo espacios diáfanos, menos recargados. Sin embargo, aún es habitual encontrarlos en hostales o pensiones.

Figura 3.59. *Casillero de hotel.*

Los distintos mecanismos de apertura de puertas también han evolucionado: de la tradicional llave metálica a la tarjeta perforada. Ambas eran válidas para una única habitación, por lo que se solicitaba que la dejaran en recepción al abandonar el establecimiento para evitar extravíos y tener que elaborar costosas copias. La revolución la marcaron las tarjetas magnéticas, reprogramables y, por lo tanto, reutilizables. Estas se pueden configurar con un *software* asociado al programa de gestión informatizada hotelera o con una grabadora o lector independiente. Son múltiples sus ventajas y aplicaciones, principalmente la comodidad de su tamaño, similar al de una tarjeta de crédito; también la discreción al no ir acompañado de ningún número de habitación (al contrario de los abultados llaveros que acompañaban a las llaves metálicas), lo que incrementa la seguridad en caso de extravío o robo; además, al ser programables, se puede determinar su tiempo de operatividad, de modo que una vez vencido el tiempo contratado, la llave dejará de funcionar. Esto es muy ventajoso de cara a posibles *overstays* ya que, si el cliente quiere acceder a su habitación expirado el tiempo contratado, se verá obligado a acudir al mostrador, momento que aprovecharemos para realizar las aclaraciones y gestiones oportunas. Además, permiten activar o desactivar el circuito eléctrico de la habitación al ser insertadas en un cajetín dispuesto a tal efecto, con el consiguiente ahorro energético en caso de olvidar alguna luz encendida o el televisor, ya que al salir de la habitación y extraer la tarjeta, se desconecta la electricidad, con el añadido de seguridad que esto supone, al reducir el riesgo de cortocircuitos o sobrecargas eléctricas.

Figura 3.60. *Tarjeta magnética reprogramable de apertura de cerraduras.*

En ese mismo sentido, y si necesitamos contactar con el cliente por el motivo que fuera, en cualquier momento podemos desprogramar la cerradura de modo que al cliente no le funcione su llave, obligándolo a personarse así en mostrador si por cualquier circunstancia esto fuese necesario. Estas tarjetas también han evolucionado a las biométricas de lectura de huella dactilar, *contactless* o radiofrecuencia, destacando de estas últimas la comodidad de abrir la puerta a través del dispositivo móvil, o mediante las pulseras *Smart VIB (Very Important Bracelet)* que pueden servir también de medio de pago a crédito en la habitación.

Llavero

Código

Tarjeta magnética

Tarjeta por radiofrecuencia

Móvil

Huella dactilar

Figura 3.61. *Evolución de las distintas llaves en los establecimientos de alojamiento turístico.*

Todos estos avances han contribuido también a reforzar la seguridad; por ejemplo, existen ascensores inteligentes con lectores de tarjetas, que se pondrán en funcionamiento tras realizar la lectura de una tarjeta acreditada, tras lo cual se dirigen a la planta correspondiente, evitando así que puedan acceder a las plantas personas ajenas al establecimiento.

En algunos establecimientos hay implantadas fórmulas de *check-in* y *check-out* exprés o *self check-out* en el que una máquina, instalada generalmente en el *hall* del establecimiento, realiza la entrada/salida del huésped: recoge los datos del documento de identidad, emite la llave de su habitación, realiza el cobro e incluso permite ofrecer alternativas de elección de las habitaciones disponibles. Asimismo, realiza los cargos y emite la factura correspondiente a la estancia. Sin duda, es un proceso mucho más impersonal que el tradicional atendido por el personal de mostrador, pero puede ser una opción para determinados clientes.

Como podemos comprobar, en nuestro día a día la electrónica y los medios informáticos están reemplazando en ocasiones a la mano de obra. Por ese motivo se hace cada vez más importante desarrollar unas habilidades de trato al cliente excelentes, ya que esa será nuestra seña de identidad, lo que realmente nos diferencie de la competencia, lo que nos haga únicos y que genere el deseo de repetir estancia en nuestra empresa.

Figura 3.62. *Ascensor con sistema de lectura de llave magnética.*

Figura 3.63. *Dispositivos para el* self check-out.

Durante su estancia, al cliente le pueden surgir situaciones imprevistas que deban resolver, y el personal del establecimiento ha de estar dispuesto a ayudar en la medida de lo posible. Debemos ser conscientes de que los huéspedes están fuera de su domicilio y de su entorno habitual, en ocasiones incluso fuera de su país, por lo que empatizar con ellos y facilitarles las cosas para que se sientan como en casa, ha de ser nuestra máxima.

Además de integrarlos en el establecimiento, ayudándolos a que se familiaricen con las instalaciones y los servicios que pueden disfrutar en él, también deberemos facilitar su ubicación en la zona, indicarles lo más representativo, facilitarles horarios de medios de transporte, lugares de ocio, oferta cultural, deportiva, y aquella que se ajuste a sus gustos, preferencias y necesidades. Atenderemos sus peticiones y curiosidades en la medida que nos sea posible, ofreciendo los recursos necesarios a nuestro alcance, y si se escapan de él, dirigiéndolos hacia quien pueda satisfacer sus demandas.

3.4. Proceso de salida de huéspedes

Esta tarea se realiza generalmente en el turno de mañana, que deberá conocer la relación de habitaciones cuya salida está prevista en el día de hoy. Será tarea del turno de noche comprobar que la tarifa, los desgloses y todos los cargos hechos en las habitaciones (como se verá en la Unidad 4) son correctos, de tal forma que el proceso de cierre de facturas sea lo más ágil posible y sin errores. Como vemos una vez más las relaciones interdepartamentales son esenciales, ya que del buen funcionamiento de cada turno y departamento, depende el éxito de nuestra empresa.

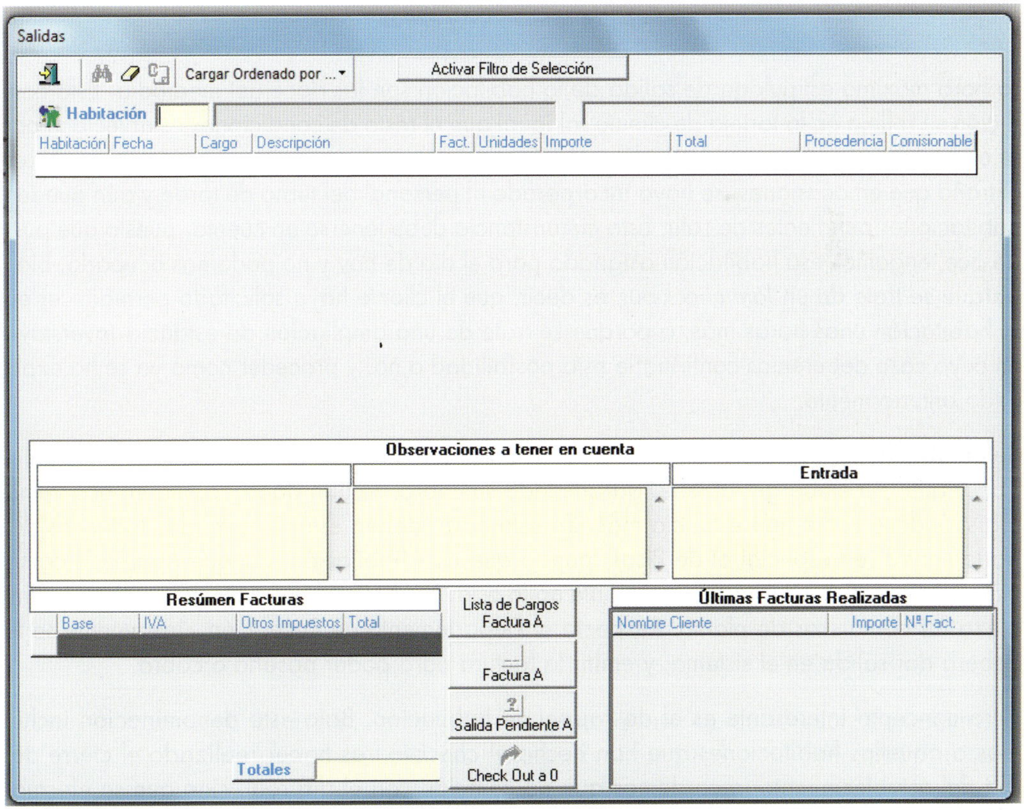

Figura 3.64. *Pantalla de salida de clientes de un PMS.*

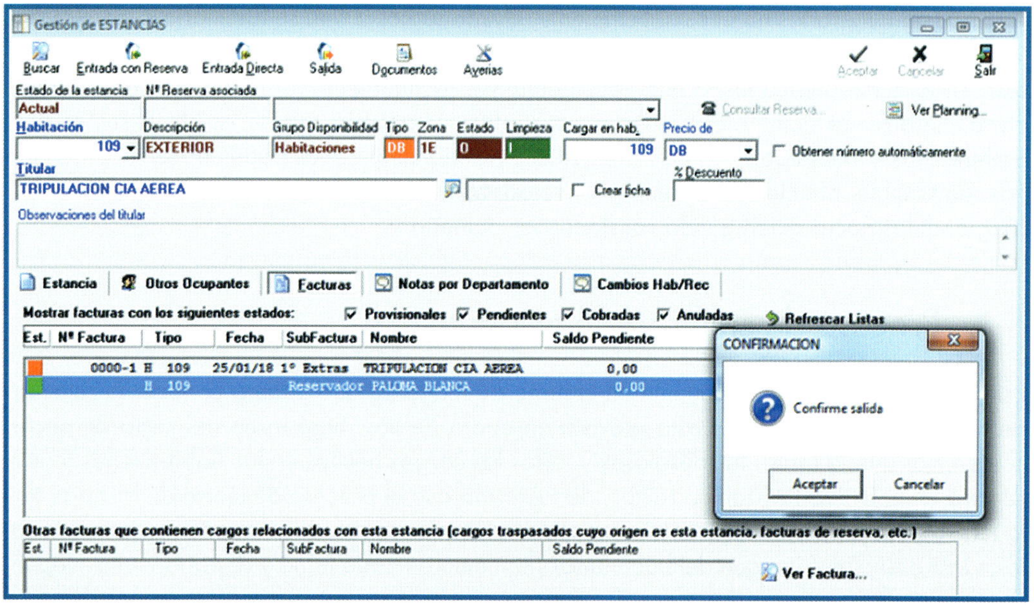

Figura 3.65. *Proceso de salida de una habitación una vez abonada. Obsérvense las dos líneas de cargo: reservador y extras.*

La hora máxima estipulada de salida de la habitación son las doce del mediodía. Esta condición se refleja en la tarjeta de cliente, al igual que el resto de condiciones establecidas por la empresa, de modo que el cliente esté informado en todo momento. Sin embargo, no es extraño que en ocasiones, se haya incorporado el personal del turno de tarde y aún queden habitaciones pendientes de salir. Esta circunstancia debe tenerse en cuenta, puesto que puede de que tengamos esa habitación asignada para el día de hoy y no podamos ocuparla, bien porque se trate de un *late check-out*, es decir, que el cliente haya solicitado permanecer en la habitación unas horas más, o porque se trate de una ampliación de estancia *(overstay)*, en cuyo caso deberemos confirmarle esta posibilidad o no, y proceder como ya se ha explicado anteriormente.

Se deberán tener en cuenta aquellas habitaciones que han sido *no shows* de la noche anterior, y que, sin embargo, al tener garantizado su cobro, se han dado de alta en el sistema registrándose como una estancia más. En este caso, deben estar informados todos los departamentos, en especial el de Pisos, puesto que esta habitación, aunque aparezca como ocupada en todos los listados, realmente no lo está, por lo tanto, no deberán realizar su limpieza las camareras de planta. Respecto al Departamento de Recepción, únicamente se le deberá dar salida en el sistema, y emitir la factura para poder pasarla a cobro.

Otro concepto interesante es el de *rappel* de habitación. Bajo esta denominación incluimos a aquellas habitaciones que han hecho el *check-in* tras haber realizado el cierre del día del establecimiento (recordemos que no coincide con el día real, sino que se efectuará de madrugada). Entonces, para que no se impute como producción del día en curso, ya que pertenece al día anterior, se cargará de forma manual bajo ese concepto, puesto que será salida del día, aunque no conste como alojado desde el día anterior, al haber formalizado su llegada en el mismo día en el que debe materializarse la salida. También se puede dar entrada el día correspondiente en caso de que esta tenga el cobro garantizado, independientemente de que la habitación se haya ocupado efectivamente o no, en cuyo caso, contabilizará como una habitación ocupada más, se cerrará la factura al día siguiente y se realizará el cobro según la forma de pago que tuviese contratada. Otra alternativa es darle de alta en el día correspondiente, pero computarlo como *day use*, es decir, uso diurno, ya que esta habitación deberá quedar libre ese mismo día, pudiendo volver a ocuparse de nuevo.

Para ampliar

La Orden de 15 de septiembre de 1978, en su artículo 10 establece que «el precio de la unidad de alojamiento se contará por días o jornadas. Salvo pacto contrario, la jornada terminará a las doce horas. El cliente que no abandone a dicha hora el alojamiento que ocupa, se entenderá que prolonga su estancia un día más».

Se ruega a los Sres. Clientes la utilización de las cajas de seguridad para depositar sus efectos de valor. La dirección del Hotel no se responsabiliza de los objetos y valores no depositados bajo su custodia.

Les recordamos que la hora límite de salida son las 12:00 h. a fin de no facturar un día más. El día de la salida le ofreceremos nuestro servicio de consigna 24 h.

Si piensa prolongar o reducir su estancia, le rogamos comunicarlo a Recepción.

Para cargar en su cuenta cualquier gasto efectuado en el Hotel, será imprescindible la presentación de esta tarjeta.

Lamentamos no poder aceptar cheques personales.

Zona Wifi gratuita.

El *check-out* o salida de huéspedes comprende las siguientes actividades:

- **Atender al cliente,** que normalmente se acercará al mostrador, nos hará entrega de la llave y de la tarjeta de cliente. En ese momento, sería correcto preguntarle si ha estado cómodo y si ha disfrutado de la estancia; tomaremos el número de habitación y entraremos en el sistema de gestión.

- **Consultar los consumos extras que haya realizado,** como por ejemplo, preguntarle si ha realizado algún consumo del minibar, si ha desayunado o piensa desayunar (ya que en caso de no tenerlo incluido, puede darse el caso de que no se hubiese hecho el cargo aún desde el Departamento de Restauración y perdamos ese importe, o por si prefieren que se lo incluyamos en factura en vez de abonarlo directamente en el Departamento de Desayunos), si tienen el coche en el garaje, si ha utilizado televisión de pago, etc., por comprobar que se han cargado todos los servicios disfrutados.

a este departamento para solicitar que verifiquen el estado de la habitación en caso de que venza la hora y aún queden habitaciones por realizar el *check-out*, ya que puede ocurrir que hayan abonado la habitación por adelantado y por ese motivo no han pasado por el mostrador (en ese caso, la habitación estará vacía), que amplíen la estancia (estará todo sin recoger) o que tengan el equipaje recogido (en cuyo caso se entiende que se marchan).

- **Cerrar la caja.** Una vez finalizado el turno, se deberá realizar la liquidación correspondiente y entregarla al Departamento de Administración junto con la recaudación diaria. Del mismo modo, se cerrarán las facturas a crédito, y se adjuntará la documentación correspondiente para su gestión (bonos, talonarios, faxes, correos).

BUSQUEDA DE OBJETOS PERDIDOS

OBJETOS PERDIDOS

Nº Obj	Fecha Incidencia	Hora	Lugar del encuentro	Habitación	Objeto	Persona
328661	09.11.17	15:35	HABITACIÓN	116	CAMISETA	AMPARO
328664	09.11.17	15:45	HABITACIÓN	212	CARGADOR	CARMEN
328672	10.11.17	8:52	HABITACIÓN	404	PENDIENTES	MANOLI
328673	10.11.17	8:53	HABITACIÓN	402	CARGADOR	MANOLI
328674	10.11.17	8:48	HABITACIÓN	118	CAMISA	AMPARO
328676	29.11.17	7:58	HABITACIÓN	213	SANDALIAS	CARMEN
328677	03.11.17	8:50	HABITACIÓN	105	COJÍN VERDE	AMPARO
328680	01.12.17	9:15	HABITACIÓN	304	PENDIENTE	MAR
328681	02.12.17	8:32	HABITACIÓN	216	PARAGUAS	CARMEN
328682	08.12.17	10:22	HABITACIÓN	325	CARGADOR	MAR
328683	08.12.17	10:45	HABITACIÓN	514	JERSEY	ARANCHA
328685	08.12.17	11:20	HABITACIÓN	314	COLONIA	MAR
328688	12.12.17	20.54	SALÓN	CANTABRIA	ALARGADERA	LUCIA
328689	15.12.17	13:10	HABITACIÓN	418	LIBRO	MANOLI
328690	21.12.17	9:45	HABITACIÓN	321	CARGADOR	MAR
328691	01.01.18	8:20	HABITACIÓN	415	NECESER	MANOLI
328692	01.01.18	8:27	HABITACIÓN	221	CALCETINES	CARMEN
328693	12.01.18	10:38	HABITACIÓN	216	CARGADOR	CARMEN
328695	15.01.18	10:54	HABITACIÓN	318	ZAPATILLAS	MAR
328696	23.01.18	9:12	HABITACIÓN	302	PIJAMA	MAR

Figura 3.68. *Archivo de objetos olvidados en el establecimiento.*

A medida que se vayan produciendo las salidas de los clientes, se irán dando de baja las habitaciones en el sistema, y actualizándose el *planning* del establecimiento. Se informará a los departamentos implicados, sobre todo al Departamento de Pisos en el caso de que alguna habitación que acabe de salir la tengamos asignada y queramos darle prioridad a su limpieza antes que a cualquier otra, a fin de poder disponer de ella para la venta. En el caso de que sea necesaria alguna reparación, se dará aviso igualmente al Departamento de Mantenimiento, para que sea resuelto cuanto antes. Desde el Departamento de Pisos, nos informarán del estado de ocupación de habitaciones mediante el listado de control de habitaciones que realizan las camareras de planta.

Puede darse el caso de que nos soliciten un *late check-out*, en cuyo caso, avisaremos al Departamento de Pisos, y, según la política del establecimiento, se procederá al cobro de un suplemento por ese tiempo añadido de estancia o no.

Los diferentes tipos de facturas generados por la estancia de los clientes se verán y desarrollarán con mayor detalle en la Unidad 4.

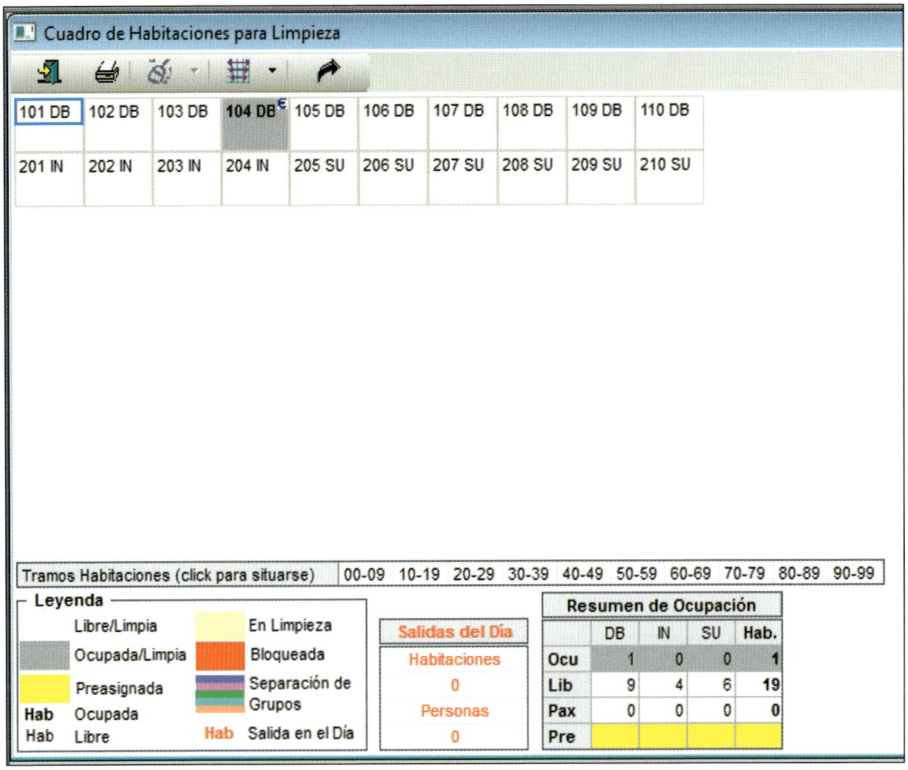

Figura 3.69. *Cambio del estado de las habitaciones en el PMS.*

En el caso de grupos, se solicitará que depositen las llaves o tarjetas magnéticas a la salida, se comprobarán los cargos en las habitaciones, y se cobrarán los gastos extras generados. Si no se ha realizado ningún consumo, se podrá dar de baja directamente la habitación en el sistema. La persona responsable del grupo recogerá en mostrador la factura por las habitaciones ocupadas, que generalmente será por el importe global indicando el desglose de cada concepto, en vez de realizar una factura por cada habitación. Dará el visto bueno para su abono como se haya determinado en el contrato, y comprobará que no quedan gastos extras pendientes de abonar.

Actividad propuesta 3.5.

Diagrama de una estancia

Elabora un esquema o diagrama de flujo en el que representes gráfica y secuencialmente todos los pasos y documentos que se generan desde que un cliente ha realizado una reserva hasta que finaliza su estancia.

Enlaces web de interés

Hosteltur

www.hosteltur.es

Mesa del Turismo

http://mesadelturismo.com

Minetur

https://sede.minetur.gob.es/

Orden INT/1922/2003, de 3 de julio, sobre libros-registro y partes de entrada de viajeros en establecimientos de hostelería y otros análogos

https://www.boe.es/diario_boe/txt.php?id=BOE-A-2003-13865

Página de comunicación de «Partes de viajeros» a la Dirección General de la Policía

https://webpol.policia.es/e-hotel/

Youtube (ejemplo de cómo funcionan los lectores de documentos)

https://youtu.be/HWOFtYuMcDU

Mapa conceptual

El Departamento de Mostrador en los establecimientos de alojamiento turístico

- **Operaciones derivadas de la actividad**
  - Turno de mañana
  - Turno de tarde
  - Turno de noche
- **Principales listados y documentación generada**
  - Antes de la llegada del huésped
    - *Planning*
    - Listado de llegadas previstas
    - Cárdex
    - *Rack* de habitaciones
    - Listado de atenciones / necesidades en las habitaciones
  - En el momento de llegada del huésped
    - Tarjeta de cliente
    - Parte de viajeros
  - Tras la llegada del huésped
    - *Slips*
    - Listado de ocupación y régimen
    - Listado de *no shows*
  - A la salida del huésped
    - Listado de salidas previstas
  - Otros listados o documentos
    - Estadísticas
    - Facturas abiertas
    - Averías o partes de mantenimiento
    - Vale de pedido o almacén
    - Listado de caja
    - Hojas de servicio
- **El proceso de registro de huéspedes**
  - Antes de la llegada
  - En el momento de la llegada
  - Tras la llegada
- **El proceso de salida de huéspedes**

Actividades de comprobación

3.1. La cartulina que se coloca en el *rack,* y que identifica al huésped alojado en la habitación, sus fechas de entrada y salida, número de personas y régimen se denomina:

a) *Check-in.*
b) *Slip.*
c) *Planning.*
d) Cárdex.

3.2. El documento que tiene como utilidad conocer el grado de ocupación previsto del establecimiento se denomina:

a) Cárdex.
b) *Slip.*
c) *Planning.*
d) Reservas.

3.3. ¿De qué color será el *slip* de una habitación que está asignada y tiene fecha prevista de ocupación en el día de hoy?

a) Rojo.
b) Morado.
c) Verde.
d) Blanco.

3.4. ¿Cuál de los siguientes subdepartamentos no corresponde al *front office*?

a) Mostrador.
b) Reservas.
c) Teléfonos.
d) Facturación.

3.5. En el turno de mañana, la actividad que con más frecuencia se hace es el:

a) *Check-in.*
b) *Check-out.*
c) Cárdex.
d) *Rack.*

3.6. ¿Cómo se denominan los sistemas informatizados de gestión hotelera?

a) GDS.
b) SCR.
c) SIM.
d) PMS.

3.7. ¿Durante cuánto tiempo deben mantenerse en custodia los partes de entrada de viajeros?

a) Seis meses.
b) Un año.
c) Hasta la salida del cliente.
d) Tres años.

3.8. ¿Cuál de los siguientes no es un tipo de régimen ofrecido por los establecimientos de alojamiento turístico?

a) HD.
b) MP.
c) PC.
d) AS.

3.9. ¿En qué turno realizará su salida un *late check-out*?

a) En el turno de mañana.
b) En el turno de tarde.
c) En el turno de noche.
d) Todas las respuestas anteriores son correctas.

3.10. ¿Qué departamento se encargará de colocar una botella de cava como atención a una habitación?

a) El Departamento de Conserjería.
b) El Departamento de Pisos.
c) El Departamento de *Room Service.*
d) El jefe de recepción.

Actividades de aplicación

3.1. Explica qué cualidades debe tener el personal que esté a cargo del *front desk* en una empresa de alojamiento turístico.

3.2. ¿Qué es el libro de novedades? ¿Por qué es tan importante? Investiga y pon algunos ejemplos de lo que se puede y se debe anotar en él.

3.3. ¿Qué diferencias existen entre un *planning* nominal y uno numérico? ¿Cuál te parece más apropiado para un hotel rural de 10 habitaciones, un campamento turístico, un hotel de 150 habitaciones y una pensión con 30 habitaciones? Razona tu respuesta.

3.4. Analiza el siguiente *planning* del establecimiento y busca posibles alternativas para resolver el *overbooking* de algunos tipos de habitación:

	Total	Lunes	Martes	Miércoles	Jueves	Viernes
DBL	35	10	–5	10	–7	2
MAT	30	–8	–4	–3	1	2
DUI	10	0	0	3	10	–12
TRP	10	8	2	6	5	5
JST	5	5	3	5	–1	4
SUI	5	5	3	5	4	4
COM	5	3	1	2	4	2
TOTAL	**100**	**23**	**0**	**28**	**16**	**7**

3.5. Expón los pasos que deben darse en caso de incurrir en un *overbooking* real. Ahora ponte en el lugar del cliente y trata de explicar cómo puede sentirse ante una situación así.

3.6. ¿Qué datos deben aparecer en la tarjeta de registro? ¿Qué utilidad tiene este documento? ¿Es de carácter interno o externo? Razona tus respuestas.

3.7. Desarrolla el cronograma que se produce por una estancia en una empresa de alojamiento, desde que el cliente se registra hasta que sale del establecimiento al día siguiente, detallando los diferentes departamentos y profesionales implicados. Observa todo el trabajo y la plantilla que hay detrás de una simple estancia.

3.8. Indica el protocolo que hay que realizar si debemos cambiar a un cliente de habitación porque le ha aparecido una gotera provocada por una fuga del baño de la habitación del piso superior.

3.9. ¿Qué pasos se deben dar si un cliente alojado en el hotel no tiene el desayuno incluido en su tarifa, pero hace uso del bufé y nos pide que le pasemos el cargo a la habitación?

3.10. ¿Qué es una hoja de servicio? ¿Qué utilidad tiene? ¿Qué departamentos son los implicados? Elabora la hoja de servicio de una boda con *DJ*.

Actividades de ampliación

3.1. Indica cuál sería el procedimiento que hay que seguir si un cliente se presenta en el establecimiento sin reserva y sin equipaje y pide habitación para pasar la noche. Justifica tu respuesta.

3.2. Sabemos que la Orden de 15 de septiembre de 1978, en su artículo 10, establece que el contrato de arrendamiento de la habitación expirará a las 12 de mediodía. Investiga a partir de qué hora se puede disponer de ella.

3.3. Al hacer el *check-out* de una habitación, hemos entregado y cerrado una factura, con varios cargos en concepto de habitación, desayuno y minibar, pero el cliente niega haber consumido nada del minibar. Explica cómo resolverías esta situación.

3.4. La gobernanta nos dice que una habitación con fecha de salida hoy está vacía, pero con el equipaje recogido y la han limpiado. El cliente que tenía asignada esa habitación acaba de llegar. Son las 14:00 h, explica cómo resolverías esta situación.

3.5. Una cadena hotelera te ha encargado el diseño y la elaboración de la tarjeta de cliente para un hotel de cuatro estrellas. Intenta ser original.

Unidad 4

Control y realización de operaciones relativas a la salida del cliente

Contenidos

Objetivos

- Elaborar listados de salidas y facturas aplicando correctamente los cargos a las habitaciones y determinando el medio de pago según lo contratado.
- Aplicar los métodos de comunicación interdepartamental para informar debidamente de los movimientos de clientes en el establecimiento.
- Profundizar en el conocimiento y gestión de la documentación asociada a cada cliente y su influencia en las posteriores facturas emitidas.
- Analizar los medios de pago aceptados por la empresa y sus características, así como la gestión de depósitos, anticipos, riesgos de impagos y garantías de pago.
- Elaborar los arqueos de caja en cada cambio de turno y en el cierre diario.

Los procesos de cobro de las facturas son la base económica de la empresa, de cuya gestión depende la liquidez y rentabilidad del negocio. Es el último eslabón de una cadena que se inició en el momento en que se efectuó la reserva y de la eficiencia en los procesos dependerá la fluidez y eficacia de este último paso, que finaliza con el cobro de los servicios prestados y la despedida de los huéspedes.

La despedida debe ser una oportunidad para seguir fidelizando a la clientela, agradeciendo su visita y comprobando que hemos cumplido sus expectativas.

4.1. *Check-out* del cliente y cobro de facturas

El proceso de *check-out* comprende el cierre de la habitación y la liquidación y abono de todos los gastos generados por la estancia del cliente en el establecimiento.

Estas tareas de comprobación de cargos, cierre y emisión de facturas, así como la gestión de su cobro es responsabilidad de los Subdepartamentos de Facturación y Caja, respectivamente. Sin embargo, como ya se ha comentado, debido a que las funciones asumidas por el Subdepartamento de Mano Corriente están siendo reemplazadas por los actuales sistemas informáticos de gestión, estos subdepartamentos están desapareciendo, y sus funciones son asumidas por el Departamento de Mostrador.

Figura 4.1. *Cobro de facturas en un hotel.*

Para realizar este proceso, se deberá tener en cuenta en primer lugar la forma de pago, que vendrá condicionada en gran medida por la fuente de reserva de la que proceda. Analizaremos a continuación cómo se lleva a cabo el proceso dependiendo del tipo de cliente y también los distintos sistemas de cobro.

4.1.1. Cliente particular

En el caso de un cliente particular, pueden darse dos circunstancias:

- **Que haya pagado la habitación por adelantado:** este pago se puede realizar mediante transferencia bancaria o a cuenta de un número de tarjeta de crédito que nos haya facilitado. Una vez realizado el cobro, enviaremos la factura por los servicios abonados por correo o la tendremos preparada junto con el resguardo de la transacción del cobro, y se la entregaremos a su llegada. En ese caso, en el momento del *check-in,* al dar de alta la habitación, generaremos el alta de una factura, para que se vayan volcando en ella los cargos por los consumos no abonados previamente y generados en el establecimiento. Esta se cerrará a la salida pasándola a cobro en mostrador.

  Dependiendo del sistema de gestión o de la política del establecimiento, también se puede dejar constancia en la reserva del importe del *pago a cuenta,* y en el momento del *check-in*, generar una única factura en la que se vayan generando y añadiendo los distintos cargos, reflejando en la misma el depósito o pago a cuenta por el importe previamente abonado, cantidad que aparecerá minorando el importe total a pagar.

- **Que pague directamente en el hotel:** en cuyo caso, en el momento del *check-in* se dará de alta una única factura en la que se irán volcando todos los cargos y consumos, que serán abonados a la salida.

Se tendrá en cuenta que, en todos los casos, el sistema permite crear varias facturas por estancia, de modo que puede darse el caso de que el cliente quiera desglosar los cargos y que aparezca en una factura exclusivamente el garaje, en otra solo el minibar, en otra solo la habitación y así sucesivamente; para ello, solo deberemos dar de alta el número de facturas que sea necesario, y realizar un traspaso de cargos entre facturas. También puede suceder que se agrupen varias facturas de diferentes habitaciones por ejemplo en una sola.

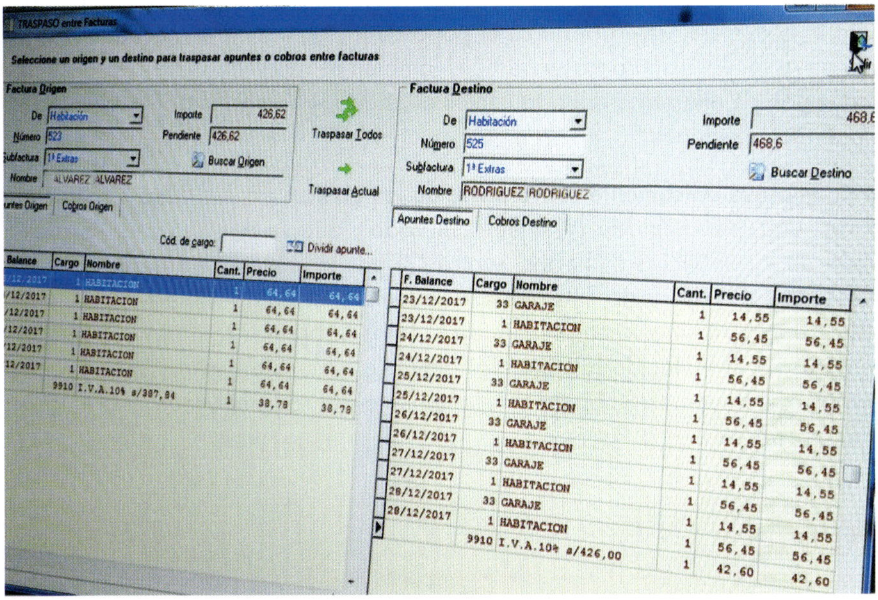

Figura 4.2. *Traspaso de cargos entre habitaciones.*

Recuerda

Se pueden agrupar los cargos de varias habitaciones en un único cargo o en una única factura (dependiendo del programa informático), como puede ser el caso de una familia que reserve dos habitaciones y desee abonarlo todo junto en una única factura, o en caso de que alguien quiera invitar a algún huésped, algo bastante común en el caso de celebrar una boda en el establecimiento y que se desee pagar la habitación de algún invitado, por ejemplo.

Del mismo modo, se pueden desglosar los cargos correspondientes a una habitación en varias facturas.

4.1.2. Cliente de empresa

En este caso, también se pueden dar varias circunstancias:

- **Que el cliente abone los gastos directamente:** se generará una única factura que abonará a la salida. Es bastante probable que nos soliciten la emisión de la factura a nombre de la empresa. Como ya vimos, esto es conveniente preguntarlo en el momento del *check-in,* para tener ya todos los datos introducidos en la ficha de cliente y agilizar el proceso de salida; sin embargo, es frecuente que esto nos lo soliciten en el momento de la salida. Conviene recordar que para que una factura tenga validez, debe recoger, al menos, el nombre de la persona física o jurídica y un NIF.
- **Que la empresa abone todos los gastos *(full credit):*** en este caso deberemos cerrar la factura para que el cliente la compruebe y confirme los cargos, autorizando su trámite a cobro mediante su firma en la factura si así nos lo exige la empresa. Adjuntaremos a la factura el documento que garantiza el pago de los gastos, y lo remitiremos al Departamento de Administración para su gestión. También es recomendable conservar los tiques emitidos por los diferentes departamentos a crédito, y firmados por el cliente de cara a posibles reclamaciones.
- **Que la empresa únicamente cubra parte de los gastos:** en ese caso se generarán dos facturas: una, denominada (1) o de reservador, que se remitirá a la empresa por el importe de los servicios cubiertos, y otra (2) por los extras realizados por el cliente, que serán de pago directo en el establecimiento a la salida. En este caso, el titular de la primera factura será la empresa, cuyos datos habremos tomado del cárdex o ficha de empresa y el titular de la segunda factura o factura de extras será el cliente, con los datos que hayamos recogido en el momento del registro y que habremos dado de alta en el cárdex.

Recuerda

Al dar de alta una habitación en el sistema *(check-in),* automáticamente se genera una factura, denominada de reservador, que se emitirá con los datos de quien realizó la reserva: ya sea el cliente directamente, una agencia o una empresa, en la que se introducirán los grupos de cargo correspondientes. Generalmente se incluye el cargo de habitación y el resto de servicios que tenga contratados. En el caso de abrir una segunda factura dentro de la misma habitación, se deberán introducir los grupos de cargo que se desee que aparezcan en esa segunda factura parametrizados (garaje, desayuno, etc.), en el caso de que estos se contraten y se carguen diariamente de forma automática en el momento de hacer el cierre; en caso contrario, se introducirán los cargos a medida que se produzcan, como pueden ser los cargos en habitación de los consumos efectuados en el bar o la utilización del servicio de lavandería por ejemplo, los cargos automáticos de llamadas telefónicas, o los cargos efectuados de forma manual a la salida, como pueden ser los consumos del minibar.

Figura 4.3. *En el siguiente listado puedes observar dos tipos de facturas abiertas para la misma habitación (R: reservador y 1: 1.º extras).*

4.1.3. Cliente de agencia de viajes

En este caso, se pueden dar las mismas situaciones que ocurren con los clientes de empresa:

- **Que el cliente abone los gastos directamente:** en este caso, el cliente reserva la habitación y los servicios complementarios que correspondan a través de una agencia de viajes o un intermediario, pero se acoge a la forma de pago directo en el establecimiento, en cuyo caso, se generará una única factura que el cliente abonará a la salida. El cliente puede recibir por parte de la agencia un bono de presentación, que únicamente será un justificante de los servicios reservados pero que en ningún caso suponen un medio de pago. Posteriormente, la agencia o empresa intermediaria emitirá una factura al establecimiento por el importe de la comisión que hayan pactado y suscrito en el contrato de colaboración.
- **Que la agencia cubra todos los gastos:** en cuyo caso, dispondremos de un bono *full credit*, y se generará una única factura en la que se incluyen todos los consumos, y que se cerrará a crédito a la salida. Dependiendo de lo que la agencia determine, puede ser conveniente entregarla al cliente para que la revise y la firme como prueba del consentimiento y confirmación de que los cargos que constan en la factura son veraces.
- **Que la agencia únicamente cubra parte de los gastos:** en este caso, el cliente deberá presentar el bono de servicios, que es el justificante y garante de los servicios cubiertos por la agencia y que otorga el derecho al disfrute de los servicios en él descritos, eximiendo por lo tanto del pago de estos al cliente. Se generarán por lo tanto dos facturas: una por el importe de los servicios cubiertos por la agencia (factura de reservador, o factura 1) y otra en la que se vayan incluyendo los gastos extras, que serán abonados por el cliente a la salida. La primera factura, que será remitida a la agencia y en la que constarán sus

datos en el encabezado, en ningún caso se presentará al cliente, puesto que en muchos casos se contemplan tarifas confidenciales y no es necesaria la firma del cliente para su cobro, adjuntándose esta al bono de servicios, y remitiéndola al departamento contable para su tramitación. En caso de haberse realizado más consumos que los cubiertos por el bono, se emitirá una segunda factura por el importe de los cargos extras, a nombre del cliente, que deberá abonar directamente a la salida.

Con los actuales sistemas de gestión y la implementación de la factura electrónica se tiende a disminuir el volumen de documentación impresa, de modo que las agencias, en vez de emitir el bono de servicios en papel, lo emiten formato digital. Este es enviado por correo electrónico a la empresa prestataria de los servicios de alojamiento, quien, en vez de imprimir la factura, se limitará a introducir el número de referencia del bono correspondiente en la factura emitida, remitiéndola a la agencia para su abono. Este número de referencia de manera general se anota en la reserva en el momento de recibir el bono, para que se vuelquen los datos directamente en el momento de hacer el *check-in,* y consecuentemente en la factura.

4.1.4. Sistemas de cobro

Existen tres sistemas de cobro principales:

- **Pago anticipado.** Es común que la primera vez que se contrata un servicio, antes de firmar un compromiso o acuerdo por el cual se concede crédito a una empresa o agencia, se pida un depósito o anticipo para comprobar su solvencia. También se suele pedir este tipo de adelanto en caso de reservas de grupos, clientes de largas estancias o depósitos en apartamentos turísticos. Este tipo de pago generalmente se realiza mediante transferencia bancaria.

Para ampliar

Los anticipos se suelen solicitar en caso de dudar de la solvencia de alguna empresa, y no conceder crédito. También en caso de reservas de grupos debido al elevado coste que suponen. Igualmente sucede en caso de ciertos clientes particulares, que bien reserven en fechas conflictivas, o bien se adhieran a alguna oferta especial, denominada «no reembolsable», que consiste en abonar la reserva en el mismo momento de efectuarla, beneficiándose así de tarifas más económicas, pero que, en caso de cancelación, no dan derecho al reintegro del importe abonado.

- **Pago a crédito.** Es aquel cuyo cobro se realizará a corto plazo, en la fecha de vencimiento acordada. El depositario será la empresa con la que el establecimiento tiene un acuerdo establecido. El pago a crédito puede ser:
  - Crédito concedido a empresas o agencias, de modo que se establecerá una fecha de vencimiento para las facturas emitidas, que puede ser de 30 días, 60 días, o a fecha fija, según se haya acordado en el contrato establecido entre las partes.

— Letra de cambio.

— Pagaré.

— Recibo normalizado.

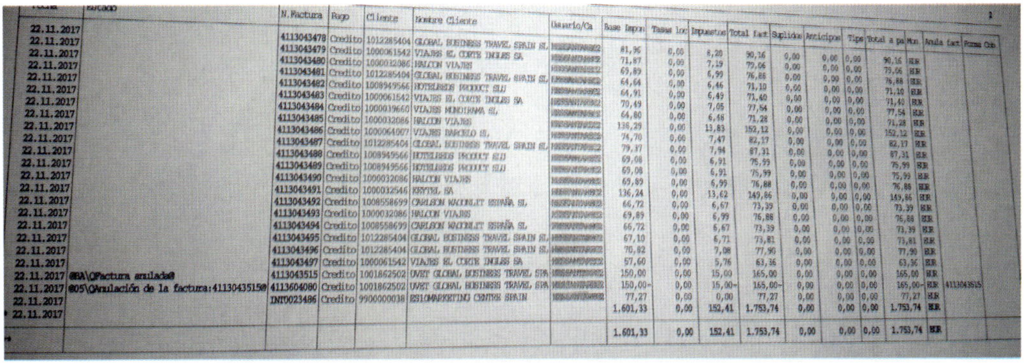

Fecha	Estado	N.Factura	Pago	Cliente	Nombre Cliente	Usuario/Ca	Base Impon	Tasas loc	Impuestos	Total fact	Suplidos	Anticipos	Tips	Total a pa	Mon	Anula fact	Forma Cob
22.11.2017		4113043478	Credito	1012285404	GLOBAL BUSINESS TRAVEL SPAIN SL	[redacted]	81,96	0,00	8,20	90,16	0,00	0,00	0,00	90,16	EUR		
22.11.2017		4113043479	Credito	1000061542	VIAJES EL CORTE INGLES SA	[redacted]	71,87	0,00	7,19	79,06	0,00	0,00	0,00	79,06	EUR		
22.11.2017		4113043480	Credito	1000032086	HALCON VIAJES	[redacted]	69,89	0,00	6,99	76,88	0,00	0,00	0,00	76,88	EUR		
22.11.2017		4113043481	Credito	1012285404	GLOBAL BUSINESS TRAVEL SPAIN SL	[redacted]	64,64	0,00	6,46	71,10	0,00	0,00	0,00	71,10	EUR		
22.11.2017		4113043482	Credito	1008949566	HOTELBEDS PRODUCT SLU	[redacted]	64,91	0,00	6,49	71,40	0,00	0,00	0,00	71,40	EUR		
22.11.2017		4113043483	Credito	1000061542	VIAJES EL CORTE INGLES SA	[redacted]	70,49	0,00	7,05	77,54	0,00	0,00	0,00	77,54	EUR		
22.11.2017		4113043484	Credito	1000039660	VIAJES MUNDIRAMA SL	[redacted]	64,80	0,00	6,48	71,28	0,00	0,00	0,00	71,28	EUR		
22.11.2017		4113043485	Credito	1000032086	HALCON VIAJES	[redacted]	138,29	0,00	13,83	152,12	0,00	0,00	0,00	152,12	EUR		
22.11.2017		4113043486	Credito	1000064007	VIAJES BARCELO SL	[redacted]	74,70	0,00	7,47	82,17	0,00	0,00	0,00	82,17	EUR		
22.11.2017		4113043487	Credito	1012285404	GLOBAL BUSINESS TRAVEL SPAIN SL	[redacted]	79,37	0,00	7,94	87,31	0,00	0,00	0,00	87,31	EUR		
22.11.2017		4113043488	Credito	1008949566	HOTELBEDS PRODUCT SLU	[redacted]	69,08	0,00	6,91	75,99	0,00	0,00	0,00	75,99	EUR		
22.11.2017		4113043489	Credito	1008949566	HOTELBEDS PRODUCT SLU	[redacted]	69,08	0,00	6,91	75,99	0,00	0,00	0,00	75,99	EUR		
22.11.2017		4113043490	Credito	1000032086	HALCON VIAJES	[redacted]	69,89	0,00	6,99	76,88	0,00	0,00	0,00	76,88	EUR		
22.11.2017		4113043491	Credito	1000032546	KEYTEL SA	[redacted]	136,24	0,00	13,62	149,86	0,00	0,00	0,00	149,86	EUR		
22.11.2017		4113043492	Credito	1008558699	CARLSON WAGONLIT ESPAÑA SL	[redacted]	66,72	0,00	6,67	73,39	0,00	0,00	0,00	73,39	EUR		
22.11.2017		4113043493	Credito	1000032086	HALCON VIAJES	[redacted]	69,89	0,00	6,99	76,88	0,00	0,00	0,00	76,88	EUR		
22.11.2017		4113043494	Credito	1008558699	CARLSON WAGONLIT ESPAÑA SL	[redacted]	66,72	0,00	6,67	73,39	0,00	0,00	0,00	73,39	EUR		
22.11.2017		4113043495	Credito	1012285404	GLOBAL BUSINESS TRAVEL SPAIN SL	[redacted]	67,10	0,00	6,71	73,81	0,00	0,00	0,00	73,81	EUR		
22.11.2017		4113043496	Credito	1012285404	GLOBAL BUSINESS TRAVEL SPAIN SL	[redacted]	70,82	0,00	7,08	77,90	0,00	0,00	0,00	77,90	EUR		
22.11.2017		4113043497	Credito	1000061542	VIAJES EL CORTE INGLES SA	[redacted]	57,60	0,00	5,76	63,36	0,00	0,00	0,00	63,36	EUR		
22.11.2017	@BA\QFactura anulada@	4113043515	Credito	1001862502	UVET GLOBAL BUSINESS TRAVEL SPA	[redacted]	150,00	0,00	15,00	165,00	0,00	0,00	0,00	165,00	EUR		
22.11.2017	@05\QAnulación de la factura:4113043515@	4113604080	Credito	1001862502	UVET GLOBAL BUSINESS TRAVEL SPA	[redacted]	150,00-	0,00	15,00-	165,00-	0,00	0,00	0,00	165,00-	EUR	4113043515	
22.11.2017		INT0023486	Credito	9900000038	ESIOMARKETING CENTRE SPAIN	[redacted]	77,27	0,00	0,00	77,27	0,00	0,00	0,00	77,27	EUR		
22.11.2017							1.601,33	0,00	152,41	1.753,74	0,00	0,00	0,00	1.753,74	EUR		
							1.601,33	0,00	152,41	1.753,74	0,00	0,00	0,00	1.753,74	EUR		

Figura 4.4. *Listado de facturas emitidas a crédito.*

- **Pago al contado.** Se entiende como contado el pago:
  - — En efectivo en moneda nacional o extranjera en caso de establecimientos que tengan autorización para el cambio de moneda (según establece el Real Decreto 2660/1998, de 14 de diciembre, sobre el cambio de moneda extranjera en establecimientos abiertos al público distintos de las entidades de crédito).
  - — Con cheques bancarios, cada vez menos frecuentes e incluso no admitidos por el riesgo de impago que conllevan, al igual que los cheques de viajeros.
  - — Con tarjeta bancaria, pudiendo ser esta de crédito o débito.
  - — Mediante transferencia bancaria.
  - — A través de giro postal o giro telegráfico, dependiendo de su urgencia (envío de dinero a través del servicio postal).
  - — Abono en cuenta: ingreso en efectivo en la cuenta del beneficiario.

> La diferencia entre contado y crédito consiste fundamentalmente en que el pago al contado genera el derecho o la obligación al pago en el momento de ser contraída la deuda o el derecho al cobro, mientras que el pago a crédito establece un plazo para su materialización.

Como ya hemos estudiado, debe haber un fondo de caja que permita disponer de cambio en efectivo suficiente para hacer frente a los pagos en metálico efectuados por los clientes. Esta caja deberá contarse al comienzo y al final de cada turno, y se comprobará que cuadra perfectamente con la producción diaria y que el fondo se mantiene. El recuento del fondo de caja se denomina «arqueo de caja», y consiste en anotar el número exacto de cada tipo de moneda que haya en caja, es decir: la cantidad de billetes de 5, 10, 20, 50, 100, 200 o 500 euros, así como las monedas (de 1, 2, 5, 10, 20 o 50 céntimos y de 1 o 2 euros). Deberá ir firmado por la persona responsable de cada turno. El dinero recaudado en metálico y los resguardos de los pagos con tarjeta de crédito, deberán guardarse convenientemente y ser entregados por los diferentes departamentos a Administración.

Figura 4.5. *El arqueo de caja se debe realizar al inicio y al final de cada turno, para comprobar que los cuadres son correctos y en caso de desviación poder localizar el error con mayor facilidad.*

HOTEL	ARQUEO DE CAJA	Versión: Julio 2014

RECUENTO EFECTIVO		
BILLETES	CANTIDAD	EUROS
5,00 €	3	15,00 €
10,00 €	2	20,00 €
20,00 €	15	300,00 €
50,00 €	2	100,00 €
100,00 €	0	0,00 €
200,00 €	0	0,00 €
500,00 €	0	0,00 €
		435,00 €
MONEDAS	CANTIDAD	EUROS
0,01 €	21	0,21 €
0,02 €	0	0,00 €
0,05 €	115	5,75 €
0,10 €	99	9,90 €
0,20 €	106	21,20 €
0,50 €	84	42,00 €
1,00 €	26	26,00 €
2,00 €	31	62,00 €
TOTAL MON	0	167,06 €
TOTAL EFECTIVO		602,06 €

FECHA:	09/11/2017
CAMBIO DE TURNO:	TARDE
Firma turno entrante	Firma turno saliente

CUADRE DE EFECTIVO	
Total efectivo recuento	602,06 €
Total efectivo acumulado TMS	605,34 €
Diferencia a justificar	-3,28 €

INCIDENCIAS	
DESCUADRE	
DESCUADRE CAJA	-3,28 €

CUADRE DE DIVISA			
Total recuento	Total TMS	Diferencia	Incidencias

Figura 4.6. *Modelo de arqueo de caja.*

Con el avance de la tecnología, y en búsqueda de una mayor comodidad y seguridad, se han implantado nuevas formas de pago, como pueden ser:

- Pago a través del *smartphone* o *smartwatch* (Apple Pay, Samsung Pay), simplemente acercando el dispositivo a una TPV con sistema NFC, el mismo que emplean las tarjetas *contactless*.
- Medios electrónicos de pago (tarjetas virtuales, tarjeta prepago, PinPad, PayPal, etc.).

Sabías que...

El pago a través de la pasarela PinPad permite conectar el PMS con el datáfono, de modo que aparezca directamente en la pantalla el importe a abonar, sin necesidad de marcación manual, con lo que se disminuye el riesgo de error. Una vez realizado el cargo, registra el pago en el sistema y emite la factura con un apunte en la parte inferior de la misma mostrando los detalles de la operación, lo que exime de la emisión del resguardo o tique. Además, identifica el tipo de tarjeta empleado (Visa, Amex, etc.) y efectúa una relación de los cargos, de modo que la liquidación de caja se convierte en un trámite sencillo de realizar, evitando emitir la totalización de los cobros con tarjeta y la suma de cada factura individual.

- Pago con moneda virtual *(bitcoins)*.

Figura 4.7. *Pago a través del* smartphone.

Para ampliar

El *bitcoin* es un medio de pago digital con una moneda encriptada que permite realizar transacciones de modo seguro a nivel global, de forma que se eliminan los intermediarios y consecuentemente, el pago de comisiones, condiciones o restricciones bancarias. El establecimiento que cobre en *bitcoins* recibirá el valor en su moneda local.

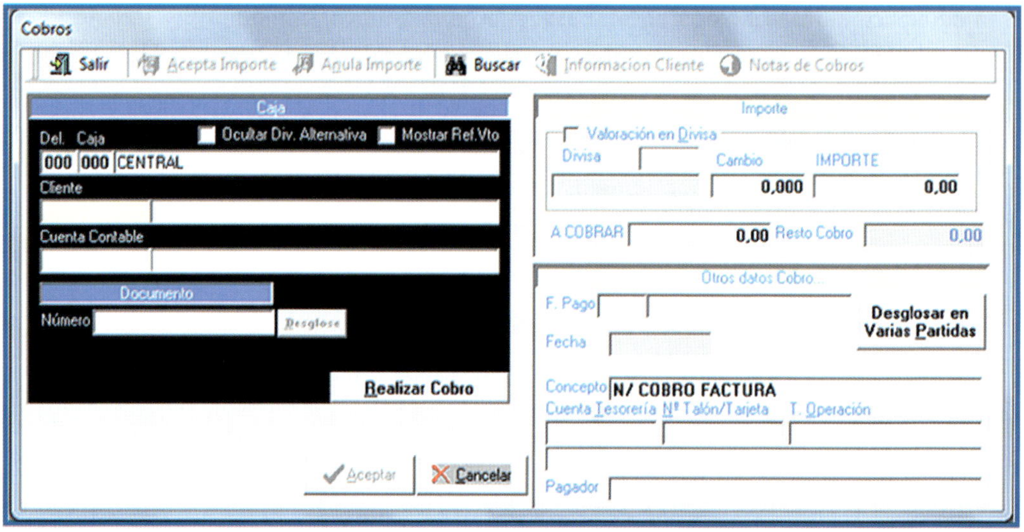

Figura 4.8. *Programa de gestión de cobros.*

Actividad propuesta 4.1.

Debate en el aula

Investiga en los medios de comunicación, las distintas noticias y artículos publicados sobre el *bitcoin*, sus riesgos, ventajas, y establecimientos nacionales que aceptan el *bitcoin* como medio de pago. Expresa tu opinión al respecto.

Cada uno de estos sistemas de cobro tendrá un efecto en la liquidez del establecimiento, ya que algunos de estos medios de pago suelen llevar implícitos unos gastos de gestión (como es el caso de los datáfonos proporcionados por las entidades bancarias) o comisiones (agencias de viajes) que aminoran el montante total. Los cobros a crédito también influyen en la liquidez, al no poder disponer del importe de forma inmediata, e incluso en algunos casos, no poder garantizar el cobro como pueden ser impagos de facturas a crédito, cheques sin fondos, cobros a cuenta de tarjetas de crédito devueltos por las entidades bancarias, etc.

4.2. Aplicación de normativa legal sobre pagos y cobros

Todos los empresarios y profesionales tienen la obligación de expedir y entregar facturas por la prestación de servicios profesionales, entrega de bienes o transacciones económicas derivadas de su actividad, según se recoge en la Ley General Tributaria 58/2003, de 17 de diciembre, en el Real Decreto 1619/2012, de 30 de noviembre, por el que se aprueba el Reglamento por el que se regulan las obligaciones de facturación, y en la Ley 37/1992, de 28 de diciembre, del Impuesto sobre el Valor Añadido.

Por lo tanto, y conforme a lo anterior, los establecimientos que presten servicios de alojamiento turístico están obligados a expedir factura por los servicios contratados. El formato de dicha factura será libre, si bien debe incluir obligatoriamente los siguientes conceptos:

- Datos del establecimiento: denominación social, categoría, dirección, Número de Identificación Fiscal (NIF).
- Datos personales del cliente y DNI.
- Número y fecha de emisión de la factura.
- Datos de la estancia: fechas de entrada y salida, número de personas alojadas, número de habitación y tipo de régimen contratado.
- Conceptos de cargo, desglosados por días y grupos de cargo: habitación, régimen, servicios complementarios (teléfono, garaje, minibar, lavandería, bar, *spa*, etc.).
- Importe correspondiente a cada uno de los conceptos.
- Importe correspondiente a la base imponible.
- Importe correspondiente a los impuestos, debidamente desglosados (IVA, tasas turísticas, ecotasas o *city tax*).

Para ampliar

El NIF es un código compuesto por nueve caracteres, de los cuales el primero es una letra que identifica el tipo de sociedad: A para las sociedades anónimas, B para las sociedades limitadas, C para las sociedades colectivas, etc., y los ocho caracteres restantes son dígitos. Permite identificar a toda persona no solo física, sino también jurídica desde la reforma contemplada en el Real Decreto 1065/2007, de 27 de julio. Hasta entonces, estas últimas debían identificarse por el CIF (Código de Identificación Fiscal).

4.2.1. Tipos de facturas

Existen los siguientes tipos de facturas:

- **Factura completa:** es la factura de uso habitual.
- **Factura simplificada:** aquella que se puede expedir en casos concretos y por unos importes limitados.
- **Factura proforma:** es un documento sin validez contable, con formato prácticamente idéntico al de la factura completa, que contiene todos los datos e información sobre los productos o servicios y su importe, pero no lleva número de factura. Es recurrente su envío a modo de presupuesto o como solicitud de prepago.
- **Factura rectificativa:** es una factura creada para modificar una factura original, de modo que la original se mantenga intacta ya que, al ser un documento con validez legal, no puede presentar enmiendas ni tachaduras. En todo momento se debe hacer referencia a

la factura a la que modifica, la persona que la emite y las causas, con el fin de cumplir la legalidad y velar por la transparencia.

Para ampliar

El Real Decreto 1619/2012, de 30 de noviembre, por el que se regulan las obligaciones de facturación, ha reemplazado el concepto tique por el de factura simplificada. Este tipo de facturas se podrán expedir si su importe no supera los 400 € o 3000 € en los casos en que el Real Decreto 1496/2003 permitía la emisión de tiques (IVA incluido en ambos casos), entre otros establecimientos, en aquellos que ofrecen servicios de hostelería y restauración (restaurantes, cafeterías, bares, o aquellos que suministran alimentos y bebidas).

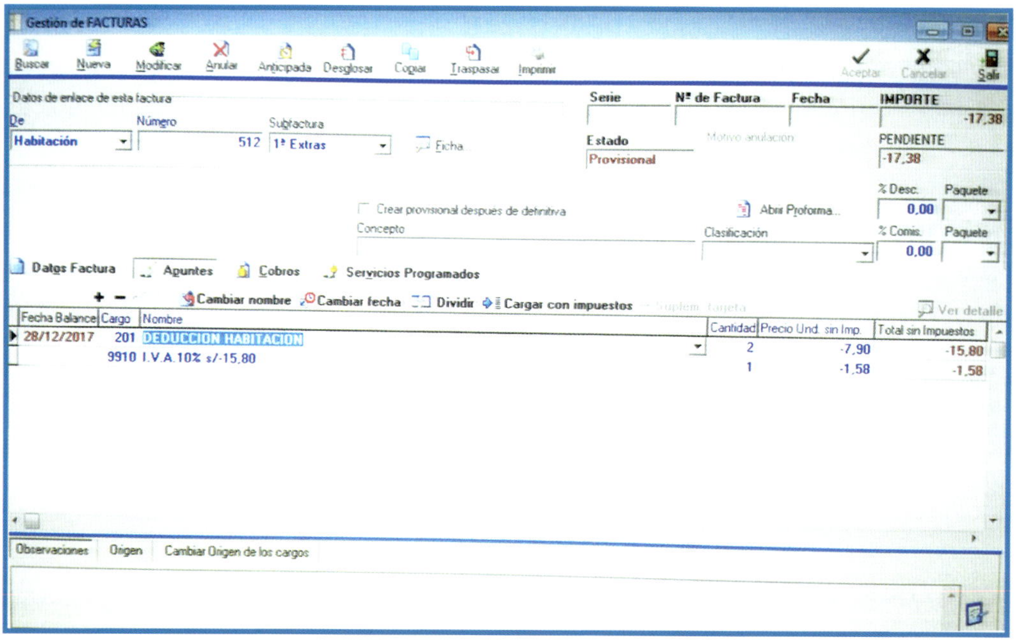

Figura 4.9. *Factura rectificativa.*

Para ampliar

El Real Decreto 1619/2012 de 30 de noviembre, por el que se aprueba el Reglamento por el que se regulan las obligaciones de facturación, regula en su artículo 15 los requisitos de las facturas rectificativas.

- **Factura electrónica:** sustituye o reemplaza a la factura en papel. Se envía en formato digital a todas aquellas empresas que estén dadas de alta en el sistema.

Para ampliar

La factura electrónica está regulada por el Real Decreto 1619/2013, de 27 de diciembre, y ha sido impulsada posteriormente por la Ley 25/2013, hasta tal punto que desde el 15 de enero de 2015 se impuso la obligatoriedad de emplear la factura electrónica a todos los organismos pertenecientes a la Administración Pública. La Resolución de 25 de julio de 2017 ha publicado una versión actualizada del formato de factura electrónica *facturae*.

Si quieres obtener más información, puedes ver un vídeo explicativo en el siguiente enlace:

http://goo.gl/aRJXiZ

Toda empresa o profesional sujeto al régimen del IVA deberá llevar obligatoriamente un libro de registro de facturas, tanto emitidas (cuya numeración necesariamente será correlativa), como recibidas, que deben conservar durante 6 años a partir del último asiento realizado en los libros, a pesar de que el plazo de prescripción a efectos tributarios es de cuatro años a contar desde la fecha de presentación del impuesto, puesto que puede ser requerido por la inspección fiscal.

4.3. Comisiones a intermediarios

Las agencias de viajes, que son los principales intermediarios que comercializan las habitaciones en los establecimientos turísticos, suelen aplicar un porcentaje en concepto de comisión sobre el importe de los servicios contratados. Este porcentaje es el que ambas partes (establecimiento y agencia) han pactado en el convenio de colaboración, dependiendo del poder de negociación de cada uno de ellos o de su posición estratégica.

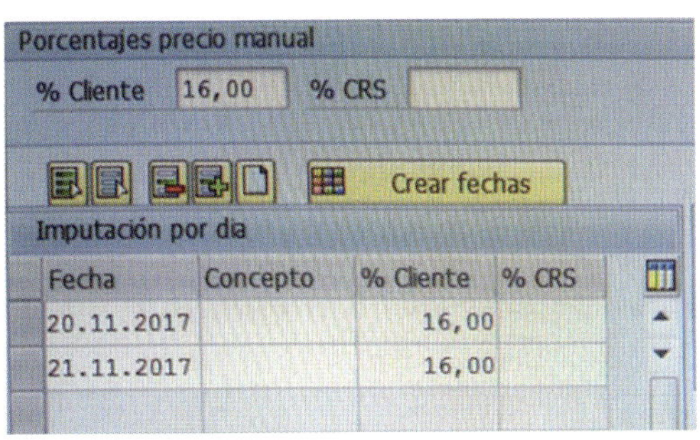

Figura 4.10. *Introducción del concepto de comisión en una factura.*

El pago de esta comisión dependerá de varios factores:

- En el caso de que se hayan acordado precios netos, el establecimiento habrá ajustado los precios que ofrece a la agencia, de modo que estos sean no comisionables. En ese caso, la agencia es libre de incrementar esa tarifa dada por el establecimiento, que será confidencial entre las partes, con el margen de beneficio que desee obtener.

- En el caso de que las tarifas acordadas sean comisionables, se puede proceder de dos formas:
  - El establecimiento emite su factura por el importe total correspondiente a los servicios contratados por el intermediario, y será posteriormente la agencia quien emita una factura al establecimiento por el importe de su comisión. Esta factura se puede emitir de forma individual, es decir, una factura por el importe de la comisión correspondiente a cada factura recibida (haciendo referencia a la misma para facilitar su localización y comprobación), o una factura mensual detallada por el importe acumulado de la suma total de todas las facturas recibidas a lo largo del mes, dependiendo del volumen de ventas y la política de la empresa.
  - El establecimiento emite la factura por los servicios contratados, realizando en la misma un cargo de abono por el importe de la comisión, minorando por lo tanto la suma final facturada. Esa diferencia es el importe correspondiente a la comisión de la agencia.

N.° habitación	N.° personas	Tipo de régimen	Tipo factura	Fecha factura	N.° factura	Página
815	1	HD	RESERVADOR	29/12/2017	F1016551	1

Sr./Sra.

____

____

____

Localizador
102-8392434

Fecha de llegada	Fecha de salida	Observaciones
26/12/2017	**29/12/2017**	

Fecha	Concepto	Und.	X	Precio Unidad	Importe
26/12/2017	HABITACIÓN	1		62,73	62,73
27/12/2017	DESAYUNO	1		13,64	13,64
27/12/2017	HABITACIÓN	1		71,82	71,82
28/12/2017	DESAYUNO	1		13,64	13,64
28/12/2017	HABITACIÓN	1		71,82	71,82
29/12/2017	DESAYUNO	1		13,64	13,64
29/12/2017	DESCUENTO 10 % s/ 247,29	1		–24,73	–24,73
29/12/2017	COMISIÓN 20 % s/ 222,56	1		–44,51	–44,51
29/12/2017	IVA 10 % S/ 178,05	1		17,81	17,81
				Total factura	**195,86**

Detalle de cobros

Figura 4.11. *Detalle del importe de la comisión y los descuentos en factura.*

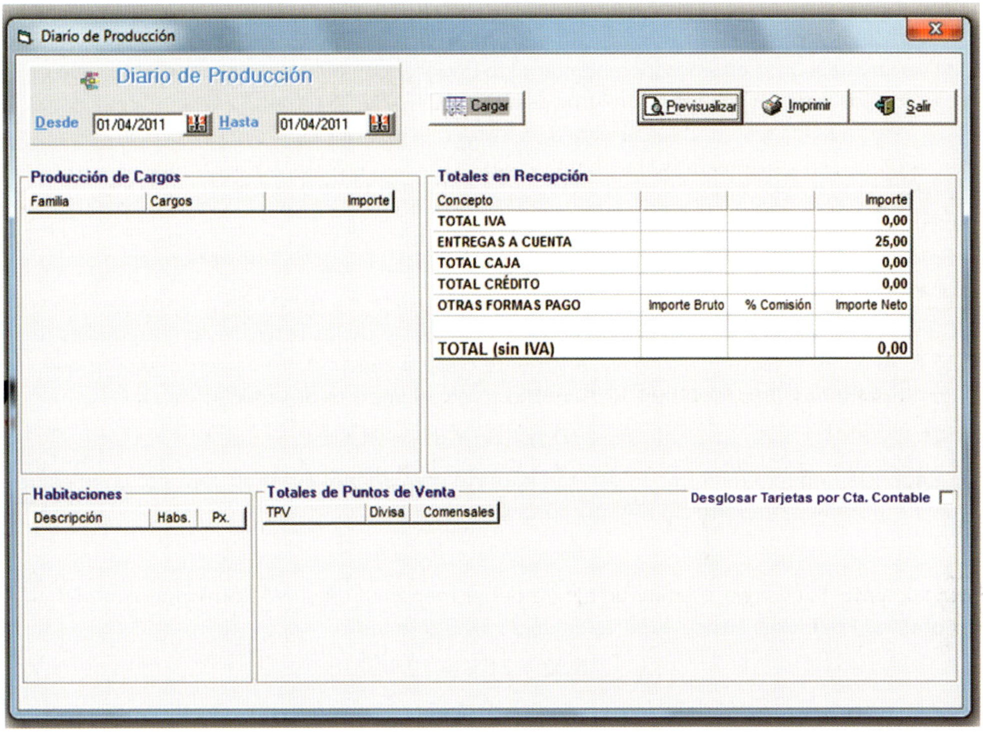

Figura 4.12. *Diario de producción hotelero.*

Actividad resuelta 4.1.

Pago de comisiones a las agencias

Una agencia realiza una reserva a un hotel de una habitación doble, en régimen de alojamiento y desayuno, con entrada el 21 de febrero y salida el 22 de febrero. El importe de la habitación es de 70 €, y el desayuno bufé son 8 € por persona, IVA no incluido. Calcula el importe de la comisión que le corresponde a la agencia, si el porcentaje acordado entre las partes es del 12 %.

SOLUCIÓN

Vamos a calcularlo de las dos formas anteriormente expuestas:

a) En el caso de que el hotel emita la factura minorada por el importe de la comisión, se procederá de la siguiente manera:

Importe de los servicios contratados: 70 € de la habitación más 8 € del desayuno (2 personas) = 70 + 8 + 8 = 86 €

Ahora vamos a deducir de este importe, el porcentaje correspondiente a la comisión de la agencia, que es de un 12 %:

$$86 \times 12\,\% = 10{,}32\ €;\ 86 - 10{,}32 = 75{,}68\ €$$

Actividad resuelta 4.1 *(Continuación)*

Al ser una factura, debemos incrementar este importe con el IVA correspondiente, que en el caso de los establecimientos hoteleros es de un 10 %. Por lo tanto:

$$75{,}68 + 10\ \% = 75{,}68 + 7{,}56 = 83{,}24\ €$$

83,24 € será el importe total de la factura que emitirá el hotel a la agencia, una vez descontada su comisión

b) En el caso de que el hotel emita la factura por el total y la agencia posteriormente emita una factura al hotel por el importe de su comisión:

Como ya calculamos en el apartado anterior, el importe de los servicios contratados es de 86 €. Al emitir la factura, esta necesariamente deberá añadir el IVA correspondiente que, como ya hemos visto, es de un 10 %. Por lo tanto, el importe de la factura será:

$$86 + 10\ \% = 86 + 8{,}6 = 94{,}6\ €$$

La agencia deberá emitir por su parte el importe correspondiente a su comisión, que es de un 12 % sobre el importe sin IVA, por lo tanto:

$$86 \times 12\ \% = 10{,}32\ €$$

Igualmente, la agencia al emitir la factura deberá repercutirle el IVA correspondiente al hotel, que debido a su actividad es de un 21 %. Por lo tanto:

$$10{,}32 + 21\ \% = 12{,}48\ €$$

12,48 € será el importe de la factura que deberá abonar el hotel a la agencia en concepto de comisión.

Como se puede observar, en ambos casos el importe de la comisión es el mismo, 10,32 €; sin embargo, las cantidades finales resultantes son diferentes, puesto que el tipo de IVA que aplica cada una de las partes es asimismo diferente: un 10 % el hotel y un 21 % la agencia. Esto no influye en sus cuentas finales, ya que las empresas soportan (por las facturas recibidas) y repercuten (por las facturas emitidas) IVA, y la cantidad resultante de calcular la diferencia entre ambas deberán liquidarla ante la Agencia Tributaria.

Actividad propuesta 4.2.

Pago de comisiones a las agencias

Calcula la factura que deberá emitir el establecimiento a las agencias de viajes si la habitación cuesta 160 €, IVA incluido, y la comisión en factura es del 15 %.

El importe en concepto de comisión que cobra un intermediario al establecimiento al que le ha vendido una o más habitaciones, es el resultado de aplicar un porcentaje previamente acordado por las partes sobre el importe correspondiente a los servicios contratados, más el IVA correspondiente a esa comisión.

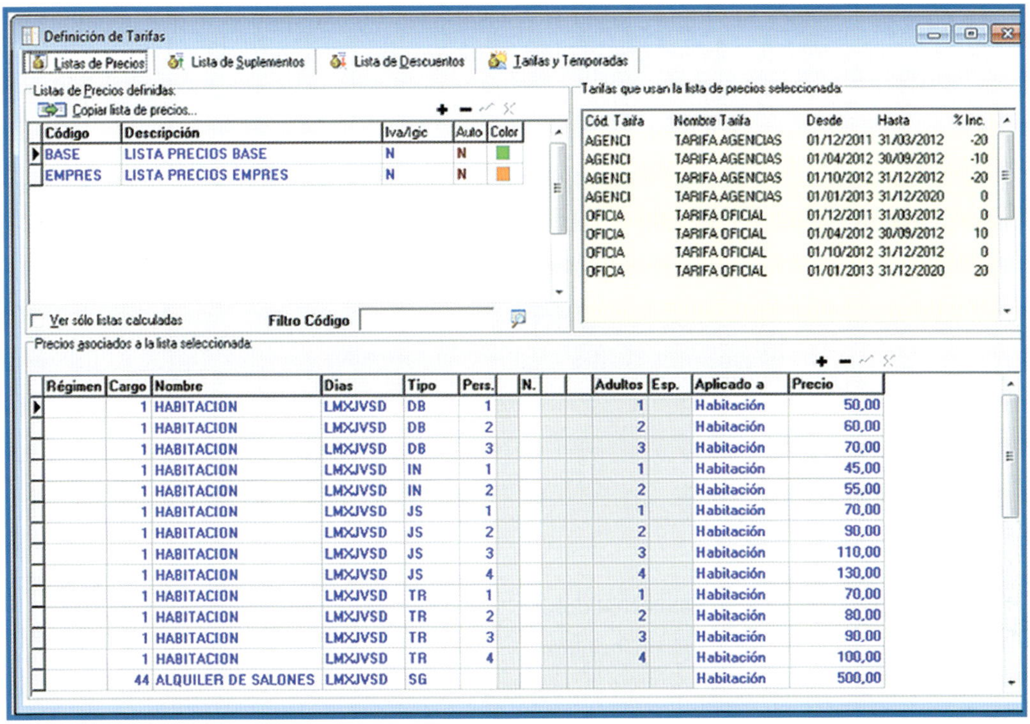

Código	Descripción	Iva/Igic	Auto	Color
BASE	LISTA PRECIOS BASE	N	N	
EMPRES	LISTA PRECIOS EMPRES	N	N	

Cód. Tarifa	Nombre Tarifa	Desde	Hasta	% Inc.
AGENCI	TARIFA AGENCIAS	01/12/2011	31/03/2012	-20
AGENCI	TARIFA AGENCIAS	01/04/2012	30/09/2012	-10
AGENCI	TARIFA AGENCIAS	01/10/2012	31/12/2012	-20
AGENCI	TARIFA AGENCIAS	01/01/2013	31/12/2020	0
OFICIA	TARIFA OFICIAL	01/12/2011	31/03/2012	0
OFICIA	TARIFA OFICIAL	01/04/2012	30/09/2012	10
OFICIA	TARIFA OFICIAL	01/10/2012	31/12/2012	0
OFICIA	TARIFA OFICIAL	01/01/2013	31/12/2020	20

Régimen	Cargo	Nombre	Dias	Tipo	Pers.		N.			Adultos	Esp.	Aplicado a	Precio
	1	HABITACION	LMXJVSD	DB	1					1		Habitación	50,00
	1	HABITACION	LMXJVSD	DB	2					2		Habitación	60,00
	1	HABITACION	LMXJVSD	DB	3					3		Habitación	70,00
	1	HABITACION	LMXJVSD	IN	1					1		Habitación	45,00
	1	HABITACION	LMXJVSD	IN	2					2		Habitación	55,00
	1	HABITACION	LMXJVSD	JS	1					1		Habitación	70,00
	1	HABITACION	LMXJVSD	JS	2					2		Habitación	90,00
	1	HABITACION	LMXJVSD	JS	3					3		Habitación	110,00
	1	HABITACION	LMXJVSD	JS	4					4		Habitación	130,00
	1	HABITACION	LMXJVSD	TR	1					1		Habitación	70,00
	1	HABITACION	LMXJVSD	TR	2					2		Habitación	80,00
	1	HABITACION	LMXJVSD	TR	3					3		Habitación	90,00
	1	HABITACION	LMXJVSD	TR	4					4		Habitación	100,00
	44	ALQUILER DE SALONES	LMXJVSD	SG								Habitación	500,00

Figura 4.13. *Parametrización de las diferentes tarifas. Se detallan los porcentajes de comisión aplicables sobre tarifa para agencias.*

Actividad propuesta 4.3.

Pago de comisiones a las agencias

Calcula la factura por el importe de su comisión que deberá emitir la agencia de viajes al establecimiento si la habitación cuesta 130 €, IVA incluido, y la comisión negociada es del 12 %.

Como ya hemos visto en la Unidad 3, las tarifas de aplicación a grupos tienen algunas peculiaridades como, por ejemplo:

- Generalmente, las tarifas aplicadas no son comisionables.
- Suelen llevar incluido algún régimen alimenticio.
- Es habitual conceder gratuidades por cada cierto número de clientes de pago.
- Los precios se establecen por persona según habitaciones dobles, es decir, ocupadas por dos personas en cada habitación.
- Cada habitación individual llevará asociado un suplemento, que puede ser una cantidad fija, o un porcentaje a aplicar sobre el precio por persona según habitación doble.

- En caso de habitaciones triples, la tercera persona tendrá una reducción que generalmente será un porcentaje sobre el precio establecido por persona según la habitación doble.

Actividad resuelta 4.2.

Cotización de un grupo

Un establecimiento cuenta con las siguientes tarifas para grupos:

	Alojamiento	Desayuno	Comida / Cena	Suplemento individual
Temporada alta	55	8	15	10
Temporada media	50	7	12	8
Temporada baja	43	7	12	8

Condiciones:

- Precios por persona según habitación doble.
- Precios netos por persona, IVA no incluido.
- Descuento por tercera persona: 20 % en régimen de solo alojamiento (no aplicable a comidas).
- Niños entre 2 y 8 años gratis, contratando el régimen de pensión alimenticia y siempre y cuando vaya acompañado de dos adultos en la habitación.
- Gratuidades: una persona gratis por cada 25 de pago.
- *Rooming list* 15 días antes de la fecha de llegada.
- Política de cancelaciones:
  - — Con más de 21 días de antelación con respecto a la fecha de llegada, sin gastos.
  - — Con más de 15 y hasta 21 días de antelación, cargo del 20 % del importe total de la cotización del grupo.
  - — Entre 7 y 15 días de antelación, cargo del 50 % del importe total de la cotización del grupo.
  - — Con una antelación inferior a 7 días: cobro del 100 % del importe cotizado.

Llega una petición de reserva de grupo al establecimiento con las siguientes características:

60 personas, en régimen de alojamiento y desayuno, con entrada el 2 de octubre y salida el día 4 de octubre (temporada baja), distribuidas de la siguiente forma:

- 5 habitaciones triples, de las cuales una está ocupada por un menor de 6 años.
- 5 habitaciones individuales, siendo una de ellas para el chófer y otra para el guía.
- 20 habitaciones dobles.

SOLUCIÓN

Para cotizar el grupo, lo primero que deberemos hacer es calcular el número de gratuidades que corresponden: si hay una gratuidad por cada 25 de pago, por 60 habrá 2 gratuidades, que se aplican a las habitaciones individuales. Por lo tanto, deberemos calcular el importe de:

20 habitaciones dobles: (43 € por persona y habitación + 7 € de desayuno) × 2 personas = 100 € en AD por persona en habitación doble × 20 habitaciones dobles = 2000 €

Vamos a calcular ahora el importe de las 5 habitaciones individuales. Como hemos ofrecido dos gratuidades, calcularemos únicamente el importe de 3 habitaciones individuales:

Precio por persona según habitación doble: 43 € + suplemento de habitación individual (8 €) = 51 €

(51 € + 7 € de desayuno) × 3 habitaciones individuales = 58 × 3 = 174 €

Por último, vamos a calcular el importe de las habitaciones triples:

Tenemos 5 habitaciones triples, de las cuales una de ellas está ocupada por dos adultos y un niño:

El descuento por tercera persona es del 20 % que se aplica sobre el importe del alojamiento por persona según habitación doble:

43 – 20 % = 8,6 €; por lo tanto, la tercera persona abonará: 43 – 8,6 = 34,40 €

Para calcular el precio de la habitación triple en concepto de AD:

[(43 × 2) + 34,40] + (7 × 3) = 141,4 €

En el caso de la habitación triple ocupada por un niño, al no cobrar la cama supletoria, pero estar sujeto al pago del desayuno, el importe será:

43 × 2 personas + (7 × 3) = 107 €

Por lo tanto, el importe de las habitaciones triples será:

(141,4 × 4) + 107 = 565,6 + 107 = 672,6 €

Si sumamos los importes de todas las habitaciones:

672,6 + 174 + 2000 = 2846,60 × 2 noches de estancia (del 2 al 4 de octubre) = 5693,2 €

Por último, solo nos queda añadir el importe correspondiente al IVA:

5693,2 + 10 % = 5693,2 + 569,32 = 6262,52 €

Actividad propuesta 4.4.

Cálculo de cotizaciones de grupo

Toma como referencia los precios de la tabla del ejercicio anterior y calcula el presupuesto de un grupo compuesto por 24 personas en temporada alta, 3 noches, distribuidas en 10 habitaciones dobles, una triple y una individual, en régimen de AD que, debido a un imprevisto, se ven obligados a cancelar el viaje, anulando en el establecimiento a 5 días de la fecha de llegada prevista.

Figura 4.17. *Minibar.*

Cargos Anotados:

H: 313 F: 1ª EXTRAS C: 20 -> MINIBAR Precio: 1,95 x 1 = 1,95
H: 709 F: 1ª EXTRAS C: 20 -> MINIBAR Precio: 6,82 x 1 = 6,82
H: 719 F: 1ª EXTRAS C: 20 -> MINIBAR Precio: 1,45 x 1 = 1,45
H: 718 F: 1ª EXTRAS C: 20 -> MINIBAR Precio: 5,86 x 1 = 5,86
H: 407 F: 1ª EXTRAS C: 20 -> MINIBAR Precio: 2,45 x 1 = 2,45
H: 305 F: 1ª EXTRAS C: 20 -> MINIBAR Precio: 3,91 x 1 = 3,91

Figura 4.18. *Detalle de cargos manuales de minibar en el sistema.*

Ejemplo:

Código	Descripción	IVA inc.	Porcentaje
HAB	Habitación	No	10 %
RES	Restaurante	Sí	10 %
SAL	Salones	No	21 %
MIN	Minibar	No	10 %
CAF	Cafetería	Sí	10 %
BAR	Bar	Sí	10 %
TFN	Teléfono	No	21 %
GAR	Garaje	Sí	10 %

Figura 4.19. *Ejemplo de códigos, grupos de cargo e IVA correspondiente.*

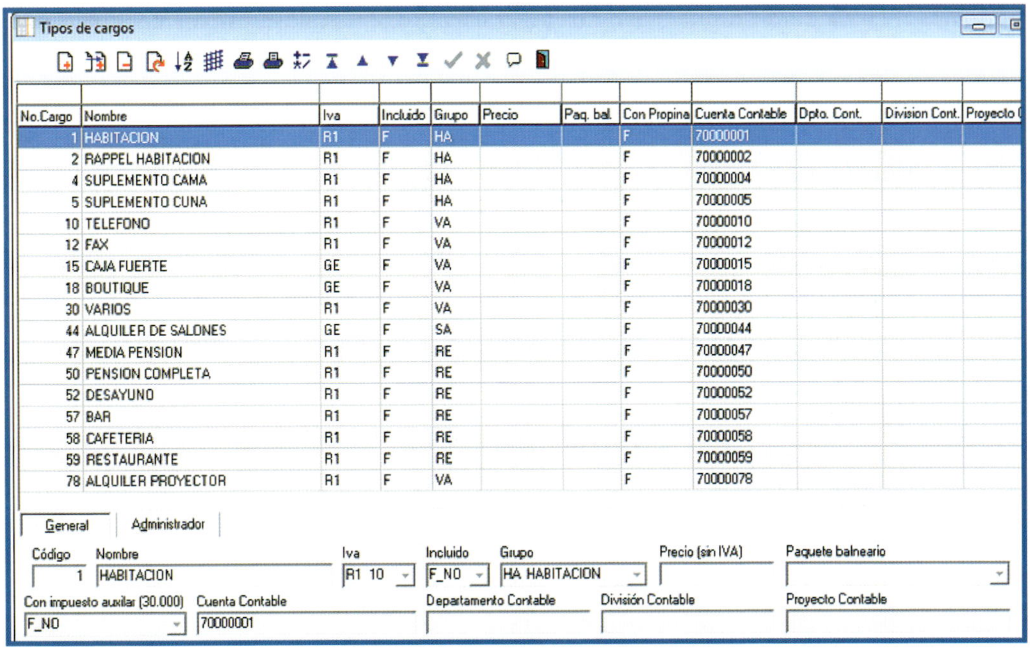

No.Cargo	Nombre	Iva	Incluido	Grupo	Precio	Paq. bal.	Con Propina	Cuenta Contable	Dpto. Cont.	Division Cont.	Proyecto C
1	HABITACION	R1	F	HA			F	70000001			
2	RAPPEL HABITACION	R1	F	HA			F	70000002			
4	SUPLEMENTO CAMA	R1	F	HA			F	70000004			
5	SUPLEMENTO CUNA	R1	F	HA			F	70000005			
10	TELEFONO	R1	F	VA			F	70000010			
12	FAX	R1	F	VA			F	70000012			
15	CAJA FUERTE	GE	F	VA			F	70000015			
18	BOUTIQUE	GE	F	VA			F	70000018			
30	VARIOS	R1	F	VA			F	70000030			
44	ALQUILER DE SALONES	GE	F	SA			F	70000044			
47	MEDIA PENSION	R1	F	RE			F	70000047			
50	PENSION COMPLETA	R1	F	RE			F	70000050			
52	DESAYUNO	R1	F	RE			F	70000052			
57	BAR	R1	F	RE			F	70000057			
58	CAFETERIA	R1	F	RE			F	70000058			
59	RESTAURANTE	R1	F	RE			F	70000059			
78	ALQUILER PROYECTOR	R1	F	VA			F	70000078			

Figura 4.20. *Grupos de cargo.*

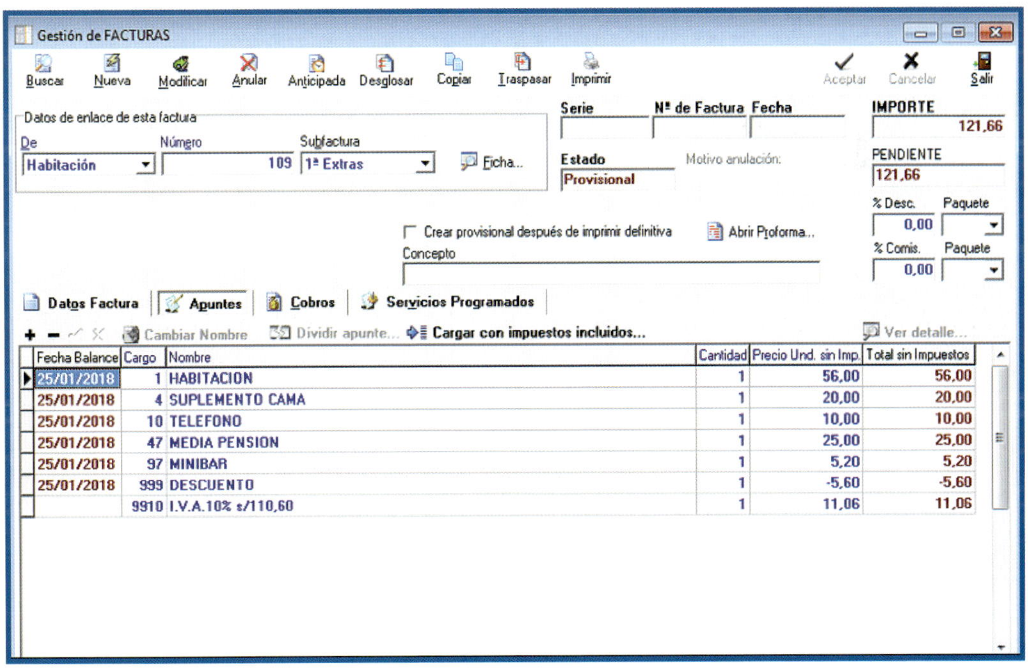

Fecha Balance	Cargo	Nombre	Cantidad	Precio Und. sin Imp.	Total sin Impuestos
25/01/2018	1	HABITACION	1	56,00	56,00
25/01/2018	4	SUPLEMENTO CAMA	1	20,00	20,00
25/01/2018	10	TELEFONO	1	10,00	10,00
25/01/2018	47	MEDIA PENSION	1	25,00	25,00
25/01/2018	97	MINIBAR	1	5,20	5,20
25/01/2018	999	DESCUENTO	1	-5,60	-5,60
	9910	I.V.A.10% s/110,60	1	11,06	11,06

Figura 4.21. *Código de cada grupo de cargo y denominación.*

Pero no todos los grupos de cargo pueden estar predefinidos: por ese motivo se suele crear un concepto de «varios», que será ese «cajón de sastre» al que en un momento dado podamos recurrir para cargar algún concepto no parametrizado previamente, como puede ser que un cliente nos solicite que le vayamos a comprar el periódico, un paquete de tabaco o un ramo de flores. En ese caso, el procedimiento habitual consiste en tomar dinero del fondo de caja, reemplazando esa cantidad por un vale de caja por el importe retirado. Ese dinero se le entregará al botones o auxiliar de recepción y conserjería, que será el encargado de llevar a cabo el encargo. Una vez realizado, se le hará entrega al cliente de lo solicitado, y el importe correspondiente se le cargará en factura, salvo que nos lo abone en metálico, en cuyo caso, repondríamos el dinero retirado en caja y anularíamos el vale de caja. En caso de realizar el cargo por el importe correspondiente en factura, se hará bajo ese concepto de «varios» por el importe correspondiente.

VALE DE CAJA

IMPORTE RETIRADO:	FECHA:

MOTIVO:

FIRMAS:	
Persona que autoriza:	Beneficiario:

Figura 4.22. *Ejemplo de vale de caja.*

Sabías que...

El vale de caja es un documento que recoge la retirada y entrega de cierta cantidad de dinero en metálico de la caja, generalmente de pequeño importe, en concepto de préstamo. El formato puede variar, pero incluirá datos como: fecha, nombre de quién solicita el dinero y de quién lo autoriza, cantidad entregada y las firmas.

En el caso de que la facturación se realice de forma manual, una vez realizado el *check-in*, se irán anotando en mano corriente todos los cargos y consumos que correspondan a medida que se vayan produciendo.

Además de la factura que se entrega al cliente a la salida, el establecimiento puede imprimir una copia para entregarla al Departamento de Administración junto con toda la documentación generada: vales de cargos a crédito (que necesariamente deberán adjuntarse e ir debidamente firmados por el cliente como confirmación y autorización del cargo, salvo en el caso de los medios de autorización y cargo digitales: pulseras, tarjetas o sistemas *contactless*), datos de la reserva, bonos, correos electrónicos o fax con los datos que cubre la agencia o empresa, resguardos de pago con tarjeta bancaria, etc. En el caso de trabajar con facturas digitales, no será necesario imprimir copia de la factura, ya que en cualquier momento se puede consultar en pantalla. Asimismo, en el momento del *check-out,* se registrará la forma de pago que proceda (Visa, Amex, contado, Diners Club, crédito, etc.) para realizar el cuadre y liquidación de caja posteriormente.

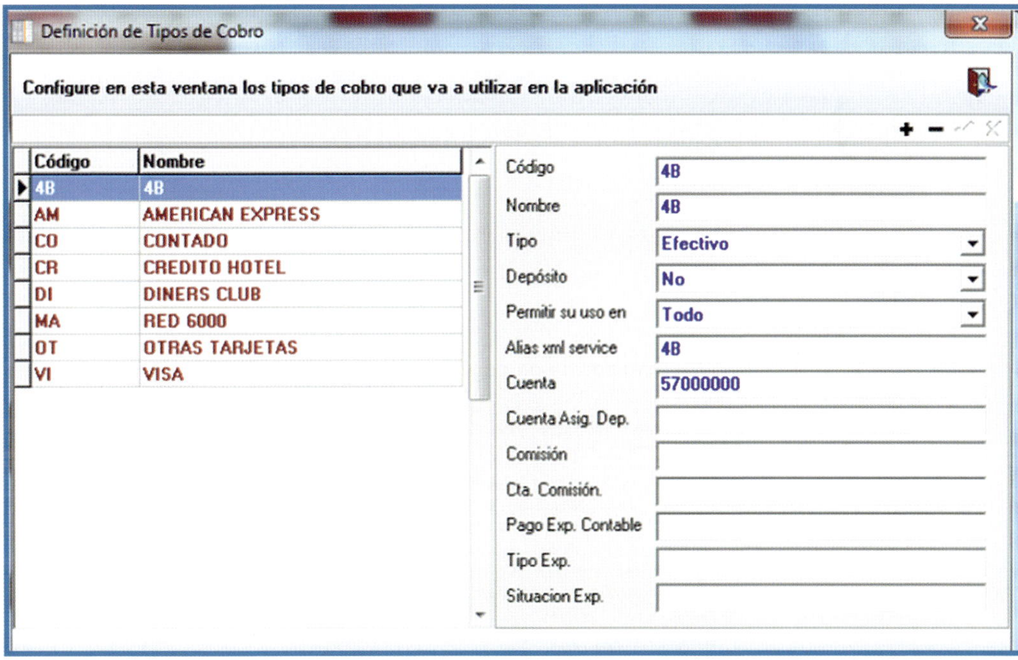

Figura 4.23. *Diferentes medios de pago.*

Este departamento lanzará un listado con todas las facturas emitidas en la fecha y las punteará con las efectivamente recibidas y entregadas por los departamentos correspondientes, para comprobar que disponemos de toda la documentación para gestionar su cobro, lo que es especialmente importante en el caso de las facturas cerradas a crédito, ya que requerirán de una gestión posterior.

Para realizar la liquidación de caja, se emitirá una totalización en el datáfono de cada tipo de tarjeta de crédito con la que se hayan efectuado cobros, (en el caso de trabajar con pasarela PinPad, se hará online) y se verificará que estos totales coinciden con los que constan en el sistema y con el total de facturas cobradas por ese medio. Del mismo modo, se contará y separará el dinero correspondiente a los cobros en metálico y se procederá a descontar los vales de caja que haya, para posteriormente contar el fondo restante.

Fecha 09.11.2017

Movimientos

Tipo Operación	Forma Cob.	Importe	Moneda	Usuario	Fech. Mov.	Hora Mov.	Id Factura	Num. Orden	O
Cobro factura	VISA	16,56	EUR	HESSANTARE..	09.11.2017	09:04:10	4113042977	38373	
Cobro factura	VISA	19,65	EUR	HESSANTARE..	09.11.2017	09:04:24	4113042978	38374	
Cobro factura	VISA	10,19	EUR	HESSANTARE..	09.11.2017	09:11:38	4113042979	38375	
Cobro factura	CASH	20,37	EUR	HESSANTARE..	09.11.2017	09:12:51	4113042980	38376	
Cobro factura	VISA	16,90	EUR	HESSANTARE..	09.11.2017	09:25:39	4113042981	38377	
Cobro factura	VISA	60,01	EUR	HESSANTARE..	09.11.2017	09:33:21	4113042982	38378	
Cobro factura	CASH	2,00	EUR	HESSANTARE..	09.11.2017	09:57:02	4113042983	38379	
Cobro factura	VISA	107,76	EUR	HESSANTARE..	09.11.2017	10:04:58	4113042984	38380	
Cobro factura	AMEX	163,09	EUR	HESSANTARE..	09.11.2017	10:11:05	4113042985	38381	
Cobro factura	VISA	10,19	EUR	HESSANTARE..	09.11.2017	10:14:28	4113042986	38382	
Cobro factura	VISA	16,18	EUR	HESSANTARE..	09.11.2017	10:51:25	4113042987	38383	
Cobro factura	VISA	74,00	EUR	HESSANTARE..	09.11.2017	11:00:51	4113042988	38384	
Cobro factura	VISA	127,85	EUR	HESSANTARE..	09.11.2017	11:03:53	4113042989	38385	
Cobro factura	VISA	77,00-	EUR	E00000021200	09.11.2017	11:07:29	4113803702	38386	An
Cobro factura	VISA	77,00	EUR	HESSANTARE..	09.11.2017	11:09:29	4113803703	38387	
Cobro factura	VISA	139,59	EUR	HESSANTARE..	09.11.2017	11:17:42	4113042990	38388	
Cobro factura	CASH	99,76	EUR	HESSANTARE..	09.11.2017	11:45:35	4113042991	38389	

Figura 4.24. *Listado de cobros realizados y facturas a las que corresponden.*

Saldos

Forma de Cobro	Moneda	Total Acumulado	Saldo Inicial	Total de Entrada	Total de las Salidas
AMEX	EUR	545,88	0,00	545,88	0,00
CASH	EUR	824,66	600,00	224,66	0,00
VISA	EUR	721,02	0,00	1.446,28	725,26

Figura 4.25. *Totalización de pagos y cobros en pantalla.*

F.Hote	FPago	Fecha	Hora	Origen	Tipo	Importe
28/12	28/12	28/12/17	07:02	H 819	CO	84,01
28/12	28/12	28/12/17	08:56	H 719	CO	143,80
28/12	28/12	28/12/17	09:06	H 321	CO	168,09
28/12	28/12	28/12/17	10:19	H 522	CO	159,01
28/12	28/12	28/12/17	06:04	H 711	CO	0,01
28/12	28/12	28/12/17	10:17	H 721	CO	136,08
28/12	28/12	28/12/17	12:12	H 506	CO	32,01
28/12	28/12	28/12/17	12:06	H 507	CO	114,00
TOTAL	CO	CONTADO				837,01
28/12		28/12/17	11:10	H 1006	CR	432,00
28/12		28/12/17	07:03	H 314	CR	94,01
28/12		28/12/17	07:03	H 615	CR	93,48
28/12		28/12/17	07:04	H 722	CR	164,18
28/12		28/12/17	07:04	H 907	CR	64,78
TOTAL	CR	CREDITO HOTEL				848,45
28/12	28/12	28/12/17	07:27	H 503	PF	228,21
28/12	28/12	28/12/17	07:29	H 403	PF	196,20
28/12	28/12	28/12/17	08:04	H 617	PF	145,61
28/12	28/12	28/12/17	08:06	H 818	PF	100,01
28/12	28/12	28/12/17	08:53	H 709	PF	273,71
28/12	28/12	28/12/17	09:44	H 524	PF	72,09
28/12	28/12	28/12/17	09:56	H 417	PF	432,03
28/12	28/12	28/12/17	10:06	H 413	PF	79,00
28/12	28/12	28/12/17	10:07	H 412	PF	205,11
28/12	28/12	28/12/17	10:09	H 618	PF	101,71
28/12	28/12	28/12/17	10:11	H 326	PF	[illegible]
28/12	[illegible]	[illegible]	[illegible]	[illegible]	PF	[illegible]

Figura 4.26. *Detalle de cobros.*

4.4.2. Facturación de grupos

En el caso de grupos, es habitual realizar un prepago de un porcentaje o del importe total antes de materializarse la llegada de este. A la salida, se emitirá una factura por el importe total, con el desglose oportuno, pero incluyendo todas las habitaciones en una única factura al igual que el resto de servicios contratados, salvo indicación contraria. Al ser tarifas no comisionables, no requieren de ningún otro tratamiento especial, salvo que el cobro sea a crédito, en cuyo caso se procederá al envío de la factura para su cobro.

4.4.3. Cargos especiales

Son los siguientes:

Rappel

El *rappel* es un concepto que sirve para identificar que una habitación ha realizado el *check-in* una vez se ha realizado el cierre del día en el establecimiento, de forma que no se podrá realizar el vuelco del importe de esa habitación en la producción diaria, sino que se contabilizaría como producción del día siguiente. Del mismo modo, esa habitación tendrá la misma fecha de entrada que de salida, motivo por el cual se suele cargar también con el concepto de habitación *day use*. En definitiva, se trata de registrarlo de modo que se contabilice esa habitación dentro de la producción del día que realmente le corresponde.

Uso diurno

Un cargo en concepto de uso diurno es el que se aplica a aquellos huéspedes que únicamente ocupan la habitación unas horas, generalmente desde primeras horas de la mañana, abandonando la habitación alrededor de media tarde. Pueden ser clientes que se encuentren de viaje y tengan que hacer unas horas de transbordo y piden habitación para asearse y descansar hasta el momento de reemprender viaje, o ejecutivos que pidan habitación para hacer entrevistas, maquinistas, tripulantes o chóferes de líneas regulares que precisen descansar entre turno y turno, etc. Supone una ventaja para el establecimiento, ya que esa habitación se puede vender dos veces en el mismo día, lo que se consideraría un *oversell*.

Para ampliar

Un *oversell* consiste en vender más habitaciones de las que realmente dispone el establecimiento. Se puede producir cuando una habitación se vende como *day use* y posteriormente se vuelve a vender a otro cliente que acude por la noche; o cuando tenemos una habitación prepagada (no reembolsable) y es anulada de modo que la podemos vender y hemos cobrado dos veces esa habitación.

Descuento

Los descuentos son cantidades que aminoran el importe total y que se hacen constar en factura, aplicando un porcentaje de descuento sobre el importe inicial. Se suelen aplicar descuentos por pronto pago (en caso de abonar al contado en el momento de recibir el servicio o antes de la fecha de vencimiento acordada), por volumen de pedido, descuentos comerciales, etc. En el caso de los establecimientos de alojamiento turístico, estos descuentos pueden ser aplicados sobre la tarifa *rack* en promociones, ofertas de fin de semana, por largas estancias, por contratos con empresas, etc.

Comisión

La comisión es una cantidad que se abona a los intermediarios como las agencias de viaje por pago a sus servicios. Consiste en un porcentaje que se aplica sobre los servicios contratados (alojamiento, alojamiento y desayuno, media pensión, salones, etc.). Dependiendo de lo que se acuerde, este porcentaje se aplicará en la factura minorando su importe, o bien la agencia nos remitirá una factura por el importe de su comisión una vez se han prestado los servicios contratados, como ya se ha visto en el Apartado 4.3.

Gratuidad

Las gratuidades pueden concederse por varios motivos: en caso de grupos, se suele conceder una gratuidad por cada cierto número de personas de pago; también se pueden conceder gratuidades (denominada tarifa *complementary*) a ciertas personalidades que el establecimiento desee invitar por la circunstancia que sea. Estas gratuidades deberán hacerse constar en factura, para que se refleje el apunte a efectos contables.

Traspasos entre facturas

Los traspasos entre facturas son bastante habituales, sobre todo en caso de clientes de empresa que necesitan presentar la factura para justificar sus gastos y no desean que consten en ella sus gastos extras. También se pueden realizar traspasos en caso de que un cliente desee abonar varias facturas de diferentes habitaciones y solicite que se le carguen los importes en su factura; en este caso, se traspasarán todos los cargos a una única factura.

4.5. Departamento de Caja

En la Unidad 2 se han descrito las funciones de este departamento: es el responsable de realizar el cambio de moneda extranjera, cobrar facturas, realizar la documentación relativa a las liquidaciones de efectivo y crédito, elaborar vales de caja, realizar el cierre diario de producción y liquidación de caja, elaborar los listados correspondientes, gestionar las cajas de seguridad del establecimiento y proveer de cambio y moneda suficiente a los diferentes departamentos del establecimiento.

Asimismo, deberá gestionar y custodiar los depósitos, anticipos o pagos por adelantado recibidos, sean estos realizados por agencias, empresas o clientes particulares, debiendo dejar constancia del importe y la reserva a la que corresponde, de modo que este sea descontado del importe total de la factura.

4.5.1. Diligencia en las operaciones de cobro

El correcto desarrollo de las actividades de cobro quedará condicionado en gran medida por la gestión llevada a cabo con anterioridad en los diferentes departamentos implicados, de modo que, si a lo largo de todos los procesos que comprende una estancia se han comprobado los cargos efectuados en la habitación, la forma de pago, toda la documentación asociada a la reserva y los datos de facturación, el proceso de cobro se desarrollará con mayor eficacia.

Diariamente y tras el cierre de facturas, se deberá generar un listado de caja, en el que conste la relación de facturas emitidas, ordenadas numéricamente, con el importe correspondiente a cada una y la forma de pago. En el caso de utilizar un sistema de gestión, este listado detallado se generará automáticamente, y se podrá acceder en cualquier momento a la consulta de los listados de facturas emitidas en cualquier fecha, introduciendo los parámetros de búsqueda adecuados. Si por el contrario el sistema es manual, se deberá rellenar un impreso dispuesto al efecto, en el que se vayan anotando los números de factura, sus importes, métodos de pago, etc.

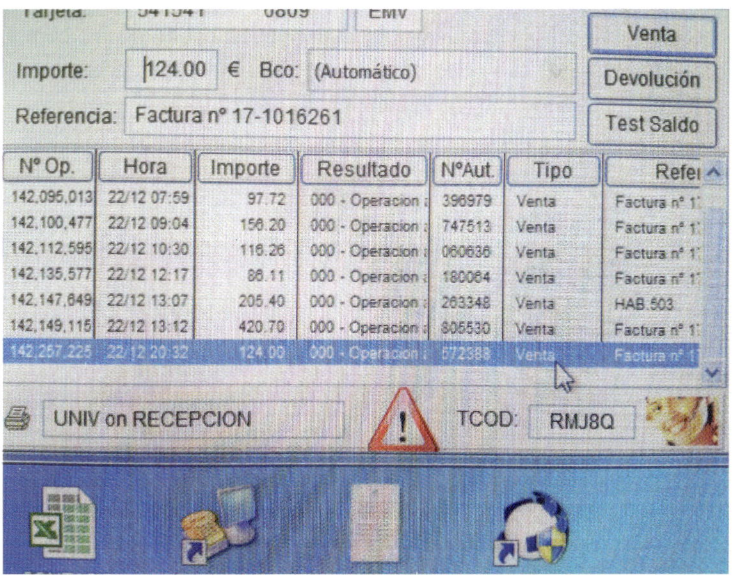

Figura 4.27. *Totalización de TPV* on line. *Listado de operaciones bancarias realizadas desde la terminal de pago.*

Estos listados de facturas emitidas, además de estar ordenados por el número de factura, se podrán ordenar por fecha, por tipo de cobro, por tipología de clientes (empresa, agencia, particulares, oferta fin de semana, etc.), de modo que podamos tener localizado e identificado cada uno de ellos. De este modo, si queremos saber qué comisión nos va a cobrar la entidad bancaria por el importe de las transacciones realizadas a través de las tarjetas de crédito o débito, únicamente lanzando un listado de facturas cobradas con tarjeta de crédito a lo largo de todo el mes, por ejemplo, nos mostrará el importe total de las transacciones; incluso, si hemos parametrizado en el sistema el porcentaje de comisión aplicado por la entidad bancaria correspondiente, nos mostrará el importe total que hay pagar, lo que es de suma utilidad a la hora de compararlo con los recibos del banco de cara a aceptar el cobro o efectuar posibles reclamaciones.

Se procederá igualmente si lo que se desea es obtener el importe correspondiente a la comisión de agencias de viajes, de modo que permita realizar las comprobaciones oportunas antes de proceder a la liquidación de estas.

En el caso de llevar a cabo un sistema manual, se deberá disponer de un libro de facturas recibidas y un libro de facturas emitidas, en el que se irán anotando ordenadas numéricamente todas las facturas generadas por la actividad empresarial, debiendo puntearlas a medida que se van materializando los diferentes cobros.

4.6. Tratamiento de créditos

Para gestionar las facturas cerradas a crédito, introduciremos los parámetros correspondientes en el sistema para obtener el listado de facturas cerradas a crédito, de modo que podamos seleccionar e incluso agrupar aquellas que proceden de la misma compañía, de cara a enviar facturas por importes globales con la periodicidad que deseemos o que hayamos acordado con la empresa (semanal, mensual, trimestral, anual).

Estas facturas pendientes de cobro se archivarán en un fichero temporal, ya sea físico o electrónico, mientras se tramita su cobro hasta su liquidación y archivo definitivo.

Figura 4.28. *Archivos de facturas cobradas y pendientes de cobro.*

El procedimiento habitual consiste en enviar por correo ordinario a la empresa o agencia correspondiente la factura original por el importe de los servicios contratados, a la cual se adjunta como comprobante de los servicios prestados una copia de la tarjeta de cliente firmada por él, como justificante de la estancia disfrutada, así como el bono emitido por la agencia cubriendo los servicios contratados, o cualquier documentación que hayamos recibido y que garantice el pago de dichos servicios. En caso de tratarse de clientes en régimen de *full credit,* se adjuntarán también los vales de caja a crédito firmados por el cliente, incluidos en la factura. Como ya se ha comentado, la implantación de la factura electrónica simplifica y agiliza todos estos trámites.

Desde el Departamento de Créditos también se revisarán los pagos recibidos, comprobando que estos sean correctos, anotando entonces el número de factura a la que corresponde dicho pago, para de este modo archivarla definitivamente. Para ello existen plataformas desde las cuales se pueden comprobar todos los nuevos ingresos en cuenta. En el caso de que existan ciertas diferencias o descuadres respecto a la cantidad adeudada y el importe recibido, deberán tramitarse oportunamente los cobros o devoluciones que procedan.

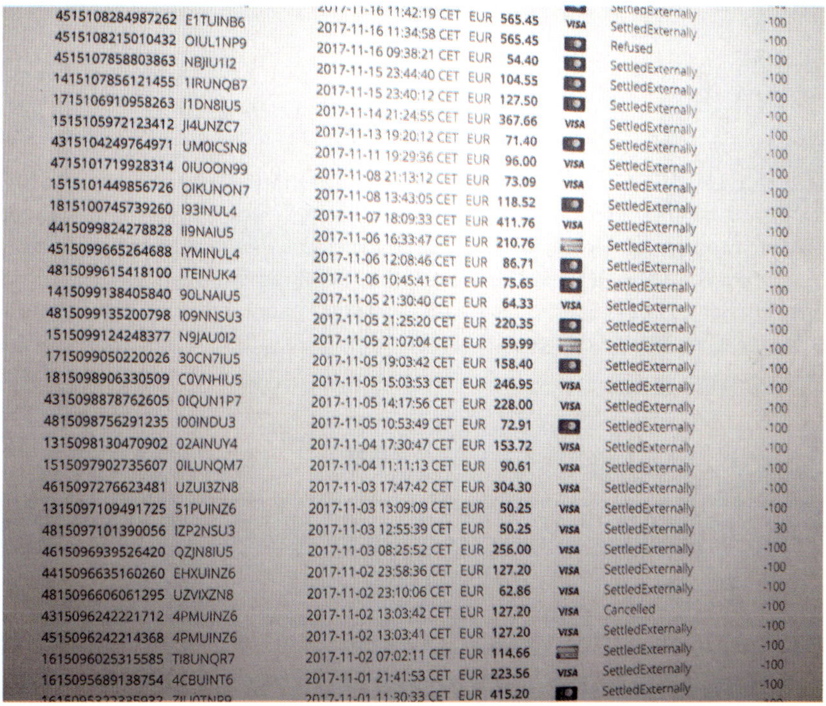

4515108284987262	E1TUINB6	2017-11-16 11:42:19 CET	EUR	565.45		SettledExternally	[illegible]
4515108215010432	OIUL1NP9	2017-11-16 11:34:58 CET	EUR	565.45	VISA	SettledExternally	-100
4515107858803863	NBJIU1I2	2017-11-16 09:38:21 CET	EUR	54.40		Refused	-100
1415107856121455	1IRUNQB7	2017-11-15 23:44:40 CET	EUR	104.55		SettledExternally	-100
1715106910958263	I1DN8IU5	2017-11-15 23:40:12 CET	EUR	127.50		SettledExternally	-100
1515105972123412	JI4UNZC7	2017-11-14 21:24:55 CET	EUR	367.66		SettledExternally	-100
4315104249764971	UM0ICSN8	2017-11-13 19:20:12 CET	EUR	71.40	VISA	SettledExternally	-100
4715101719928314	0IUOON99	2017-11-11 19:29:36 CET	EUR	96.00		SettledExternally	-100
1515101449856726	OIKUNON7	2017-11-08 21:13:12 CET	EUR	73.09	VISA	SettledExternally	-100
1815100745739260	I93INUL4	2017-11-08 13:43:05 CET	EUR	118.52	VISA	SettledExternally	-100
4415099824278828	II9NAIU5	2017-11-07 18:09:33 CET	EUR	411.76		SettledExternally	-100
4515099665264688	IYMINUL4	2017-11-06 16:33:47 CET	EUR	210.76	VISA	SettledExternally	-100
4815099615418100	ITEINUK4	2017-11-06 12:08:46 CET	EUR	86.71		SettledExternally	-100
1415099138405840	90LNAIU5	2017-11-06 10:45:41 CET	EUR	75.65		SettledExternally	-100
4815099135200798	I09NNSU3	2017-11-05 21:30:40 CET	EUR	64.33		SettledExternally	-100
1515099124248377	N9JAU0I2	2017-11-05 21:25:20 CET	EUR	220.35	VISA	SettledExternally	-100
1715099050220026	30CN7IU5	2017-11-05 21:07:04 CET	EUR	59.99		SettledExternally	-100
1815098906330509	C0VNHIU5	2017-11-05 19:03:42 CET	EUR	158.40		SettledExternally	-100
4315098878762605	0IQUN1P7	2017-11-05 15:03:53 CET	EUR	246.95		SettledExternally	-100
4815098756291235	I00INDU3	2017-11-05 14:17:56 CET	EUR	228.00	VISA	SettledExternally	-100
1315098130470902	02AINUY4	2017-11-05 10:53:49 CET	EUR	72.91	VISA	SettledExternally	-100
1515097902735607	0ILUNQM7	2017-11-04 17:30:47 CET	EUR	153.72		SettledExternally	-100
4615097276623481	UZUI3ZN8	2017-11-04 11:11:13 CET	EUR	90.61	VISA	SettledExternally	-100
1315097109491725	51PUINZ6	2017-11-03 17:47:42 CET	EUR	304.30	VISA	SettledExternally	-100
4815097101390056	IZP2NSU3	2017-11-03 13:09:09 CET	EUR	50.25	VISA	SettledExternally	-100
4615096939526420	QZJN8IU5	2017-11-03 12:55:39 CET	EUR	50.25	VISA	SettledExternally	-100
4415096635160260	EHXUINZ6	2017-11-03 08:25:52 CET	EUR	256.00	VISA	SettledExternally	30
4815096606061295	UZVIXZN8	2017-11-02 23:58:36 CET	EUR	127.20	VISA	SettledExternally	-100
4315096242221712	4PMUINZ6	2017-11-02 23:10:06 CET	EUR	62.86	VISA	SettledExternally	-100
4515096242214368	4PMUINZ6	2017-11-02 13:03:42 CET	EUR	127.20	VISA	Cancelled	-100
1615096025315585	TI8UNQR7	2017-11-02 13:03:41 CET	EUR	127.20	VISA	SettledExternally	-100
1615095689138754	4CBUINT6	2017-11-02 07:02:11 CET	EUR	114.66	VISA	SettledExternally	-100
[illegible]	[illegible]	2017-11-01 21:41:53 CET	EUR	223.56		SettledExternally	-100
		2017-11-01 11:30:33 CET	EUR	415.20	VISA	SettledExternally	-100

Figura 4.29. *Plataforma de acceso a los pagos recibidos.*

Asimismo, puede suceder que, tras haber enviado una factura para su abono, este no se produzca, debiendo proceder a reclamar su pago. El procedimiento para su reclamación dependerá del criterio o política de cada establecimiento, pero suele ser habitual realizar una primera reclamación por teléfono, en un tono amable por si se tratase de algún error o malentendido, para verificar que se ha recibido correctamente la factura. Si pese a esto seguimos sin recibir el pago correspondiente, se procederá a remitir un segundo escrito, haciendo referencia a los datos de la reserva y al número de factura y fecha de emisión de esta y reclamando su pago.

Figura 4.30. *Reclamación de facturas impagadas.*

Para ampliar

El Real Decreto Ley 4/2013, de 22 de febrero, establece modificaciones a la Ley 3/2004 por la que se establecen medidas de lucha contra la morosidad en las operaciones comerciales. Este Real Decreto Ley establece plazos para el pago de las deudas, que en ningún caso podrán superar los 60 días, además de intereses de demora por impagos, y una indemnización por costes de cobro fija de 40 €, a la que habrá que añadir los costes generados por el intento de cobro de la deuda.

Enlaces web de interés

Infoautónomos

https://infoautonomos.eleconomista.es/facturas/factura-electronica/

Ministerio de Hacienda

http://www.minhafp.gob.es/es-ES/Servicios/Paginas/Facturaelectronica.aspx

FACe

http://www.facturae.gob.es/factura-electronica/Documents/Folleto_informativo_FACe.pdf

Materiales divulgativos sobre la factura electrónica

http://www.facturae.gob.es/factura-electronica/paginas/materiales-divulgativos.aspx

Empresas que aceptan pago con *bitcoins*

https://www.muypymes.com/2016/03/10/empresas-pagar-bitcoins

Pago con ***bitcoins***
http://www.comprarbitcoins.com/soluciones/pagar-con-bitcoins/
Visa
https://www.visaeurope.es
Mastercard
www.mastercard.com/es
Bitcoins
bitcoin.org/es/

Mapa conceptual

Control y realización de operaciones relativas a la salida del cliente

- *Check-out* del cliente y cobro de facturas
  - Cliente particular
  - Cliente de empresa
  - Cliente de agencia
  - Sistemas de cobro
- Aplicación de la normativa legal sobre pagos y cobros
  - Cargos especiales
- Comisiones a intermediarios
- Cuentas de facturación
  - Tipos de facturas
  - Facturación de clientes individuales
  - Facturación de grupos
- Departamento de Caja
  - Diligencia en las operaciones de cobro
- Tratamiento de créditos

Actividades de comprobación

4.1. ¿Cuál de los siguientes no es un sistema de cobro a crédito?

a) Letra de cambio.

b) Recibo normalizado.

c) Pagaré.

d) Cheque bancario.

4.2. ¿Cómo se denomina al documento que contiene el recuento detallado del dinero que hay en caja?

a) Fondo de caja.

b) Arqueo de caja.

c) Quebranto de caja.

d) Liquidación de caja.

4.3. ¿Cómo se denomina a la factura que se emite para solicita un prepago?

a) Completa.

b) Simplificada.

c) Rectificativa.

d) Proforma.

4.4. El importe que reciben las agencias de viajes en concepto de pago por sus servicios recibe el nombre de:

a) Descuento.

b) *Rappel.*

c) Comisión.

d) Deducción.

4.5. ¿Cuál de las siguientes no es un medio de pago aceptado?

a) Amex.

b) Cárdex.

c) Visa.

d) Prepago.

4.6. ¿Cuál de las siguientes no es una función del Departamento de Caja?

a) Realizar el cierre diario de producción.

b) Custodiar los depósitos, anticipos o transferencias.

c) Cambiar moneda extranjera.

d) Elaborar los listados de salidas previstas

4.7. ¿Qué es un grupo de cargo?

a) Un número superior a 20 personas que acuden al establecimiento bajo una misma reserva.

b) Los conceptos más habituales del establecimiento a los que se suele asignar un código para su cargo en factura.

c) El total de cargos realizados en el establecimiento por las facturas emitidas, que deberán ser liquidadas contablemente.

d) El servicio más demandado en el hotel asociado a una cuenta contable.

4.8. ¿Cuáles de las siguientes no son cuentas de facturación?

a) Cargos.

b) Mixtas.

c) Abonos.

d) Intermedias.

4.9. Señala la afirmación incorrecta sobre las cotizaciones de grupos:

a) Las habitaciones triples suelen tener una reducción.

b) Las tarifas aplicadas no son comisionables.

c) Las habitaciones individuales suelen tener una reducción.

d) Se suelen conceder gratuidades por cada cierto número de personas.

4.10. El libro registro de facturas deberá conservarse un mínimo de:

a) Cuatro años a partir de la fecha de emisión de la factura.

b) Dos años a partir del primer asiento realizado en los libros.

c) Un año a partir del siguiente de presentación de la declaración tributaria.

d) 6 años a partir del último asiento realizado en los libros.

Actividades de aplicación

4.1. Elabora un cuadro en el que reflejes los diferentes sistemas de cobro, dependiendo de la tipología de cliente: de empresa, particular o agencia de viajes.

4.2. ¿Cuál es la diferencia fundamental entre un pago al contado y otro a crédito? ¿Cuál es el más ventajoso para la empresa y por qué?

4.3. ¿Qué es el arqueo de caja? ¿Y el fondo de caja? ¿Para qué se usan?

4.4. Indica los datos que obligatoriamente deberán constar en la factura para que tenga validez.

4.5. Describe los diferentes tipos de facturas que existen y las principales características de cada una.

4.6. ¿Cuáles son las principales peculiaridades o condiciones que tienen las tarifas de grupos?

4.7. Explica detalladamente cómo se debe proceder si un cliente nos pide que le compremos un cargador de móvil porque se le ha olvidado el suyo, y nos pide que se lo carguemos en la habitación.

4.8. ¿Cómo se contabilizaría una habitación que haga el *check-in* una vez que ya hemos hecho el cierre del día?

4.9. Explica cómo se realiza la emisión de facturas a crédito y su gestión para el cobro.

4.10. ¿Cómo se realiza la liquidación de caja?

Actividades de ampliación

4.1. Investiga sobre el funcionamiento de la factura electrónica y explica qué trámites son necesarios para darse de alta en el sistema y cuáles son sus principales ventajas e inconvenientes.

4.2. Calcula la factura por el importe de su comisión que emitirá una agencia de viajes que ha contratado los siguientes servicios en un establecimiento de alojamiento turístico: una habitación doble con cama supletoria de adulto en régimen de alojamiento y desayuno, con entrada el día 28 y salida el 30. Precios: habitación doble 80 € + IVA; desayuno: 10 €, IVA incluido. Comisión: 12 % sobre AD.

4.3. Según la tabla de tarifas de grupos de la unidad, calcula la cotización del siguiente grupo: en temporada baja un grupo del Imserso formado por 23 habitaciones dobles, 4 triples de adulto y 12 individuales, siete días y seis noches, en régimen de media pensión.

4.4. Calcula el precio a cobrar según la cotización anterior, en el caso de que anulen la reserva: a) 12 días antes, b) un mes antes, c) una semana antes, d) la víspera, e) 20 días antes.

4.5. Calcula la factura que deberá emitir un hotel a una agencia por el importe de los siguientes conceptos: un salón de reuniones cuya tarifa es de 200 € + IVA; un *coffee break* para 50 personas a razón de 6 € por persona, IVA incluido; una habitación doble uso individual con desayuno para el ponente. El precio de la habitación doble es de 80 € + IVA y el desayuno 12 €, IVA incluido. La comisión es del 10 % y se descuenta en factura.

Unidad 5

Comunicaciones en el Departamento de Recepción

La sociedad actual es la sociedad de la comunicación; las nuevas tecnologías han logrado que la información sea más accesible que nunca, alcanzando mayor difusión y repercusión. Se abre por lo tanto a través de Internet un abanico de posibilidades para dar a conocer nuestro negocio a través de esa ventana al mundo. Hemos de ser conscientes de la importancia de estos medios, ya que una página web descuidada o no actualizada, un retraso en la respuesta de un correo electrónico o una mala gestión telefónica estará transmitiendo una imagen pobre del establecimiento, causando justamente el efecto contrario al deseado.

Por ese motivo, se deberán seleccionar aquellos medios de comunicación que sean más adecuados en función de nuestra actividad, y también los que mejor lleguen a nuestra clientela potencial, cuidando de su gestión y sacando el máximo partido de cada herramienta para impulsar la imagen de nuestro establecimiento y llegar así más cerca de nuestro público objetivo. No debemos olvidar también que nuestra mejor comunicación es la que transmitimos con nuestro servicio, y que nuestros mejores mentores son nuestros clientes satisfechos.

Contenidos

5.1. Comunicación interna y externa
5.2. Centralita telefónica: operaciones básicas
5.3. Servicios propios del departamento: mensajes para clientes y servicio de despertador
5.4. Sistemas de comunicación interna: megafonía y buscapersonas
5.5. Acceso a Internet. Modalidades de servicio
5.6. Control de facturación del servicio de comunicaciones
5.7. Información al cliente interna y externa
5.8. Calidad en el servicio y en la atención al cliente
5.9. Tratamiento de quejas, sugerencias y reclamaciones
5.10. Procesos de posestancia del cliente y sistemas de fidelización

Objetivos

- Identificar los medios de comunicación de uso habitual en los establecimientos de alojamiento turístico.
- Clasificar los métodos de comunicación interna y externa, así como su gestión para que sean útiles y eficaces.
- Profundizar en los servicios de comunicaciones comunes en los establecimientos, su tarificación, utilidad y uso.
- Conocer las diferencias entre quejas, sugerencias y reclamaciones, y su tratamiento como herramienta de fidelización de la clientela y oportunidad de mejora.
- Analizar los métodos de fidelización de la clientela más habituales y los procesos generados tras la estancia del huésped.
- Exponer los principios básicos de la calidad del servicio y la atención al cliente.

5.1. Comunicación interna y externa

La comunicación es inherente al ser humano; mediante ella se produce un intercambio de información entre al menos dos interlocutores. Con nuestros gestos, actitudes o palabras estamos comunicándonos con los demás. Para que exista comunicación deben existir varios elementos: un emisor que es quien inicia el proceso; un mensaje que es el contenido que se desea transmitir, un código conocido para interpretar el mensaje; un canal, que es a través del cual se transmite el mensaje; y un receptor, que es destinatario del mensaje. Todo esto debe producirse en un contexto determinado, siendo necesaria la respuesta del receptor, de modo que exista cierta retroalimentación y por lo tanto la comunicación sea efectiva; en caso contrario, no estaríamos hablando de comunicación, sino de información.

Existen varios tipos de comunicación atendiendo al código empleado:

- **Verbal:** emplea como código la palabra transmitida de forma oral.
- **No verbal:** emplea el código de signos y señales
- **Escrita:** emplea el código de palabras y expresiones escritas

Actividad propuesta 5.1.

Tipos de comunicaciones

Relaciona cada caso con el tipo de comunicación al que corresponde:

• Miguel levanta el dedo pulgar de su mano para indicar que todo está bien.	**Lenguaje verbal**
• Laura le dice a su madre: «Hoy no me esperéis a comer, que he quedado con Vanesa».	**Lenguaje escrito**
• «Una señora lee el periódico para informarse de las noticias».	**Lenguaje no verbal**

5.1.1. Comunicación interna

Las comunicaciones internas son las que se producen entre los distintos departamentos o instalaciones del establecimiento. Las externas son las que se producen desde esta hacia el exterior y viceversa, como pueden ser llamadas a clientes o a los diferentes departamentos por parte de proveedores, empresas, agencias o reservas.

Dentro de las comunicaciones interiores, sin duda una de las más importantes es la que se produce entre los equipos de los diferentes departamentos: las reuniones para analizar los procedimientos de trabajo, intercambiar información, transmitir confianza, motivar, alimentar y reforzar los logros son de gran utilidad. Además, sirven para dar pautas basadas en el conocimiento de la cultura de la empresa, que sin duda debe ser compartida por todos sus miembros, de forma que con su conducta transmitan la imagen deseada del establecimiento.

Figura 5.1. *Los responsables de cada departamento serán los encargados de transmitir instrucciones precisas al personal a su cargo.*

Figura 5.2. *Las reuniones de equipos permiten coordinar, evaluar, planear, diseñar y supervisar las actividades, de forma que todos cuenten con la información y los instrumentos necesarios para llevarlas a cabo eficazmente.*

El director del establecimiento será el encargado de supervisar y garantizar su funcionamiento adecuado, y deberá velar para que exista un correcto flujo de información dentro de la organización. Para ello, establecerá reuniones periódicas o *briefings* con los diferentes responsables de los departamentos, en las que se informará de los eventos futuros y se analizarán los pasados, y se hará sentir a los trabajadores parte activa del proyecto y responsables de la buena marcha del establecimiento, practicando la escucha activa y favoreciendo el diálogo. De ese modo, se está delegando en ellos la responsabilidad de transmitir la misma información a sus equipos de trabajo, coordinándolos, aunando esfuerzos, implicando a toda la plantilla y reconociendo el trabajo y el esfuerzo de cada uno. De la satisfacción del empleado dependerá en gran medida la satisfacción por el trabajo y la dispensa de un buen trato al cliente.

Figura 5.3. *Reuniones de jefes de departamento.*

Actividad propuesta 5.2.

Comunicación interna

Según tu opinión, ¿cómo debería desarrollarse un *briefing*? Debate con tus compañeros los aspectos más importantes que se deberían tratar, quién es el responsable de su realización, a quién debería reunir, cómo se debe abordar el asunto que se trata, cómo se desarrollan los contenidos y realiza el cierre, etc. Simulad un *briefing* en el aula con un orden del día que se deba tratar.

La mayoría de los problemas o conflictos surgen de malentendidos o de una falta de información. Ayudará a su desaparición tener claro los protocolos de actuación, aplicar las técnicas de resolución de conflictos adecuadas y favorecer la convivencia, la creatividad y la motivación del personal a nuestro cargo. Debemos mantener a los trabajadores informados en caso de que se realicen nuevas contrataciones o se introduzcan nuevos elementos de trabajo (maquinaria, aparatos, sistemas informáticos, etc.), dando formación y asesoramiento para incorporarlos a los procedimientos de trabajo y evaluando los resultados para corregir posibles desviaciones que puedan producirse respecto a los resultados esperados.

En ese sentido, los grandes establecimientos suelen elaborar los denominados *manuales de acogida,* en los que se detallan las principales características de la empresa: su origen y evolución, su composición, sus objetivos y grupos de interés, misión, visión y valores, así como las vías de comunicación interna y de recogida de comentarios, quejas y sugerencias, el plan de formación de la empresa, los códigos y las normas de conducta profesional en cuanto a puntualidad, uniformidad, higiene, horario, confidencialidad y ley de protección de datos, seguridad en el puesto de trabajo, etc. De este modo, las personas que integren la empresa tengan pleno conocimiento de qué es lo que se espera de ellas.

Figura 5.4. *La red social corporativa es una apuesta de las empresas para poner en valor a sus empleados, mejorar la comunicación interna y fomentar las relaciones entre los miembros de la plantilla y sus superiores jerárquicos.*

Muchas empresas están incorporando este modelo de **red social corporativa (RSC),** ya que transmite imagen de transparencia y da sensación de pertenencia a la organización.

Los mecanismos formales de comunicación pueden ser varios:

- En papel, mediante *newsletter,* ediciones internas, boletines, comunicados, memorias, resultados, indicadores, buzones de sugerencias, etc.
- De forma oral, en reuniones, entrevistas, auditorías, *conference calls*, seminarios, congresos o por teléfono.
- Por medios electrónicos como el correo, mensajes de texto, grupos privados en redes sociales, Skype empresarial, intranet, Hangouts o videoconferencias.

5.1.2. Comunicación externa

La comunicación externa es aquella que une la empresa con el entorno que le rodea, el mercado, la sociedad, su público objetivo, y la da a conocer, transmitiendo su imagen y promoviendo el interés por utilizar sus servicios, de forma que genere interés y necesidad.

Algunos de nuestros agentes externos, además de los potenciales clientes, pueden ser proveedores, agentes de viajes, representantes de empresas, agentes comerciales, etc. Deberemos cuidar tanto el lenguaje oral como sobre todo el escrito en todos aquellos documentos, contratos, formularios, correos electrónicos que intercambiemos, etc.

En toda comunicación hay que emplear el vocabulario correcto, pero en la comunicación escrita, además de cuidar la presentación, hay que cuidar la gramática y ortografía. En todo documento que se emita, que debe emplear un formato atractivo, se debe transmitir la imagen de la empresa, marcando así la diferencia con el resto de establecimientos, cuidando la presentación en los correos que enviemos a las empresas con cotizaciones de salones para reuniones, a las agencias con cotizaciones de grupos o a los clientes en general para confirmaciones de reservas.

Un **ejemplo** de ello puede ser la carta de bienvenida enviada a los clientes que efectúan una reserva en el establecimiento, de modo que les confirmemos la reserva y quedemos a su disposición para cualquier información adicional que precisen.

HOTEL ****

Estimado Sr. /a. ....

Es un placer dirigirme a usted con motivo de su próxima estancia con nosotros.

Agradecemos la confianza depositada en nuestro establecimiento por habernos elegido.

Nos gustaría confirmarle los detalles de su reserva, así como ofrecerle algunos datos que pueden ser de su interés:

DATOS DE LA RESERVA: ------- habitación(es) con entrada el día ...., salida el día.........

Incluye los siguientes servicios : ....

Por otro lado, nuestro establecimiento pone a su disposición los siguientes servicios con un coste adicional:

- Garaje: ....€
- Servicio de transfer.........€
- Conexión wifi premium ....€

Nuestro establecimiento está situado en la Avda. .... En el enlace adjunto podrá encontrar información que le será de utilidad para llegar con facilidad a nuestro establecimiento.

Hay alguna información que nos gustaría conocer para facilitarle el mejor servicio a su llegada, y pueda disfrutar de su experiencia con nosotros:

- Hora de llegada prevista.
- Preferencias que en la medida de nuestras posibilidades podamos satisfacer en cuanto al tipo de habitación.
- Alergias o intolerancias para informar al Departamento de Restauración.

Estamos a su disposición para hacer su estancia lo más agradable posible. Si necesitan que les facilitemos cualquier gestión no duden en contactar con nosotros a través de la dirección de correo: .... o en el teléfono ....

Nos vemos muy pronto, hasta entonces, reciba un cordial saludo y tenga un buen viaje.

Figura 5.5. *Ejemplo de carta de bienvenida.*

Los directorios que empleemos en el establecimiento para anunciar los eventos que tengan lugar en las diferentes dependencias, como por ejemplo en los salones, también se consideran una forma de comunicación escrita, por lo tanto se debe cuidar. Del mismo modo, son cada vez más recurrentes los carteles en el ascensor anunciando los horarios de los diferentes servicios y la oferta gastronómica, ya sea en soporte papel o en pantallas digitales.

Figura 5.6. *Ejemplo de programa para la edición de los nombres de los eventos que se quieran anunciar en las pantallas de los salones.*

Figura 5.7. *Pantalla anunciando los eventos en las diferentes dependencias del establecimiento.*

Figura 5.8. *El diseño de páginas web como herramienta clave para captar clientes y transmitir la imagen del establecimiento.*

Internet y las redes sociales han transformado la forma de relacionarnos. Las páginas web se han convertido así en el canal de comunicación más importante de toda empresa, siendo los *sites* de alojamientos turísticos lo más visitados cuando se planea realizar un viaje. Mediante ese «escaparate», cualquier establecimiento puede acercar sus servicios al consumidor, adaptándose a los nuevos métodos de compra y venta a través de la web. Además de impulsar las ventas directas, se busca crear y mantener una mejor relación con el cliente, permitiendo interactuar y estableciendo un medio de comunicación adaptado a cada perfil. Se seleccionará el canal de comunicación digital más adecuado a cada cliente, como LinkedIn, Twitter, Instagram o Facebook, entre otros. Asimismo, también nos comunicamos con nuestros clientes cuando respondemos a algún comentario que realicen en *sites* como Tripadvisor o Booking.

La implementación de las nuevas tecnologías en los medios de comunicación requiere de personal formado e implicado. Hoy en día, quien no esté presente en la red está perdiendo sin duda una oportunidad de venta. La responsabilidad de la gestión y diseño de estos espacios suele delegarse en profesionales, de modo que presente un formato atractivo y esté permanentemente actualizada, ya que de lo contrario estaremos logrando justamente el efecto contrario al deseado: transmitir una imagen de abandono, descuido o desinterés. Por lo tanto, nada debe dejarse al azar, sino que todo debe responder a una estrategia de negocio: además de unas imágenes cuidadosamente seleccionadas, en la página principal de que se trate debe mostrarse la información más relevante, llamar la atención y generar interés. Los contenidos deben ser fácilmente accesibles, sobre todo en lo relacionado con el motor de reserva, ya que de su correcto funcionamiento dependerá el volumen de reservas recibidas en un establecimiento.

Figura 5.9. *Los establecimientos de alojamiento turístico deben estar presentes en los medios digitales, y transmitir a través de ellos su mejor imagen, ya que representan gran parte de su fuerza de ventas a través de Internet.*

Entre algunos de los medios que comprende la comunicación externa, tenemos:

- **Medios digitales:** página web con formatos atractivos y eficaces, redes sociales como Facebook, Instagram, Twitter, *sites* como Tripadvisor, etc.
- **Medios tradicionales:** publicidad en los medios (prensa, radio, patrocinios, etc.), publicidad personalizada *(mailing)*, teléfono, o encuestas de satisfacción de los clientes, como se verá en el epígrafe 5.9.2.

Figura 5.10. *Hoy en día, con un dispositivo electrónico se tiene acceso a la contratación de infinidad de bienes y servicios. La oferta de los establecimientos de alojamiento turísticos representan una parte importante de este tipo de transacciones.*

Actividad propuesta 5.3.

Comunicación externa

¿Qué medio consideras tú que es el más eficaz para ofrecer información de un establecimiento de alojamiento turístico? ¿Por qué?

5.2. Centralita telefónica: operaciones básicas

El teléfono es el medio más utilizado para las comunicaciones que precisan una respuesta inmediata y, por lo tanto, merece ser tratado con especial atención. La centralita depende del Departamento de Recepción. Existe la categoría profesional de telefonista, pero como en el caso de otras figuras tradicionales como el conserje, debido a la aparición de los teléfonos móviles, el volumen de llamadas recibidas por los establecimientos ha disminuido sobremanera y esta labor es asumida por el Departamento de Mostrador.

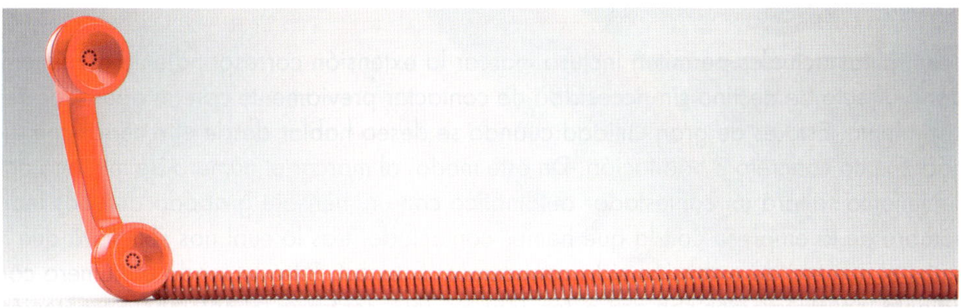

Figura 5.11. *El teléfono es un medio de comunicación esencial.*

En ese momento, el operador deberá responder la llamada a la mayor brevedad posible, siendo recomendable no dejar que suenen más de tres tonos; al responder la llamada, se deberá indicar el nombre del establecimiento, saludar dando los buenos días, tardes o noches según corresponda, identificarnos diciendo nuestro nombre y preguntando en qué podemos ser de ayuda.

Es conveniente grabar algún mensaje de espera en caso de que, por el motivo que fuere, no podamos atender la llamada pasados esos tres tonos. Puede ser un mensaje similar a este: «ha contactado con ... En este momento nuestros operadores están ocupados, rogamos se mantenga a la espera, en breves momentos lo atenderemos, gracias», y una música suave para amenizar la espera. Sucede de igual modo cuando debamos mantener a alguien a la espera, mientras realizamos alguna consulta o comprobación, siendo conveniente silenciar la llamada de modo que nuestro interlocutor escuche un hilo musical agradable en vez del murmullo de fondo u otra conversación.

Figura 5.15. *La elección de una correcta melodía de espera es también una poderosa herramienta de marketing: lejos de impacientarse, evita que el cliente cuelgue, le relaja y acompaña hasta que le atendamos.*

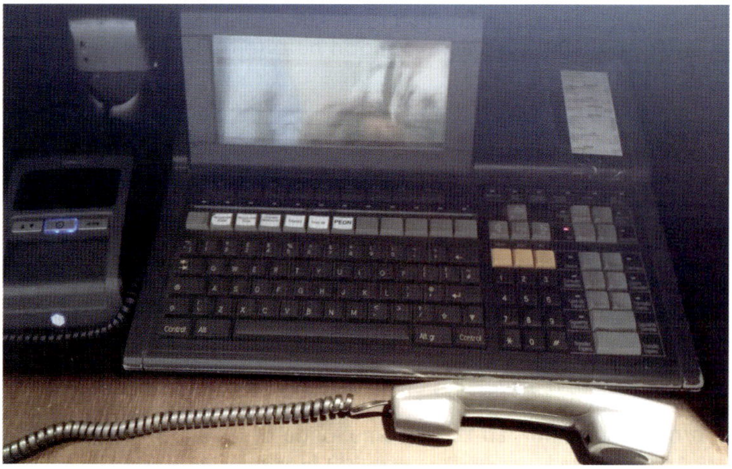

Figura 5.16. *Centralita telefónica.*

5.2.1. Gestión de llamadas

La comunicación telefónica requiere un apartado especial, debido a que su principal limitación es el hecho de carecer de imagen y, con ello, el lenguaje no verbal, lo que deberá ser compensado reforzando la entonación, evitando silencios incómodos, y comunicándonos con fluidez.

Las llamadas deben intentar atenderse lo antes posible, no dejando sonar el teléfono excesivamente como ya se ha comentado, en primer lugar, porque el sonido puede resultar molesto a la gente que esté alrededor y en segundo lugar, porque la persona que está tratando de contactar con nosotros desconoce lo que está ocurriendo al otro lado: puede pensar que el establecimiento está cerrado, que estamos ocupados o directamente que no queremos atenderlo. Para evitar que se produzca esa situación, es mejor responder en cuanto nos sea posible, y si se da el caso de que estemos ocupados, le solicitaremos que por favor tenga la amabilidad de permanecer en línea unos segundos. De esa forma el cliente al menos ya se siente atendido y recibido: no hay nada peor que la incertidumbre. En cualquier caso, tras haberlo atendido inicialmente, conviene no hacerlo esperar demasiado; de lo contrario podrá impacientarse y colgar, con lo que habremos perdido un cliente y puede que no tengamos una segunda oportunidad.

Si no podemos desatender la actividad que estemos haciendo en ese momento, y el cliente sigue a la espera, podemos optar por dos opciones: o bien tomamos nota de su número de teléfono para no hacerlo esperar y devolverle la llamada en cuanto podamos atenderle, o en el caso de que prefiera esperar, es conveniente a intervalos regulares, volver a establecer comunicación con el cliente haciéndole ver que no nos hemos olvidado de él y que en breve lo atenderemos. Llegado ese momento, nos disculparemos por la espera y le dedicaremos el tiempo que merece. Por lo tanto, en ningún caso deberemos mostrar urgencia por colgar aunque debamos atender a otros clientes, pues puede dar la impresión de que los demás son más importantes que él y todo el mundo merece nuestro tiempo y nuestra atención. Cada cliente debe sentirse único, no uno más, y del trato que le dispensemos dependerá que se lleve esa u otra impresión.

Figura 5.17. *Cada cliente es único.*

Cada establecimiento, cada cliente, cada circunstancia y cada situación es diferente, por lo tanto no existe un único diagrama válido en el desarrollo de una llamada telefónica. Sin embargo, a continuación se desarrollan una serie de pautas que pueden ser de utilidad:

- Al descolgar, deberemos saludar, identificar el establecimiento con el que ha contactado, identificarnos nosotros y ofrecer nuestros servicios. Un ejemplo podría ser: «Hotel X, buenos días, le atiende X, ¿en qué puedo ayudarle?».
- Por supuesto, trataremos siempre al cliente de «usted» y jamás lo tutearemos, salvo que nos lo indique expresamente.
- Debemos cuidar especialmente la pronunciación, la vocalización, el tono de voz y el ritmo, ya que hay que reforzar el lenguaje verbal al no contar con el apoyo del lenguaje no verbal.

Recuerda

Una sonrisa, aunque no se vea, se nota al otro lado del teléfono.

- Hay que saber escuchar, dejar que el cliente se exprese y hacerle notar que lo estamos escuchando con frases cortas de asentimiento («sí, ya veo, entiendo lo que me quiere decir»), incluso repitiendo las últimas palabras que ha dicho para hacerle ver que estamos siguiendo la conversación.
- Debemos ayudar a nuestro interlocutor, haciéndole preguntas que le ayuden a expresar lo que desea transmitir y otras de confirmación para asegurarnos de que lo hemos entendido.
- No daremos una respuesta si no estamos seguros. Es mejor tomar los datos al cliente y decirle que nos pondremos en contacto con él posteriormente, cuando tengamos una respuesta que ofrecerle. Además, si nos comprometemos a devolverle la llamada, deberemos cumplirlo y no hacerle esperar en exceso.
- Siempre es recomendable tener a mano papel y bolígrafo para recoger los datos que nos vayan dando o los aspectos más importantes para evitar tener que volver a preguntárselo. Preguntas como «¿qué fecha me dijo?, ¿cuántas personas me dijo que eran, una o dos?» indican que no hemos estado demasiado atentos a la conversación.
- En el caso de tener que consultar con otro compañero, es conveniente dejar al cliente en «modo espera», para evitar que oiga nuestra conversación de fondo.
- Si nos vemos obligados a dar una respuesta negativa, debemos ser lo más amables posible e intentar ofrecer una alternativa o una posible solución.

Actividad propuesta 5.5.

Role play

Realizad un *role play* en el simuléis una llamada a un establecimiento preguntando por el director. Imaginaos diferentes situaciones que se pueden dar: no quiere hablar con esa persona, no coge el teléfono, quiere dejar un recado, prefiere llamar más tarde, admite la llamada, etc. Practicad la atención al cliente en cada caso.

5.3. Servicios propios del departamento: mensajes para clientes y servicio de despertador

Una de las funciones principales del Departamento de Recepción incluye distribuir las llamadas recibidas a los correspondientes departamentos. Además de atender el teléfono con la fórmula que ya hemos visto, en el momento de desviar llamadas a otros departamentos deberemos conocer las extensiones correspondientes para realizar esta tarea sin demora, pasando la llamada directamente. En otros departamentos, como por ejemplo Recursos Humanos o dirección, es frecuente que antes de decidir si aceptan recibir la llamada o no, nos pregunten por la identidad de quién llama, por lo que deberemos solicitar a nuestro interlocutor que se identifique. En el caso de que no desee que le pasen la llamada, nos disculparemos exponiendo que no se encuentra en ese momento, o que está ocupado, ofreciéndonos a tomar recado o solicitarle que lo vuelva a intentar más tarde, siempre mostrando amabilidad.

Dentro de las funciones correspondientes a este departamento, encontramos además la gestión de mensajes y el servicio de despertador.

5.3.1. Gestión de mensajes

Si recibimos una llamada solicitando hablar con una habitación, es conveniente preguntar el nombre del cliente con el que quieren contactar, para evitar pasar una llamada por error a una habitación equivocada. Del mismo modo, se deberá mantener una estricta discreción en cuanto a la información que demos respecto a nuestros clientes, intentando evitar en la medida de lo posible dar un número de habitación sin el consentimiento expreso del cliente.

Figura 5.18. *Toma de mensajes.*

Cuando nos piden pasar una llamada a otro departamento o habitación, puede suceder que el cliente o la persona por la que se pregunta no esté disponible en ese momento. En la pantalla de la centralita, podremos ver si la llamada ha sido atendida o no, pudiendo rescatarla cuando consideremos oportuno. Incluso se puede programar para que, pasados unos segundos sin obtener respuesta, esta «rebote» de nuevo en centralita para que lo atendamos de nuevo.

En ese momento, le informaremos de que no ha habido respuesta y nos ofreceremos a localizarlo si lo considera necesario, si desea llamar más tarde o si por el contrario prefiere dejar un mensaje. Una vez finalizada la llamada, nos despediremos cordialmente y agradeceremos que se haya puesto en contacto con nosotros.

Los mensajes se pueden tomar a mano, rellenando un documento dispuesto al efecto, que generalmente suele incluir los siguientes apartados:

- Nombre del destinatario del mensaje.
- Nombre de la persona que deja el mensaje.
- Fecha y hora a la que se ha recibido la llamada.
- Asunto.
- Cuerpo del mensaje.
- Si volverá a llamar o desea que le devuelvan la llamada. En ese último caso, anotaremos el número de teléfono que nos haya proporcionado
- Nombre de quien ha tomado el mensaje.

Una vez hemos tomado nota del aviso, podemos dejarlo en su casillero correspondiente, o podemos subirlo a la habitación, para lo cual llamaremos a la puerta, y en caso de no recibir respuesta, deslizaremos el mensaje por debajo de ella. Existen sistemas de mensajería por circuito cerrado de televisión, a través del cual se pueden establecer comunicaciones con las habitaciones. Por ejemplo, una vez realizado el *check-in,* aparece un mensaje en la habitación similar a este: «Sr./Sra. X, el personal y la dirección del hotel le da la bienvenida y le desea una agradable estancia. Para cualquier información que precise no dude en contactar con nosotros».

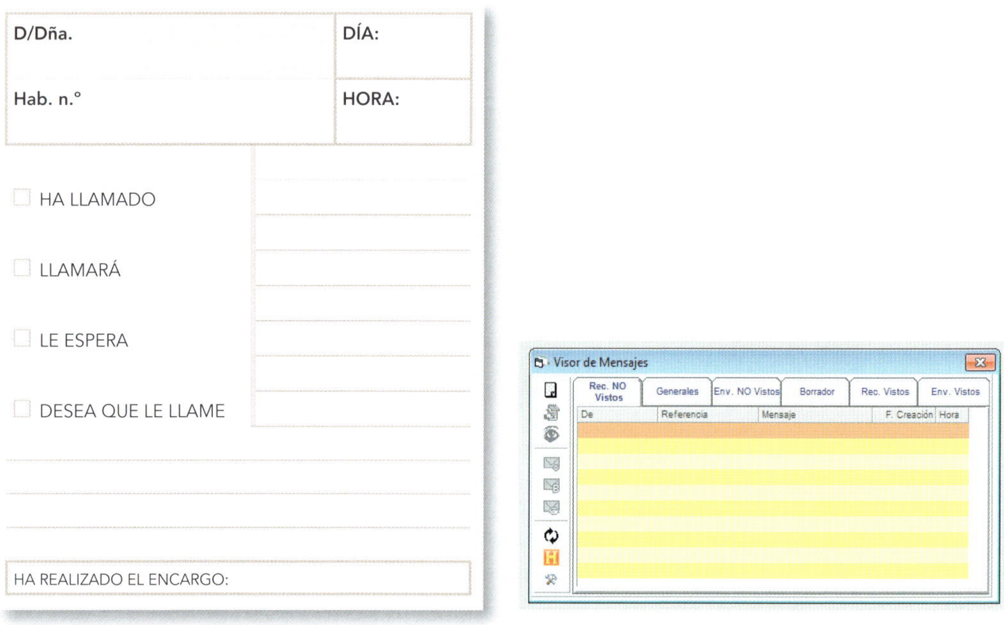

Figura 5.19. *Ejemplos de recogida de mensajes manual (izquierda) e informática (derecha).*

5.3.2. Servicio de despertador

Existen dos tipos de servicios de despertador:

Figura 5.20. *El servicio de despertador es habitual en los establecimientos hoteleros.*

- **Servicio manual:** el cliente lo puede solicitar en cualquier momento, para lo cual dispondremos en mostrador de una plantilla que rellenaremos a mano, en la que conste la fecha (que normalmente será el día siguiente), el número de habitación y la hora a la que desea ser avisado. Puede ser común que nos soliciten que les avisemos en más de un tramo horario. Generalmente será el personal del turno de noche quien deba realizar estas llamadas a las habitaciones, o el turno de mañana, dependiendo de la franja horaria.

HOJA DESPERTADOR

HORA	N.° HABITACIÓN	OBSERVACIONES
5:45	418	Insistir a los 5 minutos, tiene el sueño profundo.
6:00	421	Despertador.
6:30	421	Pedir un taxi y avisar a la habitación en cuanto llegue.
7:00	523	Despertador.

Figura 5.21. *Ejemplo de hoja despertador.*

- **Servicio automático:** en los actuales sistemas de gestión, este tipo de llamadas se puede programar directamente en el sistema. Mediante este servicio, se programan los avisos en centralita, de modo que el cliente recibe una llamada en su habitación con un mensaje grabado, cuyo contenido puede ser variable: se dan los buenos días y se avisa de la hora que es, o puede ser un mensaje genérico indicando: «es la hora a la que ha pedido ser avisado» o similar. En aquellos establecimientos que dispongan de circuito de televisión, se puede programar el aviso a través de este canal, de forma que se encienda automáticamente el televisor, acompañado de una música suave, mostrando un mensaje dándole los buenos días e informándolo de la hora que es. En caso de que el cliente no responda la llamada o que el receptor de televisión esté desconectado (y no en *stand by*), saltará una alarma en el departamento o centralita, avisando del error en la comunicación, tras lo cual deberemos acudir a la habitación y llamar a la puerta, para cerciorarnos de que todo está en orden y dar el aviso correspondiente.

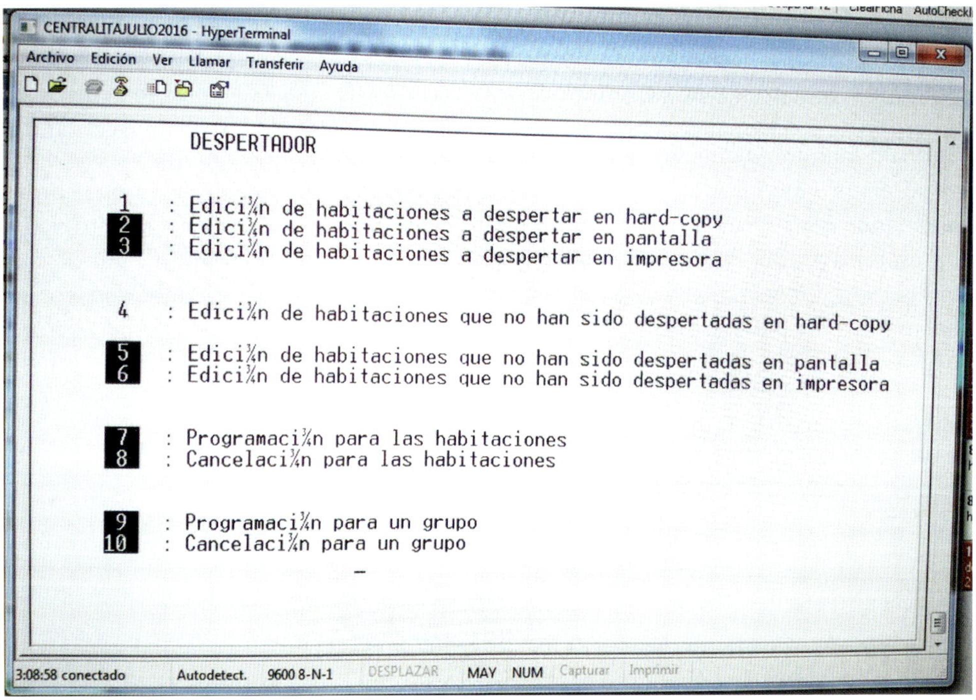

Figura 5.22. *Programación del servicio de despertador en el sistema.*

Date	Time	Ext	CO	Dial Number
02/02/00	02:45PM	1234		Timed Reminder/Start
02/02/00	02:46PM	1234		Timed Reminder/No Answer
02/02/00	02:47PM	1234		Timed Reminder/Answer

Figura 5.23. *Mensajes recibidos tras la programación de alarmas de despertador en las habitaciones. Fuente: www.cast.mx.*

Figura 5.24. *Ejemplo de aviso de despertador a través del CCTV.*

En todo caso, quedará registro de todos los avisos de llamada programados, así como el detalle de aquellas que han sido recibidas y contestadas o las no recibidas, lo que será de suma utilidad a la hora de enfrentarnos a posibles reclamaciones en caso de no haber sido despertados y sus posibles consecuencias como la pérdida de medios de transporte o la no comparecencia a reuniones, citas o compromisos.

Actividad propuesta 5.6.

Servicio de despertador

Imagina que un cliente baja muy enfadado a la recepción del hotel donde trabajas diciendo que ha pedido una reunión muy importante porque no se le ha despertado; en la hoja de registro aparece programada la llamada y respondida. ¿Cómo lo gestionarías?

5.4. Sistemas de comunicación interna, megafonía y buscapersonas

Con los avances en telefonía, las comunicaciones internas han mejorado ostensiblemente; anteriormente a la existencia de la telefonía móvil, la localización del personal del establecimiento quedaba sujeta y condicionada a permanecer en un lugar físico para poder atender el teléfono fijo.

Con el tiempo, surgieron los aparatos buscapersonas, denominados comúnmente «buscas» o beepers: es un dispositivo que permite enviar números de teléfono o mensajes cortos a través de las señales de radio, avisando de la recepción del mismo mediante una alerta vibratoria o sonora; fueron los antecesores de los actuales teléfonos móviles, pero no permitían realizar o recibir llamadas desde ellos, sino únicamente recibir avisos y notificaciones.

Posteriormente, con los teléfonos inalámbricos, la localización dentro del edificio se hizo más cómoda, pero ésta queda sujeta a un determinado radio de alcance, y condicionada por la existencia de «puntos negros» o zonas sin cobertura, por no mencionar la incomodidad que supone el hecho de tener que llevar el receptor constantemente encima debido a su peso y tamaño, y la poca duración de la batería. Por ese motivo, hoy en día los móviles se han convertido en el medio de localización más eficaz.

Figura 5.25. *Teléfono fijo.*

Figura 5.26. *Dispositivo buscapersonas.*

Figura 5.27. *Teléfono inalámbrico.*

Respecto a la localización de clientes, por ejemplo, se suele recurrir a la megafonía, sobre todo en áreas donde usualmente no se lleva el móvil consigo como puede ser el *spa,* o áreas deportivas o recreativas; sin embargo, no conviene abusar de este medio, debido a las molestias que puede ocasionar a otros huéspedes, por lo que se utilizará estrictamente cuando sea necesario, en caso de alarma generalizada o necesidad de evacuación del edificio, por ejemplo.

La megafonía suele utilizar los altavoces instalados para el hilo musical o, en el caso de *campings,* en las zonas exteriores, debiendo emitir un sonido adecuado, de modo que alerte y se llame la atención para atender el mensaje que sigue a continuación, pero que no resulte estridente o molesto.

Figura 5.28. *Sistema de megafonía. Fuente: Robert Bosch.*

5.5. Acceso a Internet. Modalidades de servicio

Se deberá concretar, en primer lugar, el servicio que se va a dar y determinar los puntos de acceso y la infraestructura necesaria, ya que no se necesita la misma conectividad en una sala de reuniones donde vaya a haber una videoconferencia, por ejemplo, que en una habitación, en la cafetería o en las oficinas del establecimiento.

Figura 5.29. *Diferentes tipos de conectividad.*

Por ese motivo, se deberá contar con una red o WLAN tal que permita gestionar varias conexiones para dar respuesta a cada necesidad, que entre otras, pueden ser:

- **Necesidades operativas del establecimiento:** se deberá determinar la cantidad de terminales (ordenadores) que precisarán conectividad, así como el soporte del sistema PMS que deberá conectar con las PDA de los diferentes departamentos (pisos, *spa,* restaurante, bar, cafetería, terraza...), las conectividades destinadas a empleados del establecimiento o las cámaras de seguridad por poner un ejemplo.
- **Necesidades de los clientes.** Dependiendo del cliente de que se trate, se podrá ofrecer:
  - Una conexión gratuita con una velocidad estándar, como por ejemplo a los huéspedes de las habitaciones.
  - Una conexión sencilla gratuita con un tiempo limitado, como por ejemplo a los clientes que realicen una consumición en la cafetería, lo que se gestionaría a través de un *hotspot.*
  - Una conexión con una velocidad superior a clientes VIP que puede ser de pago o no.
  - Una conexión especial a los salones o reuniones de congresos con necesidades más exigentes.
  - Un *business center, Internet point,* mesa de despacho o sala con un terminal con conexión a Internet, incluso provisto de una impresora, con acceso libre o de pago, donde los clientes se puedan conectar y trabajar.

Existen establecimientos que no ofrecen wifi gratis o lo limitan a una duración temporal de uso: por ejemplo, ofreciendo la primera hora gratis y posteriormente, en caso de desear continuar con la conexión, esta se tarificará por uso.

5.6. Control de facturación del servicio de comunicaciones

El Departamento de Mano Corriente era el responsable de realizar los cargos por el importe relativo a las llamadas telefónicas realizadas en las habitaciones, proceso que ha sido reemplazado por los actuales sistemas de tarificación automática. Este sistema suele emplear una *suite* de aplicaciones que no es más que un paquete de programas informáticos diseñados para realizar diferentes funciones, de utilidad para gestionar la prestación de servicios telefónicos y otras telecomunicaciones, como son los canales de televisión de pago, así como dar de alta y baja los servicios (al realizar el *check-in* y el *check-out,* respectivamente) o realizar el servicio de mensajería a través del receptor de televisión.

Figura 5.30. *El programa se encargará de registrar las llamadas hechas por el huésped y las listará en el momento de salida para su fácil facturación.*

```
*****************************************
*                Hotel                  *
*****************************************
Check in  : 01.JAN.00 06:31PM
Check out : 03.JAN.00 07:03AM
Room      :  202 : Mr. Smith

01/01/00 06:52PM  202 01 Call amount:0012  01:24'30 00084.50 001
02/01/00 06:07PM  202 01 123456789         00:10'12 00010.20 1234567890
02/01/00 07:30PM  202 01 012345678901234   00:06'36 00006.60 12345
02/01/00 08:45PM  202 01 0011234567890123  00:03'00 00003.00 12345

 Telephone                  104.30 (Tax  10.000% =     9.48)
 Minibar                      4.00 (Tax  10.000% =     0.36)
 Others                       0.00 (Tax  15.000% =     0.00)
-----------------------------------------------------------
 Total               FR     108.30 (Tax Total     =    9.84)

 Sheet : 002

 ======= Hotel PBX =======
 Tel: +41 3 12 34 56 78  Fax: +41 3 12 34 56 78
 E-Mail: 12345678@hotelpbx.ch
```

Figura 5.31. *Ejemplo de tarificación por llamadas realizadas desde la habitación. Fuente: www.cast.mx.*

5.7. Información al cliente interna y externa

El Departamento de Conserjería será quien deba gestionar todo lo relacionado con los servicios de atención al cliente. Sin embargo, al no existir este departamento en la mayoría de los establecimientos y ser asumidas sus funciones por el Departamento de Recepción, será el personal de mostrador quien deba resolver todas las dudas y atender a las demandas de los clientes.

Debemos insistir en la importancia de tomar conciencia de que nuestros huéspedes se encuentran fuera de su entorno habitual y que por lo tanto pueden necesitar de nuestra ayuda para cualquier cuestión que les pueda surgir, que pueden ser tanto de ámbito interno como externo.

Figura 5.32. *La información que debamos ofrecer a nuestros huéspedes debe ir encaminada a hacerles la estancia más agradable.*

- **Información interna.** Se puede contemplar desde dos puntos de vista:
  - Desde el punto de vista del establecimiento: comprende toda comunicación de personal que implican las relaciones interdepartamentales.
  - Desde el punto de vista del cliente: incluye ofrecer información sobre el funcionamiento de las instalaciones del establecimiento, las actividades y servicios que ofrece, horarios, precios, etc.

Actividad propuesta 5.7.

El cliente siempre tiene la razón

Debatid en clase si la afirmación «El cliente siempre tiene la razón» es así en todos los casos o existen excepciones. ¿En qué casos? ¿Cuál es el coste de ceder o de no ceder ante un enfrentamiento con un cliente?

Otro concepto importante en el tratamiento a clientes es la empatía: es una actitud, una forma de enfrentarse a la comunicación de forma que intentemos identificarnos con nuestro interlocutor y con lo que nos quiere decir, entendiendo su postura y tratando de darle la misma respuesta que nos gustaría que nos diesen a nosotros si estuviésemos en su lugar. Para lograr esto, debemos practicar la escucha activa.

Sabías que...

Escuchar no es lo mismo que oír: oír es un acto inconsciente y ajeno a nuestra voluntad, que se produce por el mero hecho de disponer de un oído sano; pero para escuchar, intervienen muchos más factores: prestar atención, poner interés, razonar, pensar, concentrarnos en el mensaje.

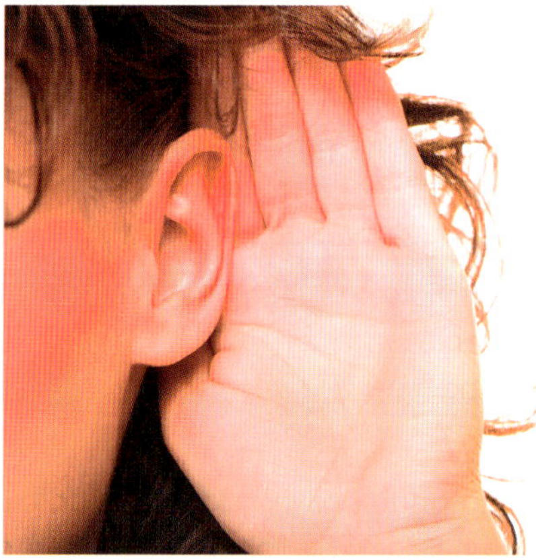

La escucha activa, incluye el esfuerzo de hacer sentir al interlocutor que lo estamos comprendiendo, le animamos a que se exprese, le transmitimos interés, confianza y seguridad.

La empatía mejora las relaciones ya que aporta valor, implica una carga emocional a la relación, de forma que sintamos al cliente como lo realmente importante que es, y que si nuestros huéspedes están bien, en cierto modo nosotros también nos sentiremos bien, ya que estaremos cumpliendo con nuestro trabajo que es servir a nuestros clientes, acompañarlos y facilitarles su estancia.

5.9. Tratamiento de quejas, sugerencias y reclamaciones

Puede parecer que el hecho de que un cliente nos plantee una queja o una reclamación es una amenaza; sin embargo, realmente no es así, ya que, aunque en ese mismo momento no seamos capaces de verlo, supone una oportunidad de mejora. Es incluso más ventajoso para el establecimiento que un cliente se queje y exprese su sentir que el hecho de que se vaya con una mala impresión, sin darnos la ocasión de saberlo ni la oportunidad de rectificar. Sobre todo, porque lo que sucederá a continuación es que ese cliente hablará mal de nosotros, muy probablemente no volverá, ejercerá efecto disuasorio ante sus conocidos, o realizará comentarios negativos en la web o redes sociales, por lo que el coste de una «no reclamación» es seguramente mayor que el de la propia reclamación. Por el contrario, una gestión eficaz de las reclamaciones posiblemente logre dar la vuelta a la situación y puede fidelizar un cliente.

5.9.1. Gestión de quejas

Según la definición contemplada en la norma UNE-ISO 10002:2004, una queja es la «expresión de insatisfacción hecha a una organización, con respecto a sus productos».

Recuerda

Existe una norma específica, la UNE-ISO 10002:2015 *Gestión de la calidad. Satisfacción del cliente. Directrices para el tratamiento de las quejas en las organizaciones* que establece las directrices de implementación del sistema de gestión de las quejas, incluido dentro del sistema de gestión de la calidad.

Mediante la expresión de la queja, un consumidor puede manifestar su malestar o inconformidad respecto al producto o servicio recibido. Suele producirse generalmente en el propio establecimiento y de forma oral, lo que nos permite actuar con rapidez y eficacia para solucionarlo. Para ello, deberemos escuchar atentamente al cliente, ya que solo de ese modo conseguiremos que nos exponga el problema que le ha causado malestar y podremos entenderlo y proponer soluciones para atajar el problema con efectividad y prontitud.

Figura 5.35. *La correcta gestión de quejas, lejos de ser una amenaza, supone una valiosa oportunidad de satisfacer y fidelizar a la clientela.*

Retomando el ejemplo del Epígrafe 5.8, en el que un cliente se quejaba porque no le habían ofrecido una habitación con cama de matrimonio como habría solicitado en su reserva, además de la explicación dada al cliente, se trata de ofrecer soluciones que además sirvan para agradar y fidelizar a la clientela. Se trata de obtener algo positivo de una situación negativa, dejando siempre una puerta abierta y un cliente satisfecho. Así, podríamos decir:

a) «En esta ocasión lamentablemente no hemos podido satisfacer su solicitud, pero confío en que en sucesivas visitas podamos garantizársela. Yo misma personalmente me encargaré de anotar sus preferencias en su ficha para que no vuelva a suceder».

b) «Observo que ustedes se quedan varias noches con nosotros; si le parece bien, mañana mismo, en cuanto nos quede una habitación de matrimonio libre, le podemos ofrecer un cambio de habitación. Si no tiene inconveniente, le ayudaremos a trasladar sus pertenencias en cuanto la tengamos lista para ustedes».

c) «Tenemos una habitación superior con cama *king size* disponible; la diferencia de precio respecto a la doble estándar que tienen contratada es de «X €»; no obstante, y debido a las molestias ocasionadas, se la podemos ofrecer tan sólo por «Y €» más; además ofrece unas vistas magníficas y disponen de salón y bañera de hidromasaje; sin duda, merecerá la pena el cambio», con lo que además estaremos logrando un *up-selling*.

Actividad propuesta 5.8.

Tratamiento de quejas

Debate en grupo otras alternativas distintas a las anteriormente expuestas para dar solución a un problema, eligiendo entre todos cuál sería la mejor solución en cada caso.

Una vez solucionado, deberemos analizar cuáles fueron las causas que lo originaron para procurar evitar que en lo sucesivo vuelva a producirse. Podemos considerar la queja como un problema serio, y como la prueba de que algo no se está haciendo bien. Ese problema sería aún mayor si nuestros clientes no nos transmitieran su insatisfacción, pues estaríamos corriendo el riesgo de seguir en la misma línea, perdiendo la oportunidad de detectar errores o deficiencias, rectificar, mejorar, y conseguir clientes satisfechos.

Así pues, cualquier queja ofrece una información muy valiosa acerca de lo que nuestros clientes esperan de nosotros, lo que facilitará nuestra adaptación a sus gustos, necesidades y preferencias. Con el correcto tratamiento de la queja, recuperaremos la confianza del cliente. Se podría afirmar que es más costoso conseguir un nuevo cliente que mantener los que ya tenemos; adaptándonos a sus necesidades, lograremos clientes satisfechos, y lo que es más importante, que hablen bien de nosotros y nos recomienden. De otro modo, estaremos generando malestar entre la clientela, que transmitirá su descontento y no repetirá experiencia en el establecimiento.

Recuerda

La mejor situación para gestionar las quejas, es que estas se transmitan directamente en el establecimiento para atajarlas cuanto antes. Puede darse el caso de que un cliente no esté satisfecho, pero que no nos lo transmita, y se vaya con esa mala sensación de descontento o malestar. Para evitar que esto se produzca, una solución es abordar directamente al cliente y preguntarle en cuanto tengamos la ocasión si está todo a su gusto, mostrando interés por satisfacerle y dándole pie de ese modo a que nos manifieste cualquier inquietud que pudiera tener en ese mismo momento.

Como se acaba de exponer, generalmente las quejas se suelen producir de forma directa y oral en el establecimiento, que es lo realmente deseable ya que aún podemos hacer algo por atajar el problema; sin embargo, páginas web como Tripadvisor suelen recoger quejas de clientes de forma pública, cuando generalmente ya es demasiado tarde para solucionarlo, desencadenando una mala publicidad para el establecimiento que difícilmente podrá revertirse. En este sentido, la correcta gestión de las quejas en la web, exponiendo nuestros argumentos, pueden ser de utilidad, además de poder dirigirnos personalmente a la persona que escribe para aclarar lo sucedido. Otro problema añadido a este tipo de páginas es la existencia de los llamados *trolls* informáticos, que deliberadamente buscan perjudicar algunos establecimientos, y frente a los que también deberemos saber reaccionar convenientemente, con prudencia y firmeza.

Actividad propuesta 5.9.

Quejas en la web

Busca quejas de clientes en la web. Lee las quejas de los clientes y las respuestas dadas por el establecimiento y coméntalas con tus compañeros. Determinad si se han gestionado convenientemente o no las quejas.

5.9.2. Gestión de sugerencias

Las sugerencias son propuestas de mejora, alternativas a un producto o servicio, recomendaciones que podemos recibir tanto del personal como de nuestros clientes. Permiten una visión más amplia y desde otro punto de vista, además de reflejar interés. Es una información valiosa, ya que parte de las expectativas del cliente o personal, de su experiencia en el establecimiento, y nos ofrece una retroalimentación o *feedback* que deberemos valorar.

¿Cómo podemos recoger la valoración de nuestro servicio y sugerencias de mejora por parte de los clientes? Mediante un formulario dispuesto al efecto que recoja sus ideas y propuestas, que debe estar ubicado en un sitio visible de la habitación. Para incentivar su cumplimentación, se suelen incorporar a un sorteo de regalos: noches o cenas gratis, por ejemplo.

Disponer de este tipo de encuestas es de carácter obligatorio en caso de que el establecimiento esté dentro de algún sistema de calidad, al igual que los sistemas de autocontrol.

Figura 5.36. *Buzón de sugerencias.*

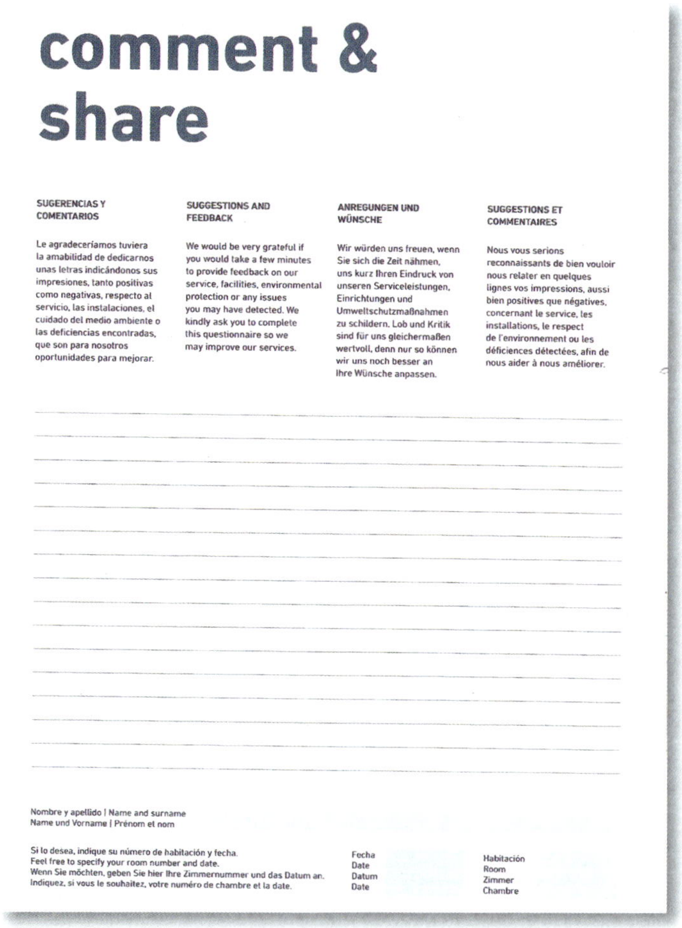

comment &
share

SUGERENCIAS Y COMENTARIOS

Le agradeceríamos tuviera la amabilidad de dedicarnos unas letras indicándonos sus impresiones, tanto positivas como negativas, respecto al servicio, las instalaciones, el cuidado del medio ambiente o las deficiencias encontradas, que son para nosotros oportunidades para mejorar.

SUGGESTIONS AND FEEDBACK

We would be very grateful if you would take a few minutes to provide feedback on our service, facilities, environmental protection or any issues you may have detected. We kindly ask you to complete this questionnaire so we may improve our services.

ANREGUNGEN UND WÜNSCHE

Wir würden uns freuen, wenn Sie sich die Zeit nähmen, uns kurz Ihren Eindruck von unseren Serviceleistungen, Einrichtungen und Umweltschutzmaßnahmen zu schildern. Lob und Kritik sind für uns gleichermaßen wertvoll, denn nur so können wir uns noch besser an Ihre Wünsche anpassen.

SUGGESTIONS ET COMMENTAIRES

Nous vous serions reconnaissants de bien vouloir nous relater en quelques lignes vos impressions, aussi bien positives que négatives, concernant le service, les installations, le respect de l'environnement ou les déficiences détectées, afin de nous aider à nous améliorer.

Nombre y apellido | Name and surname
Name und Vorname | Prénom et nom

Si lo desea, indique su número de habitación y fecha.
Feel free to specify your room number and date.
Wenn Sie möchten, geben Sie hier Ihre Zimmernummer und das Datum an.
Indiquez, si vous le souhaitez, votre numéro de chambre et la date.

Fecha
Date
Datum
Date

Habitación
Room
Zimmer
Chambre

Figura 5.37. *Hoja de sugerencias a disposición de los clientes en las habitaciones.*

En el caso de los empleados del establecimiento, suelen disponerse también buzones de sugerencias en la puerta del Departamento de Dirección o Recursos Humanos, donde los trabajadores pueden dirigir de forma anónima sus sugerencias de mejora, propuestas, alternativas al funcionamiento de la empresa, peticiones, etc., que deberán ser valoradas en su justa medida si lo que se busca es un buen ambiente de trabajo que redunde en beneficio de la organización y en definitiva de la clientela, ya que del bienestar de los empleados dependerá el éxito de la empresa.

5.9.3. Gestión de reclamaciones

La correcta gestión de las reclamaciones es de utilidad de cara a evitar complicaciones o empeorar la situación, además de poder ser invertidas para fidelizar a los clientes.

La hoja de reclamaciones es un derecho que todo consumidor puede ejercer si siente que ha sido perjudicado, engañado, o que se han vulnerado sus derechos respecto a la compra de un bien o servicio. Se suele interponer una hoja de reclamaciones cuando la queja o el intento de un acuerdo previo ha sido infructuoso, esté fundada la queja o no.

Recuerda

Las quejas, sugerencias y reclamaciones son oportunidades de mejora.

Figura 5.38. *Hoja de reclamaciones.*

Ante una queja o reclamación, debemos ante todo escuchar, ya que a menudo lo que el cliente desea y necesita es desahogarse y exponer el problema que le ha causado ese malestar o descontento. Puede que haya existido algún malentendido, por lo tanto, debemos atenderle amablemente, escucharlo sin interrumpir, salvo para parafrasear o asentir y hacerle ver que le estamos escuchando, o para preguntarle con el propósito de obtener alguna aclaración o más información sobre lo sucedido. Ante todo, debemos tener voluntad de ayudar y resolver esa situación de desagrado, evitando restar importancia al asunto porque para el cliente sí que la tiene. Para ello, ante todo nos disculparemos por los inconvenientes ocasionados, sea o no nuestra culpa. A menudo, una disculpa sincera ayuda a calmar la situación y evitar males mayores; además, debemos tener siempre presente que es la imagen del establecimiento la que está en juego, además de la satisfacción del cliente.

Es importante que el cliente se sienta cómodo para lo cual, y para evitar molestar a otros huéspedes, podemos pedir que nos acompañe a un sitio donde poder hablar con más tranquilidad, o dirigirlo a algún responsable, como el jefe de departamento o el director.

Si por el motivo que fuere el cliente llegase a perder los nervios, en ningún caso debemos perder la compostura o levantar la voz, ya que eso solo podría empeorar las cosas. Debemos ser objetivos y no tomar esa reacción como algo personal, sino como fruto del descontento, con lo cual es evidente que no debemos ignorar la situación o tomarlo como algo trivial, sino darle la importancia que requiere e intentar buscar la mejor solución. En el caso de que no tenga razón, se procurará formularle preguntas con prudencia, de modo que verbalizando las respuestas él mismo caiga en la cuenta del error. De cualquier modo, deberemos ofrecerle una solución rápida y eficaz que le satisfaga.

Debemos procurar evitar en la medida de lo posible que nos pongan una hoja de reclamaciones, intentando solucionar el asunto previamente con acierto, pero si el cliente desea cumplimentarla, por supuesto está en su derecho. Las hojas de reclamaciones son un derecho del consumidor y una obligación de toda empresa que comercialice bienes o preste servicios a los consumidores. En caso de no facilitarla, la empresa comete una infracción seria. De hecho, se debe exponer en un lugar visible un cartel en el que se anuncie de forma clara la existencia de hojas de reclamaciones a disposición de los clientes. Cada comunidad autónoma establecerá el modelo tanto de cartel como de hojas de reclamaciones.

Figura 5.39. *Cartel anunciando la existencia de hojas de reclamaciones en el establecimiento.*

En la página web de la Dirección General de Consumo de cada comunidad autónoma existe un modelo que se puede cumplimentar de forma telemática, o descargar y entregar una vez cumplimentado en el lugar adecuado; en nuestro caso, y debido a nuestra actividad, ese lugar será la Dirección General de Turismo. La hoja de reclamaciones consta de tres copias, una para el establecimiento, otra para el consumidor y otra para la Administración.

A su vez, la hoja de reclamaciones consta de varios apartados para:

- Cumplimentar los datos del establecimiento reclamado.
- Indicar los datos personales del reclamante (quien redacta la hoja de reclamaciones).
- Redactar y exponer el motivo de la queja, que deberá hacerse de la forma más clara y concisa posible, teniendo en cuenta que será un tercero quien lo leerá.
- Anotar lo que se reclama o solicita.
- Relacionar los documentos que se adjuntan para apoyar la reclamación, es decir, de cuantas pruebas o documentos se disponga: facturas, fotografías, etc.
- Firmar por las dos partes implicadas, el reclamado y el consumidor, siendo válido el sello del establecimiento como acuse de recibo.

Como ya se ha comentado, cada comunidad autónoma establecerá su propio formato, pero debe recoger al menos los apartados citados anteriormente, y además estar redactado en al menos dos idiomas.

El original deberá entregarse personalmente por el consumidor al organismo de consumo en un plazo no superior a un mes contado desde la fecha en la que se produjeron los hechos, entregando una copia al establecimiento reclamado y quedándose el cliente con otra copia. Una vez iniciado el procedimiento, la Administración dispone de 15 días para responder, emitiendo un pliego de cargos con la sanción que corresponda a la empresa (si procede), o desestimando la misma. En caso de prosperar la reclamación, la empresa reclamada dispone de ocho días para hacer un pliego de descargo y alegar cuantas cuestiones considere oportunas en su defensa. Si aun así se reconoce el daño, se obligará a la empresa a indemnizar debidamente al demandante ya que es un procedimiento administrativo, y se le interpondrá la sanción que corresponda en función de la gravedad de los hechos.

En el caso de que la empresa esté adherida al Sistema Arbitral de Consumo, en caso de no llegar a un acuerdo entre las partes, será esta figura quien, en un proceso extrajudicial, resuelva el conflicto una vez oídas las partes, tras lo cual emitirá un laudo con su decisión, que será vinculante y de obligada aceptación para ambos desde el momento en el que aceptan someterse a la decisión del árbitro.

Para ampliar

En el siguiente enlace puedes encontrar la normativa que regula las hojas de reclamaciones según cada comunidad autónoma:

http://www.aecosan.msssi.gob.es/AECOSAN/docs/documentos/consumo/Informacion_Practica_BS/hojas_reclamaciones/hojasdeReclamacionesCA.pdf

REMITIR A: D.G. COMERCIO Y CONSUMO
CONSEJERÍA DE ECONOMÍA, EMPLEO Y HACIENDA
DE LA COMUNIDAD DE MADRID
C/ GENERAL DÍAZ PORLIER, 35 - 28001 MADRID

Comunidad de Madrid

Hoja de reclamación / Official Complaint Form

1.- Estos datos serán cumplimentados por el reclamado antes de su entrega al consumidor/ to be filled by the company

Nombre del establecimiento		Actividad	
Razón Social		NIF/CIF	
Correo electrónico		Teléfono	
Dirección			
C.P.	Localidad	Provincia	

El establecimiento está adherido al Sistema Arbitral de Consumo / Establisment subject to Consumer Arbitration Service: **Si / Yes** ☐ **NO** ☐

2.- Datos del solicitante / To be filled by the claimant:

Nombre *(Name)*	Apellidos *(Last Name)*	NIF/NIE/Pasaporte *(Passport)*	
Correo electrónico *(e-mail address)*		Teléfono *(phone number)*	
Dirección *(Address)*			

Solicito que el correo electrónico arriba indicado sea el medio preferente para comunicaciones : **Sí / Yes** ☐ **No** ☐
(I request that the above email address be the preferred means of communication)

3.- Motivo de la reclamación / Reason for complaint:

....

4.- Pretensiones del solicitante / Claimant requests:

....

Solicito someter la reclamación al sistema arbitral de consumo (*I hereby agree to submit claim to consumer arbitration service*) **Sí / Yes** ☐ **No** ☐
(Si el arbitraje es aceptado por ambas partes, impide acudir posteriormente a la vía judicial y obliga a cumplir el laudo arbitral).
(If the arbitration is accepted by both parties, prevents it from going to court and requires compliance with the arbitration sentence)

5. - Alegaciones de la empresa / Company alegations:

....

A las/ *at* ......horas / *hours* del día / *day* ....(mes / month) ....(año / year) ....(fecha de la reclamación / *date of claim)*

Firma del reclamante/ *complainant´s signature* Firma y sello del reclamado / *company´s signature*

INSTRUCCIONES AL DORSO (*SEE THE BACK FOR INSTRUCTIONS*)

Advertencia: Los datos personales recogidos serán incorporados y tratados en los ficheros IDCO, ERCO, INCO, ESAC y ARBC, cuya finalidad es recoger los datos de los interesados en los procedimientos administrativos en materia de consumo, y podrán ser cedidos según lo previsto en la Ley. El responsable de estos ficheros es el órgano que figura en este documento, ante él podrá ejercer los derechos de acceso, rectificación, cancelación y oposición, todo lo cual se informa en cumplimiento de la Ley Orgánica 15/1999, de 13 de diciembre, de Protección de Datos de Carácter Personal.
Warning: The personal data collected will be incorporated and processed in the files IDCO, ERCO, INCO, ESAC y ARBC, whose purpose is to collect the data of those interested in administrative procedures regarding consumer protection, and may be assigned as provided in the Law. The person responsible for these files is the body that appears in this document,and you can exercise the rights of access, rectification, cancellation and opposition, all of which is reported in compliance with Organic Law 15/1999 of December 13, Of Protection of Personal Data

Figura 5.40. *Modelo de hoja de reclamaciones oficial de la Comunidad de Madrid.*

Figura 5.41. *El Sistema Arbitral de Consumo es el instrumento que las Administraciones Públicas ponen a disposición de los ciudadanos para resolver de modo eficaz los conflictos y reclamaciones que surgen en las relaciones de consumo.*

Es frecuente que se produzcan reclamaciones por diferencias de precios o tarifas con respecto a lo hablado o contratado, o por consumos que no se han realizado o cuyo importe no se desea pagar por el motivo que sea (no era de su agrado, estaba en mal estado, se consideraba incluido en el precio, etc.). En ese caso, para poder poner la hoja de reclamaciones es requisito indispensable haber abonado antes la factura, y posteriormente reclamar lo que, a criterio del consumidor, considere justo.

Recuerda

En el tratamiento de quejas o reclamaciones, debemos ante todo respetar a nuestros compañeros y no echar la culpa al otro; da muy mala imagen, además de ser una total falta de compañerismo, pero sobre todo: no resuelve el problema. En cualquier caso, debemos hacer nuestro el problema aunque nosotros personalmente no lo hayamos causado. Posteriormente podremos hablar con quien corresponda para evitar que se vuelvan a producir situaciones similares, pero siempre con el objetivo de lograr la mejora continua, no con el fin de criticar, delatar o menospreciar a un compañero. Nunca se sabe cuándo te puede pasar a ti, y seguro que te gustaría contar con el apoyo de tu equipo.

5.10. Procesos de posestancia del cliente y sistemas de fidelización

La inversión que supone elaborar campañas para captar nuevos clientes normalmente es mayor que la que requiere fidelizar a la clientela; por ese motivo, la implantación de un sistema de fidelización en el establecimiento, además de suponer un valor añadido, es una importante fuente de ingresos, ya que los clientes satisfechos generan a su vez más clientes, puesto que se convierten en nuestros mejores mentores.

En un mundo que está permanente conectado, la comunicación 2.0 es esencial: las *newsletters* por ejemplo, llegan en tiempo real a nuestros contactos. El *mail marketing* no supone una elevada inversión y llega de manera eficaz a nuestros clientes. En ese sentido, es habitual que las empresas se comuniquen con sus clientes una vez finalizada la estancia por correo electrónico, agradeciendo el hecho de que los hayan elegido, esperando que hayan tenido una estancia agradable y enviando un enlace a una encuesta que se puede cumplimentar en unos pocos minutos. Estas encuestas son necesarias en caso de estar o pretender certificar a la empresa con algún sistema de gestión de la calidad, y son de gran utilidad de cara a conocer cuáles son los puntos débiles de la empresa y aquellos mejor valorados, lo que permite poder tomar decisiones con mayor acierto.

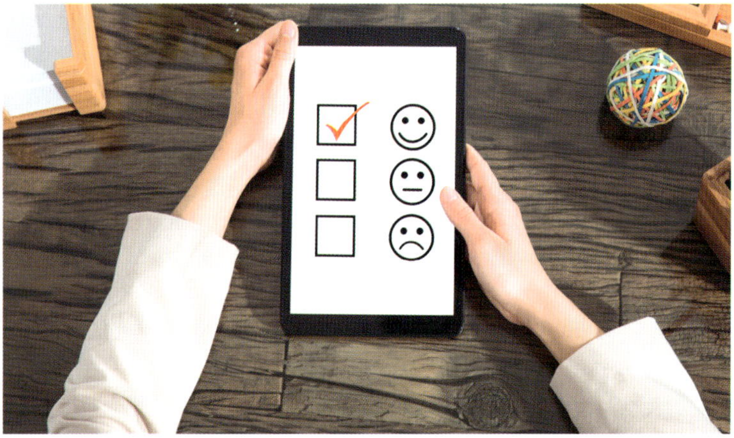

Figura 5.42. *Una encuesta de satisfacción es una estupenda herramienta para potenciar una comunicación fluida con los clientes.*

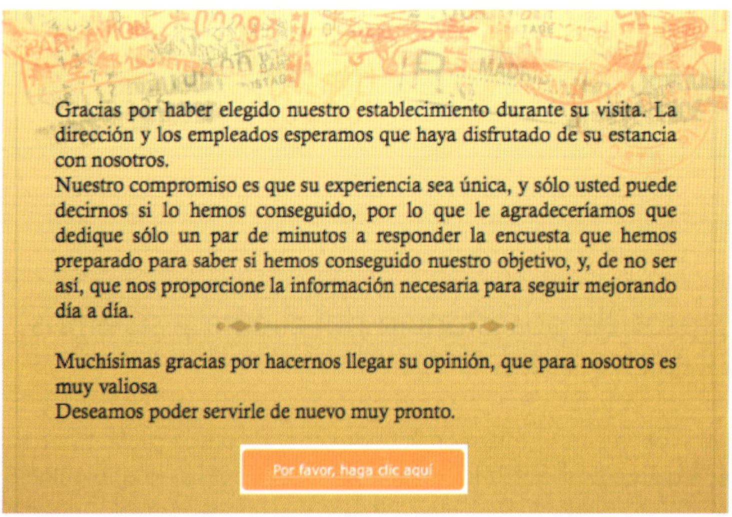

Gracias por haber elegido nuestro establecimiento durante su visita. La dirección y los empleados esperamos que haya disfrutado de su estancia con nosotros.
Nuestro compromiso es que su experiencia sea única, y sólo usted puede decirnos si lo hemos conseguido, por lo que le agradeceríamos que dedique sólo un par de minutos a responder la encuesta que hemos preparado para saber si hemos conseguido nuestro objetivo, y, de no ser así, que nos proporcione la información necesaria para seguir mejorando día a día.

Muchísimas gracias por hacernos llegar su opinión, que para nosotros es muy valiosa
Deseamos poder servirle de nuevo muy pronto.

Por favor, haga clic aquí

Figura 5.43. *Ejemplo de correo electrónico enviado a los clientes tras su estancia en el establecimiento, en el que se solicita la cumplimentación de la encuesta de satisfacción.*

ENCUESTA DE SATISFACCIÓN

1. **¿Cómo ha sido su experiencia en general?**

   ☐ MALA ☐ REGULAR ☐ BIEN ☐ EXCELENTE

2. **¿Recomendaría nuestro establecimiento?**

   ☐ SÍ ☐ NO

   En caso negativo, por favor, indíquenos los motivos.

   ____

3. **Por favor, díganos cómo valora cada uno de los siguientes aspectos, numerándolos del 1 al 5, siendo 1 muy malo y 5 excelente:**

   ☐ Eficiencia y agilidad en los trámites en mostrador hasta entregarle la llave de su habitación.
   ☐ Amabilidad y profesionalidad del personal de recepción.
   ☐ Eficiencia en la despedida y entrega de factura.
   ☐ Precisión de la información recibida a su llegada.
   ☐ Experiencia durante el proceso de reserva.
   ☐ Instalaciones, limpieza y comodidad de la habitación.

4. **¿Ha tenido alguna incidencia durante su estancia? Por favor, indíquenos cómo ha sido resuelta y si ha sido satisfactoria.**

   ____

5. **Por favor, indique el nombre del personal que contribuyó a su experiencia en el establecimiento.**

   ____

6. **¿Cuál ha sido la razón principal para escoger nuestro establecimiento?**

   ____

Muchísimas gracias por su colaboración.

Figura 5.44. *Ejemplo de encuesta de satisfacción.*

Por otra parte, de cara a captar nuevos clientes, puede ser conveniente realizar cierta inversión en *adwords* para ciertas campañas, determinando las *keywords* apropiadas, de modo que cuando alguien introduce esa palabra en el buscador, enlazará con nuestra empresa que aparecerá en las primeras posiciones, y se hará visible entre otras miles de empresas similares de forma destacada.

Para ampliar

Se denominan *adwords* a los anuncios que aparecen en los buscadores de Internet, de modo que introduciendo en el navegador las palabras clave de búsqueda, muestre los contenidos relacionados.

Si una empresa utiliza este tipo de anuncios, aparecerá en un lugar destacado y preferente frente a otras que también contengan esas palabras clave. Así, un cliente que esté buscando un producto determinado, dará fácilmente con nuestro establecimiento, acercando de este modo nuestra oferta a su demanda y destacando sobre los demás competidores. Si además nuestra página es atractiva y ofrecemos lo que busca de forma convincente, no tendrá necesidad de seguir buscando y comparando, habiendo por lo tanto captado un cliente.

Los establecimientos, especialmente aquellos de grandes dimensiones, establecen campañas y programas de fidelización de la clientela, emitiendo tarjetas para aquellos clientes que se inscriban al programa o se asocien, de modo que por el mero hecho de entregar sus datos, se podrán beneficiar de una serie de ventajas como obtener puntos por sus estancias, descuentos, tratamientos VIP, *upgrades* (una habitación superior al precio de doble), desayunos gratis, prensa o revistas gratuitas, descuentos en el restaurante, flexibilidad en la hora estándar de *check-in* o *check-out,* atenciones en la habitación como puede ser una botella de agua o acompañante gratis, entre otras opciones y posibilidades.

Asimismo, pueden existir tarjetas con diferentes categorías y privilegios en función del nivel de gasto producido en el establecimiento, que además distinguen al cliente y le hacen sentir importante para la empresa: tarjetas oro, plata, platino, cinco estrellas, etc.

Actividad propuesta 5.10.

Acciones para la captación y fidelización de clientes

¿Qué medidas tomarías para fidelizar a la clientela distintas a las que se explican en la unidad? Aporta ideas y sugerencias que se puedan implementar en los establecimientos de alojamiento turístico.

Figura 5.45. *Las tarjetas de fidelidad son un recurso frecuente que emplean los establecimientos de alojamiento turístico.*

Estos sistemas actuales de fidelización al cliente se denominan CRM *(customer relationship management)* y permiten gestionar una base de datos con toda la información de los clientes, empresas, cuentas, etc., de forma que podamos enviar un *mailing* personalizado ofreciendo el mejor producto adaptado a cada cliente, y no llenando su buzón de productos que no le interesan, sino aquellos acordes a su perfil y necesidades. Felicitaciones por su cumpleaños o por Navidad pueden ser detalles que nuestros clientes valoren.

Para ampliar

Existen varios tipos de CRM:

- **Operacional:** se dedica a la gestión del *front office:* atención al cliente, obtención de información para optimizar las campañas de marketing y ventas.
- **Analítico:** mediante el análisis de datos y el estudio del comportamiento del cliente se evalúan la eficacia de las promociones puestas en marcha.
- **Colaborativo:** estudia las formas de interactuar entre la empresa y el cliente a través de diferentes canales que mejor se adapten al perfil de cada uno.

Figura 5.46. *Ejemplo de solicitud del carné de cliente.*
Fuente: NH Hotel.

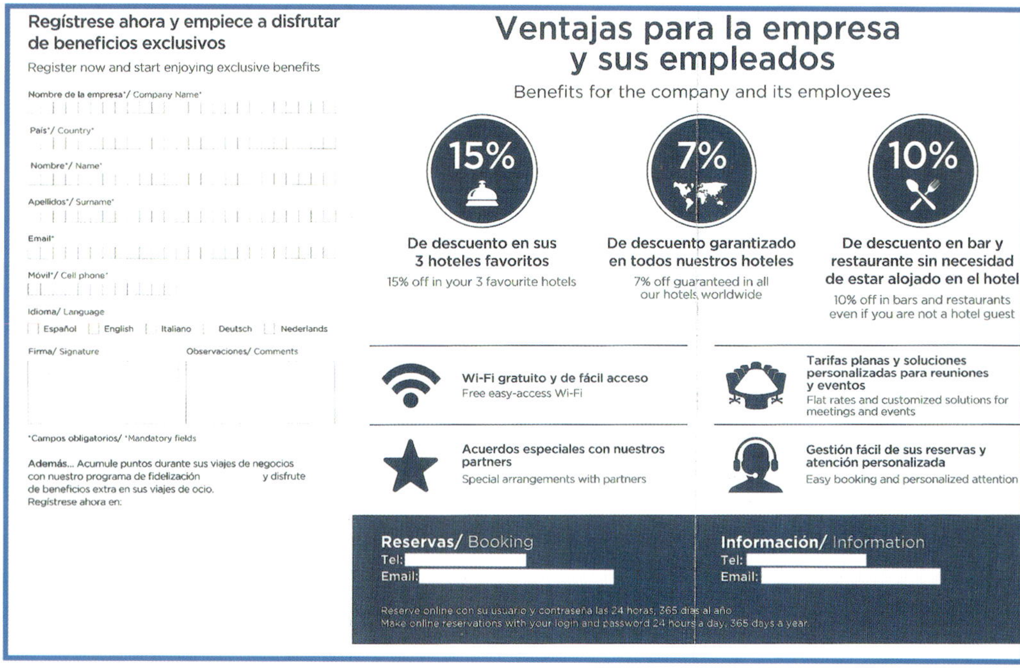

Figura 5.47. *Ejemplo de folleto con la información sobre los programas de fidelización de clientes. Fuente: NH Hotel.*

Enlaces web de interés

Asociación Española para la Calidad

https://www.aec.es/web/guest/centro-conocimiento/quejas-y-reclamaciones

AENOR

http://www.aenor.es/aenor/normas/normas/fichanorma.asp?tipo=N&codigo=N0031963

Tripadvisor

https://www.tripadvisor.es/pages/noticetakedown.html

AECOSAN

http://www.aecosan.msssi.gob.es/aecosan/docs/documentos/consumo/informacion_practica_bs/hojas_reclamaciones/hojasdereclamacionesca.pdf

Ejemplos de centralitas para hoteles

https://www.cast.mx/Panasonic/KX-NS500/Panasonic-SIP-KX-NS500-KX-NS520-Excelente-Conmutador-para-Hoteles-Hospitales-Moteles.html

Mapa conceptual

Comunicaciones en el Departamento de Recepción

- Comunicación interna y externa
- Centralita telefónica: operaciones básicas
  - Gestión de llamadas
- Gestión de mensajes y servicio de despertador
  - Gestión de mensajes
  - Servicio de despertador
- Sistemas de comunicación interna: megafonía y buscapersonas
- Acceso a Internet. Modalidades de servicio
- Control de facturación del servicio de comunicaciones
- Información al cliente interna y externa
- Asertividad y empatía en la presentación de servicios durante la estancia del cliente. Calidad de servicio y atención al cliente
- Tratamiento de quejas, sugerencias y reclamaciones
  - Gestión de quejas
  - Gestión de sugerencias
  - Gestión de reclamaciones
- Procesos de posestancia del cliente y valoración desde el punto de vista comercial y de fidelización.
  Sistemas de fidelización más utilizados (programa de puntos, regalos y otros)

Actividades de comprobación

5.1. Las comunicaciones dentro del diagrama de la empresa nunca son:

a) Verticales.

b) Diagonales.

c) Transversales.

d) Horizontales.

5.2. Las siglas RSC corresponden a:

a) *Revenue Salary Commitment.*

b) *Recent Software Company.*

c) Responsabilidad Social Corporativa.

d) Red de Sistemas Coordinados.

5.3. Señala la afirmación incorrecta sobre la comunicación telefónica:

a) Es limitada.

b) Su acceso es sencillo y cómodo.

c) Reduce costes frente a la visita personal.

d) Es ilimitada.

5.4. ¿Cuál de las siguientes actuaciones corresponde a la comunicación interna del establecimiento?

a) Indicación de un restaurante típico.

b) Información sobre medios de transporte públicos.

c) Horarios de museos y espectáculos.

d) Horarios del servicio de desayunos.

5.5. La facultad de comunicar algo, ya sea una opinión o un hecho, de forma que no ofendamos a los demás se denomina:

a) Asertividad.

b) Escucha activa.

c) Empatía.

d) Comunicación activa.

5.6. ¿Cuál de las siguientes nos ofrece una oportunidad de mejora?

a) La hoja de reclamaciones.

b) La hoja de sugerencias.

c) Las quejas.

d) Todas las respuestas anteriores son correctas.

5.7. La hoja de reclamaciones consta de:

a) Una copia.

b) Dos copias.

c) Tres copias.

d) Cuatro copias.

5.8. Si existen discrepancias en el precio y el cliente decide poner una hoja de reclamaciones:

a) El cliente queda exento del pago hasta que se resuelva.

b) El cliente debe abonar la factura y posteriormente reclamar.

c) El cliente abona lo que él cree justo y posteriormente el establecimiento reclamará el pago de la cantidad restante.

d) Al cliente se le tomará nota de su tarjeta de crédito para cobrarle cuando se aclare el malentendido.

5.9. Las hojas de reclamaciones:

a) Las debe presentar la empresa en el organismo correspondiente en materia de turismo.

b) Las debe presentar el cliente en el organismo con competencias en materia de turismo.

c) No se deben presentar necesariamente su presentación ante el organismo con competencias en turismo.

d) Todas las respuestas anteriores son incorrectas.

5.10. ¿Cuál de las siguientes situaciones denota una escucha activa?

a) Mirar hacia otro lado cuando un cliente nos habla.

b) Hablar con otro compañero mientras estamos atendiendo a otra persona al teléfono.

c) Estar pendiente de algo que sucede alrededor mientras alguien nos está tratando de explicar algo.

d) Mirar a los ojos a nuestro interlocutor, y asentir o parafrasear lo que nos diga.

Actividades de aplicación

5.1. Practicad los aspectos vistos en la unidad relativos a la atención telefónica. En parejas, simulad que sois cliente y recepcionista e intentad poner en aprietos a vuestro compañero, para poner en práctica los recursos necesarios para salir airoso de la situación de forma eficiente.

5.2. ¿Con qué fórmula responderías al teléfono si trabajases en un Parador de Turismo? ¿Y si es un *camping,* pensión y casa rural?

5.3. Un cliente baja muy enfadado de la habitación, quejándose porque tiene vistas a un patio interior y él quiere vistas al mar. Ese tipo de habitación tiene un sobrecoste, y él ha acudido a nuestro establecimiento con una oferta. ¿Cómo gestionarías la queja?

5.4. Un cliente se queja porque no le hemos despertado y por ese motivo ha perdido el avión. Efectivamente, pese a haber programado la alarma, lo comprobamos y ha habido un fallo en el sistema. Nos quiere poner una hoja de reclamaciones. ¿Qué hacemos?

5.5. Elabora un diagrama de comunicaciones en el que aparezcan los diferentes recursos disponibles en el establecimiento

5.6. Enumera los principios más importantes en el tratamiento de las quejas.

5.7. Elige un establecimiento de alojamiento turístico y elabora tu propio cuestionario de satisfacción para recabar la opinión de los huéspedes a su salida.

5.8. Invéntate una situación y cumplimenta una hoja de reclamaciones dirigida a un establecimiento de alojamiento. Recuerda que la diferencia fundamental respecto a la queja es que solicitas algo a cambio. Una vez cumplimentada, intercámbiala con un compañero, y gestionad las alegaciones correspondientes desde la perspectiva de la empresa reclamada.

5.9. Imagínate que un cliente te solicita el servicio de despertador. Llamas a la habitación pero nadie responde, ¿qué harías?

5.10. ¿Qué medios de comunicación emplean habitualmente los establecimientos de alojamiento turístico para anunciar sus servicios? Busca ejemplos de cada uno.

Actividades de ampliación

5.1. Busca al menos cinco comentarios negativos sobre establecimientos de alojamiento turístico en Internet. Imagínate que eres el responsable del establecimiento y redacta una respuesta dirigida al cliente, pero ten en cuenta que la va a leer más gente, puesto que también la vas a publicar en Internet.

5.2. Imagina que tienes que crear la página web de tu establecimiento: ¿qué aspectos destacarías? Debes elegir en primer lugar las pestañas que pondrías (Inicio, Reservas, Restaurante, Nuestros servicios, Localización, etc.), y qué texto e imágenes incluirías en cada uno de ellos. Ten en cuenta que debe captar la atención y despertar el interés.

5.3. Realiza varias llamadas a diferentes establecimientos de alojamiento turístico: *camping,* casa rural, pensión, hostal, hotel, balneario, parador, y anota el número de tonos transcurrido desde que se establece la conexión hasta que se atiende la llamada, así como el mensaje que recibas nada más descolgar el teléfono. ¿Qué impresión te merece cada uno de ellos? ¿Hay alguna posibilidad de mejora? Recuerda ser educado. Identifícate y explica el propósito de la llamada.

5.4. Fíjate en los establecimientos que visites y observa si disponen del cartel correspondiente que informe de la existencia de hojas de reclamaciones. Imagina que un establecimiento se niega a darnos la hoja de reclamaciones, ¿qué harías? ¿Qué consecuencias puede tener para el establecimiento?

5.5. Investiga sobre los sistemas de conectividad disponibles en los diferentes establecimientos de alojamiento turístico.

Unidad 6

Control de los sistemas de seguridad en los establecimientos de alojamiento turístico

Los establecimientos de alojamiento turístico deben velar por ofrecer seguridad a sus huéspedes, asegurando en todo momento su comodidad y bienestar. Para ello, deberán implantar una serie de procedimientos y mecanismos de control que permitan adelantarse a cualquier incidente, de modo que garanticen en la medida de lo posible ese entorno seguro y libre de riesgo; además deberán contar con las coberturas adecuadas para hacer frente a los posibles imprevistos.

Además de la seguridad física, es decir, la que afecta a la integridad de las personas, también debe ofrecerse seguridad en cuanto a bienes, propiedades, pertenencias, información, etc., motivo por el que los establecimientos pondrán a la disposición de sus huéspedes cuantos medios estén a su alcance.

Contenidos

Objetivos

- Describir los principales riesgos que pueden existir en los establecimientos de alojamiento turístico.
- Identificar los equipos y elementos de seguridad y su relación con las posibles incidencias que puedan surgir en el establecimiento.
- Establecer los protocolos de actuación para garantizar la seguridad de los huéspedes, el personal, el inmueble y los bienes que contiene.

6.1. Concepto y finalidad de la seguridad en alojamientos turísticos

Uno de los propósitos que debemos marcarnos como profesionales es el hecho de que nuestros clientes se sientan cómodos y seguros en nuestro establecimiento. Independientemente del motivo que origine su estancia, ya sea un viaje de negocios o de placer, deben sentirse como en casa, a salvo y sin amenazas de ningún tipo. Deben tener la tranquilidad y la garantía de que el establecimiento va a velar por ofrecerles el máximo confort y seguridad. La seguridad no debe entenderse únicamente como algo meramente físico, sino también psicológico: la sensación de bienestar, estabilidad y protección.

Con esta máxima, lo que se pretende es minimizar cualquier riesgo que pueda surgir. Se entiende como riesgo la probabilidad de que algo perjudicial se materialice, y la seguridad como la sensación de protección, de no vulnerabilidad, de ausencia de riesgo o peligro.

Aunque existen factores externos que no dependen de nosotros, como la inestabilidad política, inseguridad callejera, fenómenos atmosféricos adversos, desastres naturales, cancelaciones o retrasos de medios de transporte, etc., sí podemos ejercer un control sobre nuestras instalaciones, vigilando el acceso de personas ajenas a ellas; supervisando la circulación de paquetes, bienes y mercancías; revisando el orden en las habitaciones y demás dependencias del establecimiento, como salones o zonas comunes; y garantizando la disponibilidad de todos los medios que sean precisos para minimizar cualquier riesgo y sus consecuencias.

Es habitual que los establecimientos recurran a la contratación de profesionales de la seguridad (guardas jurado o vigilantes), pero el compromiso de garantizar el bienestar debe implicar a todo el personal del establecimiento. Se alertará de cualquier movimiento sospechoso y se salvaguardará la integridad de los huéspedes; además de poner todos los medios humanos a disposición de este propósito, se deben incluir herramientas y equipos: sistemas de alarma o de detección de presencia y movimiento en puertas y ventanas, cámaras de vigilancia, controles de acceso, cerraduras inteligentes, sistemas de detección de humo o incendios, así como otros muchos elementos de utilidad en la prevención de riesgos, como ser irán detallando a continuación.

Figura 6.1. *Sistema de detección de alarma.*

Actividad propuesta 6.1.

El concepto de seguridad

Sin entrar en materia aún, según tu criterio, ¿qué elementos consideras que son indispensables para garantizar la seguridad en un establecimiento? ¿Qué riesgos crees que son los más probables y que se deberían minimizar y cómo? Realiza un debate con tus compañeros sobre el tema.

Sabías que...

Algunos ejemplos de los siniestros más graves acontecidos en hoteles son los siguientes:

- El Hotel París Opera en 2005 con 24 fallecidos y más de 50 heridos.
- El Hotel Corona de Aragón en 1979 con más de 76 fallecidos por inhalación de gases tóxicos por el incendio de una freidora de la cocina.

6.2. Valoración del servicio de seguridad

Los diferentes sistemas y mecanismos de seguridad del establecimiento han de velar por la salud, la seguridad física y la integridad de nuestros huéspedes y sus bienes materiales. Esto incluye protegerlos de posibles incendios, robos, hurtos, fraudes y daños físicos por deficiencias en las instalaciones. También hay que evitar malas prácticas de seguridad e higiene (plagas, bacterias como la *legionella* en sistemas de ventilación y aire acondicionado, alimentos en mal estado, instalaciones peligrosas...), el atentado a su intimidad por revelado de datos personales y confidenciales, la pérdida o manipulación de información debido a *hackers* informáticos, la vulneración de los derechos de imagen y privacidad por el acoso de *paparazzi* en caso de clientes famosos, etc. Velar porque nada de esto ocurra es nuestra responsabilidad y nuestro compromiso.

Recuerda

Debemos conocer los riesgos a los que nos exponemos derivados de nuestra actividad para así poder adelantarnos a ellos y prevenir su materialización, así como poner los medios necesarios para ello.

Además de la formación del personal de nuestro establecimiento, se deberá disponer de un pequeño dosier en las habitaciones, de modo que los huéspedes puedan informarse sobre las instrucciones básicas a seguir en caso de emergencia. Esto incluye un plano de ubicación tanto de la habitación como de la planta, con indicación de la salida de emergencia más cercana, que se situará en la parte interior de la puerta de entrada de la habitación.

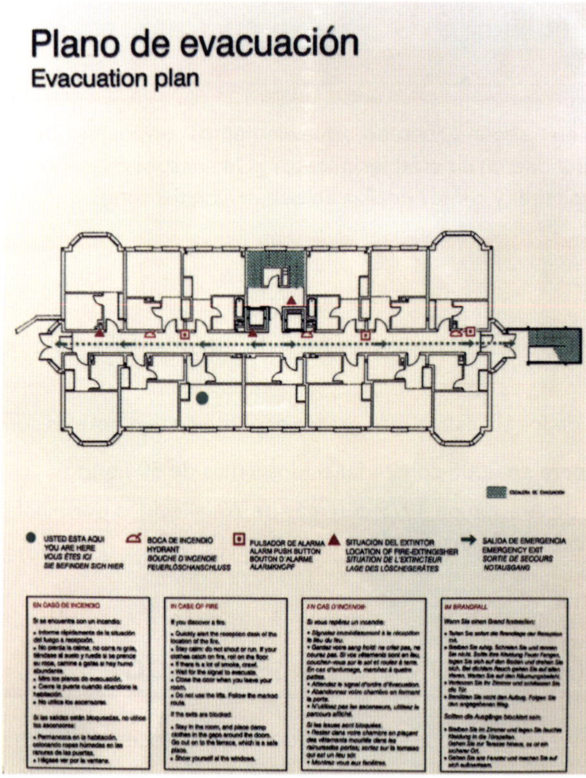

Figura 6.2. *Ejemplo de plan de evacuación y plano de situación.*

Actividad propuesta 6.2.

Derechos de imagen y derecho a la intimidad

Imagina que se aloja alguien famoso en tu establecimiento. En ocasiones, este tipo de clientes viajan con su propia escolta o con equipos de profesionales que velan por proteger su intimidad y que pactan ciertas condiciones con el establecimiento. ¿De qué modo opinas que podrías contribuir a reforzar la seguridad y salvaguardar su intimidad como profesional?

Actividad propuesta 6.3.

Plan de evacuación

Si has visitado un establecimiento de alojamiento turístico alguna vez, ¿te has detenido a leer la información relativa al plan de evacuación durante tu estancia en él? Ahora piensa en tu centro educativo: ¿conoces el plan de evacuación y quiénes son sus responsables?

6.3. Principales riesgos y su prevención

Por desgracia, pocas cosas existen exentas de riesgo. Sin embargo, sí que podemos actuar para minimizar la probabilidad de que se produzcan, así como sus consecuencias. Para ello, debemos aunar esfuerzos para conseguir el mayor nivel de seguridad en los establecimientos, partiendo de la formación del personal, del establecimiento de protocolos y la implantación de medidas preventivas adecuadas a cada situación.

Figura 6.3. *Sistema de señalización de un riesgo o peligro.*

6.3.1. Principales riesgos

Los diferentes riesgos a los que podemos estar expuestos dependerán en gran medida de las características del inmueble, del tipo de clientela, de las instalaciones, etc. Por lo tanto, se deberá hacer un estudio detallado sobre los peligros y riesgos específicos de nuestro establecimiento, ya que solo desde su conocimiento podremos valorar cuál es la mejor opción para contrarrestar sus efectos negativos.

Generalmente los principales riesgos se pueden producir por:

- Incendios, derrumbamientos, explosiones, escapes de gas, inundaciones, etc., bien sea por causas ajenas o intencionadas (amenaza de bomba).
- Daños personales debido a la arquitectura o actividades habituales desarrolladas en el establecimiento: caídas al mismo nivel (resbalar en la bañera o piscina, tropezar con baldosas despegadas o suelo resbaladizo) o en distinto nivel por desprendimiento y caída de materiales (cuadros mal colgados, losetas mal fijadas, lámparas, baldas, escalones mal señalizados, etc.).
- Incorrecta manipulación de los bienes del huésped o accidente (impacto con el vehículo en las instalaciones del edificio, extravío de equipajes, etc.).
- Acceso fraudulento a bases de datos con información confidencial sobre los huéspedes.

Para ampliar

El artículo 1783 del Código Civil establece que todos aquellos bienes que no hayan sido entregados expresamente al personal del establecimiento para su guarda y custodia serán responsabilidad del cliente.

- Actos violentos, peleas o enfrentamientos entre clientes del establecimiento o entre clientes y empleados de este.
- Hurtos o robos con o sin violencia dentro de las instalaciones.

Sabías que...

El hurto consiste en la apropiación indebida, sin recurrir a la fuerza, de bienes ajenos, cuyo valor no supere los 400,01 €.

6.3.2. Identificación y descripción de los procedimientos e instrumentos para la prevención

Las medidas de prevención están encaminadas a evitar que el riesgo se produzca. Para lograr esa seguridad, deben conjugarse todos los medios a nuestro alcance, pero principalmente se pueden destacar tres: medios humanos, medios técnicos y medios organizativos.

Dentro de los medios humanos y organizativos, se encuentra la formación del personal en riesgos laborales. El personal del establecimiento debe ser conocedor en todo momento de los protocolos de actuación que procedan según la naturaleza de cada emergencia. Para ello, el establecimiento dispondrá de un manual de seguridad que deberá ser de lectura obligatoria, y que habrá sido diseñado específicamente acorde a sus características, de modo que se ajuste a su diseño y peculiaridades y en el que conste toda la información necesaria para dar respuesta a cualquier imprevisto. Todo esto, sin perjuicio de que se realicen cursos de formación en prevención de riesgos, primeros auxilios, simulacros o programas de actuación frente imprevistos.

Dentro de los técnicos, que son aquellos de tipo físico, se pueden diferenciar dos tipos:

- **Medios de protección pasiva:** su función consiste en evitar o disuadir cualquier amenaza o riesgo, actuando antes de que este se produzca y evitando en la medida de lo posible que se materialice. Si finalmente se produce, se retardarán sus efectos lo máximo posible para dar margen a los medios de protección activa.
- **Medios de protección activa:** son los medios que alertan de la amenaza producida y que permiten hacerles frente para combatirlos.

Figura 6.4. *Sistema de protección activa: extintor.*

Ejemplos de medidas de protección:

- Extintores polivalentes en el interior del edificio.
- Mantas ignífugas.
- Sensores, detectores, pulsadores de alarmas con sistema acústico y óptico.
- Conexión a una central receptora externa (CRE) de monitorización de señales recibidas.
- Rociadores automáticos de agua en las habitaciones, pasillos y demás dependencias.

Figura 6.5. *Sistemas de pulsación manual de alarma y de detección y activación automática.*

- Alarmas de detección.

Figura 6.6. *Rociador automático de agua.*

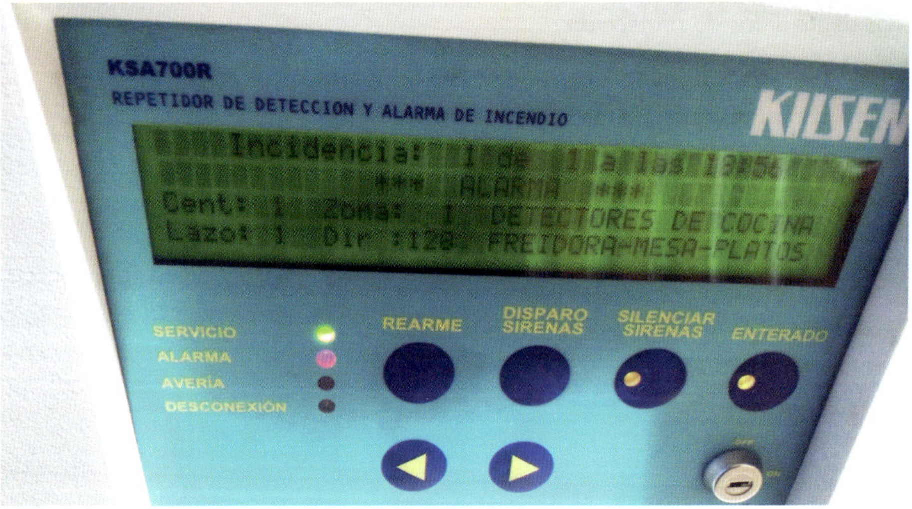

Figura 6.7. *Alarma generada por un detector en cocina.*

- Abastecimiento de agua contra incendios, aljibes e hidrantes
- Planos de ubicación en varios puntos de cada planta y área para facilitar la localización de la salida de emergencia más cercana y el camino hasta ella
- Circuito cerrado de televisión (CCTV), cámaras de seguridad o videovigilancia.
- Gestión de la ficha de policía o parte de entrada de viajeros.
- Realizar simulacros y, sobre todo, comprobar que todos los sistemas de prevención se encuentran en perfecto estado, están operativos y son funcionales.
- Instalación de pararrayos.

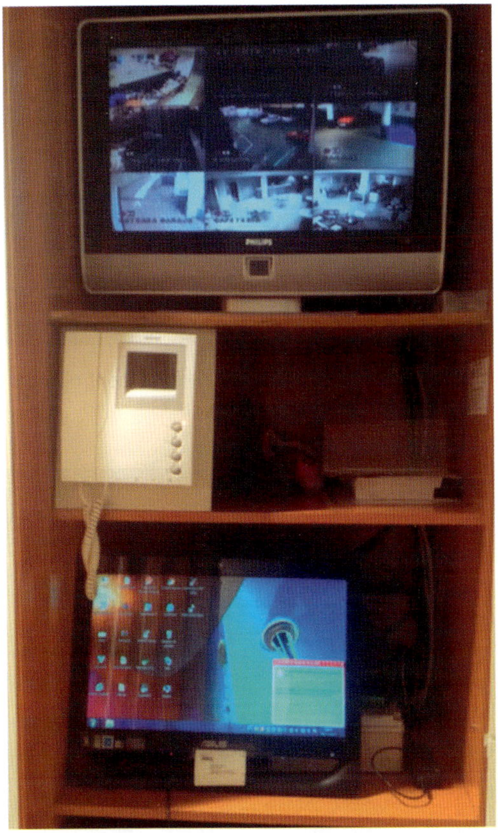

Figura 6.8. *CCTV.*

Figura 6.9. *La instalación de pararrayos es una medida de seguridad en los establecimientos de alojamiento turístico.*

- Informar al personal para que esté vigilante y atento a cualquier situación de riesgo.
- Vigilante de seguridad, conserjería, control de accesos y circulación por las instalaciones, sobre todo pasillos, aseos y garaje o almacenes.
- Paneles indicadores luminosos o foto luminiscentes, visibles en caso de apagón.
- Aplicar el plan de prevención de riesgos laborales en toda actividad que emprendamos, para minimizar los accidentes.
- Diseño funcional de las instalaciones y materiales de construcción resistentes a derrumbes e ignífugos, así como la disposición de varias salidas de emergencia y ventanas con control de apertura máxima para evitar caídas al vacío.
- Puertas cortafuegos automáticas ignífugas de acceso a escaleras de emergencia con sistema de cierre automático y barras antipánico, libres de obstáculos.
- Conductos de aire acondicionado, que deben estar provistos de trampillas que eviten la propagación de fuego o humo a otras dependencias.

Figura 6.10. *Paneles indicadores de las salidas de emergencia.*

Figura 6.11. *Guarda de seguridad controlando los accesos.*

Figura 6.12. *Sistema de ventilación (izquierda) y puerta cortafuegos (derecha).*

- Limitación del aforo y reserva del derecho de admisión, para evitar aglomeraciones y aplastamientos en caso de pánico.
- Mantener el orden y la limpieza, evitando posibles focos de contaminación o con probabilidad de provocar un accidente, obstáculos que puedan entorpecer los accesos en caso de emergencia, así como el correcto almacenamiento de los productos, teniendo especial cuidado con aquellos que sean corrosivos, tóxicos o inflamables.
- Cuadros con equipos de protección ante incendios (extintores y mangueras).

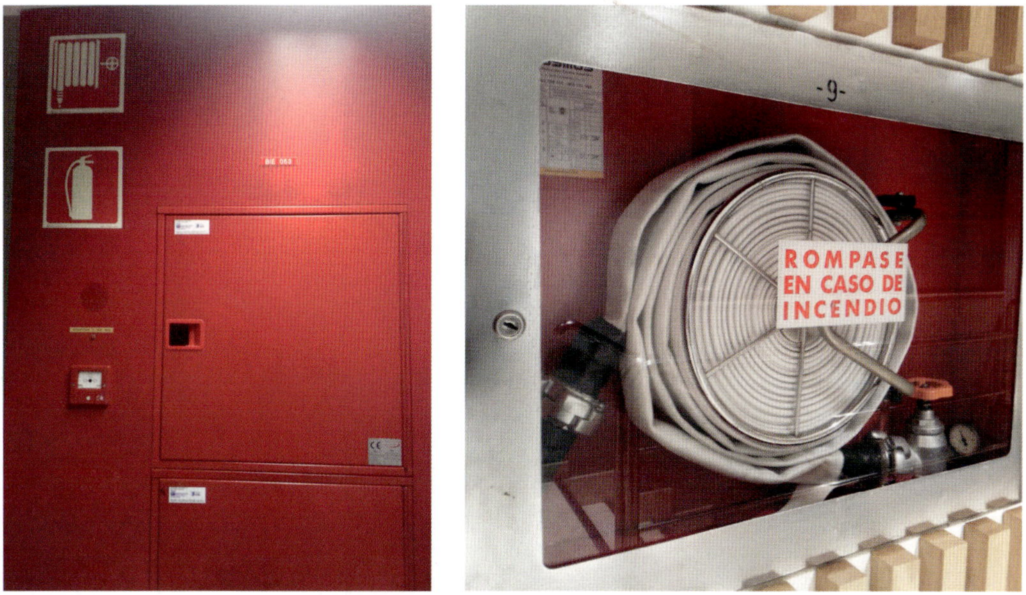

Figura 6.13. *Medios de protección activa contra incendios: mangueras y extintores.*

- Llaves magnéticas que activan o desactivan el circuito eléctrico en la habitación cuando no hay nadie dentro, lo que minimiza el riesgo de sobrecalentamiento por luces encendidas sin control, cortocircuitos o sobrecarga eléctrica. Además, al permitir la lectura de las cerraduras, permite controlar y limitar los accesos a las habitaciones.

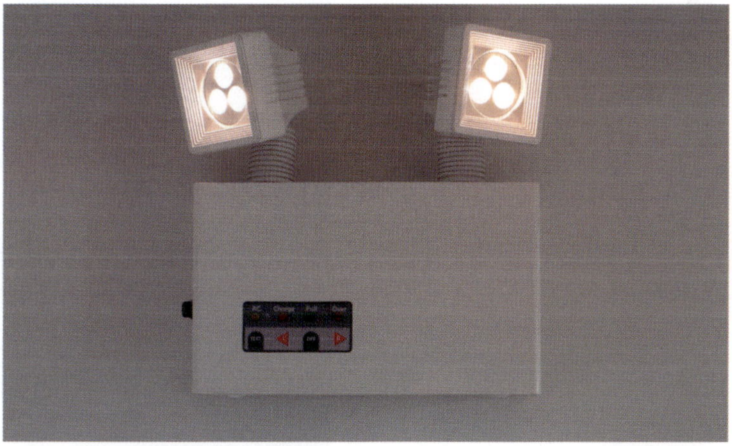

Figura 6.14. *Luces auxiliares de emergencia.*

- Alumbrado de emergencia.
- Es importante comprobar al final del día que no queden equipajes sin recoger en consigna, por lo que su control es fundamental de cara a garantizar la seguridad del establecimiento.

- Prohibición de fumar en las habitaciones o encender velas sin supervisión.

Figura 6.15. *Cartel indicador de la prohibición de fumar en las instalaciones.*

- Mantenimiento preventivo de las instalaciones eléctricas, así como el conocimiento de la ubicación de los cuadros de mandos, fusibles, paneles de control, generadores o grupos electrógenos independientes para garantizar el abastecimiento eléctrico, etc.

Figura 6.16. *Grupos electrógenos y cuadros eléctricos.*

- Equipos de protección individual (EPI), como guantes, casco, calzado antideslizante, mascarillas, arneses y equipos de protección colectiva, como barandillas o marquesinas.
- Cajas fuertes y medidas de seguridad, como cerraduras de apertura mediante llaves encriptadas, o sistemas electrónicos o de reconocimiento de huella dactilar.

Recuerda

La señalización debe cumplir lo reflejado en el RD 485/1997 de 14 de abril sobre disposiciones mínimas en materia de señalización de seguridad y salud en el trabajo.

Actividad propuesta 6.4.

Elementos de protección activa y pasiva

Elabora un cuadro en el que consten los diferentes elementos de protección activa y pasiva y sus principales características de actuación y utilidad.

6.4. Procedimientos en casos de emergencia

En todo establecimiento debe concretarse un plan de actuación que será desarrollado por el personal del establecimiento debidamente formado, y mediante el cual se repartirán las diferentes tareas según la categoría que ostenten, de forma que se distribuya al personal en áreas o zonas encargándose de evacuar y asistir a los clientes y resto de trabajadores. Estas áreas estarán previamente delimitadas, de forma que antes de producirse un incidente todo el personal conozca cuál es el área que está bajo su responsabilidad. Asimismo, atenderá las órdenes del jefe de emergencias del establecimiento, que será quien se encargue de la coordinación de las labores de seguridad internas con los servicios de ayuda exteriores.

En caso de evacuación, se tendrá dispuesto un punto de encuentro, en el que reunir a todo el personal y clientela, para hacer el recuento y control, y en el que se debe permanecer hasta que se decrete el fin de la emergencia.

El establecimiento deberá tener asignado un jefe de seguridad, con formación en vigilancia, coordinación de equipos y actuación en caso de emergencia. Además, será la persona encargada de responder ante la autoridad competente de los equipos de seguridad disponibles y el registro de la formación dada a los trabajadores y clientes en materia de prevención y actuación frente a emergencias.

6.4.1. Fuego

En el caso de detectar alguna incidencia o fuego, se deberá avisar inmediatamente a recepción. En todo momento hay que mantener la calma, evitando gritar o correr para no sembrar el pánico. Si la ropa se prende y nos encontramos en llamas, correr solo agravará el problema: es más eficaz tirarse al suelo y rodar para ahogar las llamas. En caso de humo abundante, deben cubrirse las vías respiratorias con un paño preferentemente húmedo y gatear, ya que el humo tiende a ascender. Se procederá a abandonar la estancia desconectando los aparatos eléctricos, llaves de gas o combustibles, cerrando puertas y ventanas tras de sí, pues el oxígeno aviva las llamas. No se recomienda utilizar los ascensores, y hay que localizar la vía de evacuación más próxima. En caso de que sea necesario utilizar las escaleras, se debe descender por el lado más próximo a la pared.

Figura 6.17. *Incendio generado en un establecimiento.*

Figura 6.18. *Escaleras de emergencia.*

En caso de quedar atrapado en una estancia, se deberán colocar toallas o prendas húmedas en las ranuras de las puertas para evitar la propagación de humo y a continuación colocar alguna señal visible por la ventana para ser localizados y facilitar la labor a los servicios de emergencia.

6.4.2. Hurto o robo con o sin fuerza

En caso de robo o asalto, ante todo debemos conservar la calma; obedecer en la medida de lo posible las demandas del asaltante para no empeorar la situación, máxime si el atracador está armado, procurando no tocar nada posteriormente. Se intentará observar cuantos más rasgos mejor para facilitar su posterior identificación y detención. Se deberá interponer denuncia ante la comisaría de Policía o la Guardia Civil, en persona, por teléfono (deberemos acudir posteriormente a firmarla) o por Internet (en la siguiente dirección de correo: www.policia.es). En caso de haber sufrido daño físico, se deberá asistir a un centro médico para que se evalúen los daños y se emita un parte médico con validez oficial, que será de utilidad como prueba y de cara a la reclamación de indemnizaciones por los daños.

Se hará una descripción lo más detallada posible tanto de lo sucedido como de los bienes sustraídos. En caso de haberse producido en las dependencias del establecimiento, se requerirán cuantas pruebas sean posibles, ya sea mediante testigos o registros de las cámaras de seguridad.

En caso de haberse producido en el interior de la habitación, se procurará no tocar nada y desalojarla, ofreciendo al cliente una nueva habitación donde pueda continuar su estancia. Se colaborará en todo momento con las autoridades, quienes realizarán las investigaciones oportunas.

Figura 6.19. *Ante una amenaza de robo, es conveniente conservar la calma y procurar en la medida de lo posible identificar al agresor para facilitar las actuaciones policiales posteriores.*

Al hablar de las nuevas tecnologías en los establecimientos de alojamiento turístico, se han mencionado algunas que han contribuido a mejorar la seguridad, como los ascensores con lectores de tarjetas, códigos en las puertas de acceso a las habitaciones o lectores por radiofrecuencia, a través de dispositivos móviles o con detección de huella dactilar.

Al hilo de la seguridad, algunos establecimientos establecen cláusulas por las que no se hacen responsables del robo en sus instalaciones, al amparo del artículo 1773 del Código

Civil, salvo entrega expresa en custodia, para lo cual dispondrán de cajas fuertes en las habitaciones, que serán manuales (con llave), digitales (con tarjeta) o electrónicas (con código fácilmente programable por los huéspedes).

Del mismo modo, en recepción suele haber un sistema y servicio de guarda y custodia de valores, de modo que el cliente hará entrega de aquellos bienes que quiera dejar en depósito. El procedimiento variará según los establecimientos, pero será necesario que estén presentes al menos dos personas: el cliente y un responsable del hotel, para dar fe de aquello que se deposita, redactando la relación de bienes y la descripción de lo que se entrega, o la cantidad en efectivo depositada, que irá firmada por las dos partes. Otro método más cómodo y más discreto, consiste en la entrega de sobres o cajas en las que el cliente deposita sus objetos de valor, con un sistema de cierre inviolable de modo que se impida su manipulación.

Figura 6.20. *Sistema de cajas fuertes de doble llave de seguridad.*

Otra variante la ofrecen las cajas fuertes tipo consigna, dotadas con un sistema de doble llave, de modo que una de ellas sea custodiada por el Departamento de Recepción, y la otra quede en manos del cliente. De ese modo, será necesario disponer de las dos llaves para poder abrir el compartimento.

En cualquiera de estas opciones, el cliente deberá firmar un documento en el que se identifique el nombre del cliente, la fecha y la firma, tras lo cual se entregará un recibo o justificante.

6.4.3. Amenaza de bomba o atentado

En caso de recibir un aviso de bomba, se debe avisar a las autoridades cuanto antes, evitando tocar ningún objeto sospechoso. Se deberá comunicar cualquier circunstancia, persona o movimiento extraño o fuera de lo habitual. Si se recibe una llamada de amenaza, es conveniente mantener la calma, procurando alargar la conversación el máximo tiempo posible, haciendo preguntas, reparando en detalles como el tono de voz, procurando prestar especial atención a palabras precisas, ruidos de fondo, incluso grabar la conversación si es posible. Ante esta circunstancia, no es recomendable asumir riesgos innecesarios, por lo que será conveniente evacuar el edificio siguiendo el protocolo establecido y siempre bajo las órdenes de los agentes de seguridad.

Figura 6.21. *En los establecimientos de alojamiento turístico es posible que se produzca una amenaza de bomba.*

6.4.4. Primeros auxilios

Los primeros auxilios son las primeras actuaciones que deben llevarse a cabo en caso de emergencia con el fin de minimizar las lesiones y estabilizar a la persona accidentada hasta que lleguen los servicios médicos en caso necesario. Estas acciones serán decisivas ya que de ellas dependerá la posterior evolución de la persona accidentada.

En los establecimientos de restauración, suelen producirse casos de atragantamiento que son fácilmente resueltos aplicando la maniobra de Heimlich. Del mismo modo, todo establecimiento que ofrezca alojamiento debe estar preparado para atender cualquier posible emergencia que le pueda surgir a los huéspedes o entre el propio personal del establecimiento: paro cardiaco, shock, hemorragias, intoxicaciones, cortes, caídas, golpes, quemaduras, etc. Por ello, deben estar provistos de un botiquín de primeros auxilios que contenga el material básico para atender cualquier accidente o emergencia; deberá contener algunos elementos básicos de utilidad en casos de poca gravedad, como gasas estériles, esparadrapo, vendas elásticas, suero fisiológico, tijeras, pomada para quemaduras, puntos de sutura, termómetro, crema antibiótica, povidona yodada, guantes, etc. Además, si el hotel dispone de piscina también deberá ofrecer otro tipo de equipamientos para poder actuar en caso de emergencia, como un botiquín especial y aros y perchas salvavidas.

El Real Decreto 365/2009 establece que cada comunidad autónoma debe regular el uso e instalación de desfibriladores fuera del ámbito sanitario. Hasta la fecha, únicamente son cuatro las comunidades autónomas que establecen la obligatoriedad de disponer de desfibriladores en sus instalaciones.

Actividad propuesta 6.5.

Primeros auxilios

En grupos, estableced el protocolo que a vuestro criterio se debería seguir en caso de tener que practicar los primeros auxilios a una persona accidentada en un establecimiento Evaluad la importancia de tener formación en estas prácticas de emergencia.

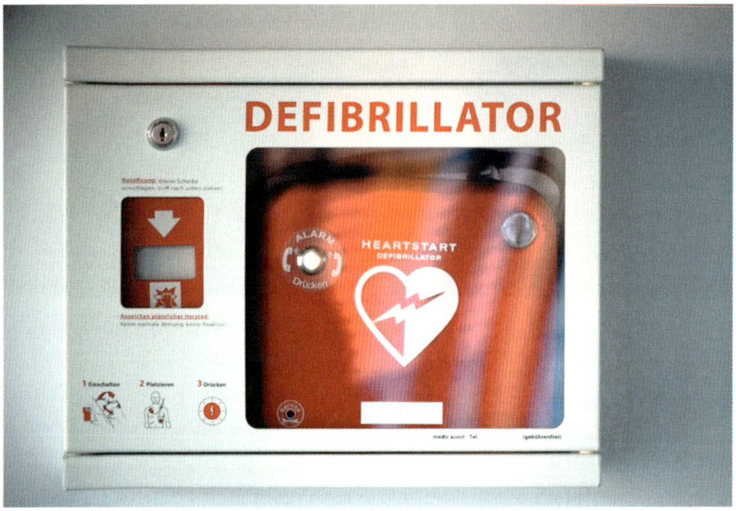

Figura 6.22. *Desfibrilador.*

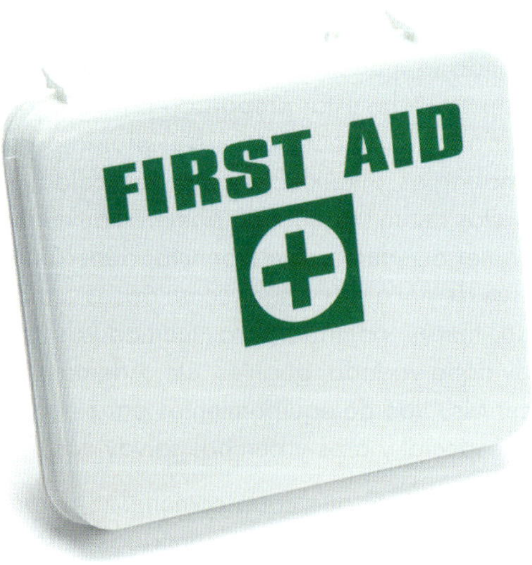

Figura 6.23. *Botiquín básico de primeros auxilios.*

Para ampliar

El Ministerio de Sanidad y Consumo establece en el Real Decreto 365/2009 de 20 de marzo, las condiciones y requisitos mínimos de seguridad y calidad en la utilización de desfibriladores automáticos y semiautomáticos externos fuera del ámbito sanitario. Aunque no existe legislación a nivel nacional sobre la instalación de estos desfibriladores, las autoridades sanitarias de cada comunidad autónoma tienen libertad para establecer con independencia aquellas normas, recomendaciones y legislación que considere oportunas para la regulación de los espacios cardioprotegidos.

Puedes ampliar más información sobre la legislación de cada comunidad autónoma en la página web:

https://www.caryosa.com/medical/cardioproteccion/legislacion-desfibriladores

6.4.5. Seguridad de la información

Se debe garantizar la confidencialidad de los datos tanto de empleados, clientes, proveedores, socios, colaboradores, de forma que se protocolice el tratamiento de los archivos en lo relativo a sus datos personales, tarjetas de crédito, consumos, etc. Para ello, el establecimiento se debe inscribir en la Agencia de Protección de Datos y notificarle la existencia de dichos archivos, así como garantizar el correcto tratamiento de los datos correspondientes al parte de entrada de viajeros remitidos a la Policía. Del mismo modo, se deberá garantizar el derecho de imagen en cuanto a la existencia de cámaras de vigilancia, estando sujeto a la Ley Orgánica 15/1999, de 13 de diciembre, de Protección de Datos de Carácter Personal, indicando de forma clara dónde se pueden ejercer los derechos como consumidor. En este sentido, se debe informar expresamente a los clientes del tratamiento que se va a dar a sus datos personales y el fin al que se destinan, así como notificar si se van a incorporar a algún tipo de fichero con fines comerciales, pudiendo el consumidor denegar su consentimiento de forma expresa. Asimismo, se deberá notificar cualquier cesión de estos a terceros.

Del mismo modo, debemos archivar la documentación relativa a los clientes en un lugar seguro, y cuando estos pierdan utilidad, deberemos destruirlos de forma segura, mediante una trituradora de papel, mediante incineración o mediante la contratación de empresas especializadas en este servicio.

Para ampliar

Existen empresas que entregan a las organizaciones que contratan sus servicios unos contenedores donde pueden depositar la documentación que ya no sea de utilidad, y se encargan de su recogida y destrucción garantizando la confidencialidad, en cumplimiento de la norma UNE-EN 15713-2010.

Figura 6.24. *Triturador de papel.*

Un asunto delicado pueden ser aquellas anotaciones internas que el establecimiento realice en las fichas o cárdex de clientes, con el fin de registrar información relevante de cara a futuras estancias, como pueden ser sus preferencias, solicitudes, particularidades, incluso si se trata de clientes morosos, en cuyo caso, deberemos tener consentimiento expreso para revelar tales reseñas.

En virtud de lo dispuesto en la legislación sobre protección de datos personales, le informamos que los datos que nos está suministrando podrán quedar incluidos en ficheros de nuestra exclusiva propiedad para su tratamiento informatizado con la única finalidad de la adecuada prestación de los servicios. Por la presente, Ud. otorga su consentimiento para que sus datos personales puedan ser cedidos a otras sociedades pertenecientes a nuestro grupo empresarial para los fines citados. Asimismo, sus datos personales podrán ser utilizados para fines de publicidad y de prospección comercial, a no ser que se oponga expresamente mediante escrito dirigido al domicilio de la sociedad. Podrá ejercitar sus derechos de acceso, rectificación, cancelación y oposición dirigiendo un escrito a la siguiente dirección...

Figura 6.25. *Aviso sobre la legislación sobre protección de datos.*

Figura 6.26. *Los datos de nuestros clientes son confidenciales.*

6.4.6. Seguridad informática

La principal amenaza de nuestro establecimiento es la pérdida de información o su uso fraudulento, debido a virus informáticos, troyanos o *spyware*, o a la intervención de *hackers*. Será conveniente realizar copias de seguridad diarias, además de implantar un sistema de filtros o *firewall* frente a *spams*, sistemas de protección contra estafas, y el manejo de contraseñas y códigos de seguridad según las recomendaciones del administrador del sistema.

Recuerda

El Real Decreto 994/1999 de 11 de junio, por el que se aprueba el Reglamento de medidas de seguridad de los ficheros que contengan datos de carácter personal, establece en su artículo 14 la realización de copias de seguridad con la periodicidad de una semana salvo que no haya habido variación o actualización en los datos.

Suele ser recomendable el establecimiento de diferentes niveles de acceso: como usuario básico o como administrador, por ejemplo, para evitar el acceso a ciertos datos o que, sea por error o intencionadamente, modifiquen, borren o se altere alguna configuración o parámetro.

Figura 6.27. *La información que se maneje en el establecimiento puede ser vulnerable si no nos protegemos debidamente frente a espías.*

En este sentido, la profesionalidad del personal desempeña un importante papel, evitando hacer un uso particular de las redes en los terminales de trabajo, o visitando páginas que pudieran comprometer la seguridad de los sistemas informáticos y electrónicos. Por ese motivo, suelen establecerse diferentes niveles de accesos y conexiones con restricciones, como se acaba de ver, además de restricciones para visualizar el contenido de ciertas páginas.

En cuanto a la seguridad de los huéspedes, en el momento de conectarse a la red vía wifi, es recomendable instalar un sistema de protección que impida que los usuarios de la red aparezcan visibles, de modo que no se puedan compartir datos, carpetas, documentos o archivos. Algunos elementos de seguridad inalámbrica pueden ser: WPA, SSL, WEP, TKIP, HTTPS, etc., que cifran la información de la red inalámbrica, varían la contraseña wifi periódicamente, son certificados seguros donde se pueden introducir datos sin riesgo a *hackers,* etc.

Se debe desconfiar de las redes wifi abiertas, es decir, aquellas que están disponibles sin necesidad de introducir códigos de acceso, puesto que la seguridad de los datos que compartamos puede quedar comprometida. Existen sistemas que pueden interceptar los datos de inicio de sesión a las aplicaciones, y pueden suplantar la identidad del usuario posteriormente, accediendo de ese modo a la información que comparta.

Por ese motivo, en el establecimiento se le entregará al huésped una tarjeta en la que figure el nombre de usuario y una contraseña de acceso para conectarse a la red wifi de forma segura, que tendrá una duración determinada por el tiempo contratado.

Figura 6.28. *La configuración de claves y contraseñas es una forma de protección frente a espías.*

6.4.7. Seguridad de la salud

La Organización Mundial de la Salud (OMS) establece una serie de vacunas de carácter obligatorio en relación con aquellas enfermedades de tipo infeccioso que sean endémicas en ciertos países, con el fin de evitar la infección y la propagación a la población de enfermedades. Las agencias intermediarias ofrecen esta información a sus viajeros a fin de que conozcan las peculiaridades del destino en cuanto a condiciones climáticas, cultura, prácticas correctas, usos y costumbres, fuerzas de orden público, responsabilidad civil, tráfico de drogas, riesgos naturales, etc. Del mismo modo, se debe garantizar la cobertura sanitaria, en caso de enfermedad o accidente, para lo cual se pueden suscribir seguros de viaje adicionales.

En caso de siniestro, para asegurar la integridad de los turistas, se tendrá garantizada la asistencia y atención de las embajadas o consulados, así como a la repatriación.

Figura 6.29. *Importancia de la información para garantizar la protección de la salud de nuestros visitantes.*

6.4.8. Seguridad en las estancias del establecimiento

Si se produce alguna disputa o pelea en las habitaciones o demás dependencias del establecimiento, debemos procurar calmar la situación, intentando hacer entrar en razón a los causantes del altercado. En caso de estar en estado de embriaguez, bajo el efecto de alguna sustancia, en caso de estar causando un grave perjuicio a las instalaciones o molestias a los huéspedes, se le invitará a abandonar el establecimiento atendiendo al artículo 59.2 del Decreto 2816/1982, si el cliente no mantiene el orden y la compostura.

Del mismo modo, las instalaciones deberán cumplir unos requisitos de seguridad y confort, a fin de evitar cualquier riesgo de accidente. Para ello, además de un adecuado sistema de mantenimiento para conservar las instalaciones y mobiliario en perfecto estado, se deberán disponer superficies antideslizantes en escaleras, cuartos de baño, duchas, piscina, *spa*, etc., barras o barandillas en escaleras o suelos a diferentes niveles, luces con detección de movimiento en zonas apartadas o con poco tránsito, etc.

Figura 6.30. *El mantenimiento de las instalaciones y diseño para garantizar la seguridad de los usuarios es responsabilidad del establecimiento (suelos antideslizantes, barandillas, etc.).*

Actividad propuesta 6.6.

Accidentes en establecimientos

En caso de que sufras algún percance dentro de un establecimiento, averigua cuáles son las responsabilidades de este y tus derechos como consumidor.

6.5. Seguros

Una póliza de seguro es un contrato ente dos partes, mediante el cual el tomador del seguro abona a la entidad aseguradora una cantidad denominada prima, que vendrá determinada por el valor estimado del riesgo. En la póliza se establecen una serie de condiciones, es decir, los derechos y obligaciones correspondientes a ambas partes.

En un seguro de inmuebles, básicamente la compañía aseguradora se compromete a cubrir los daños producidos en caso de siniestro del bien asegurado en la cantidad que se haya acordado para el contenido y continente, ya sea reemplazando o sustituyendo el bien, o aportando una cantidad en concepto de indemnización que cubra los daños materiales o personales, siempre que no se aprecie intencionalidad, dolo o dejadez de funciones por parte del tomador del seguro. Este tipo de seguros suelen llevar parejos un seguro de responsabilidad civil, por el cual la entidad aseguradora abonará a un tercero toda indemnización derivada de los daños y perjuicios causados por el asegurado, y de cuyas consecuencias sea civilmente responsable.

Figura 6.31. *Los seguros obligatorios y de coberturas extra son necesarios en todo establecimiento para hacer frente a cualquier reclamación.*

Sin duda, el mejor seguro es el que no se usa, debido a que no se ha generado esa necesidad al no haber sufrido ningún percance.

Desde el punto de vista del cliente, es conveniente contratar algún tipo de seguro de viaje que cubra cualquier imprevisto que pudiera surgir en su transcurso (cancelación de vuelos o modificación en las condiciones del viaje, por ejemplo, sin perjuicio de ejercer las acciones legales en las oficinas de protección al consumidor), sin embargo, en el caso del establecimiento esta contratación tendrá necesariamente carácter obligatorio. Algunos de los riesgos que conviene asegurar son:

- Bienes materiales (dinero en caja fuerte, joyas, mobiliario, materias primas, equipos electrónicos, instalaciones, maquinaria, vehículos, etc.).
- Bienes inmateriales (*software*, información, datos, etc.).
- Daños propios (daños físicos o de la salud).

Figura 6.32. *Caja fuerte con triple sistema de seguridad.*

Figura 6.33. *Caja fuerte programable en las habitaciones.*

Para ampliar

La legislación que regula los seguros privados, comprende:

- El Real Decreto Legislativo 6/2004, de 29 de octubre, por el que se aprueba el texto refundido de la Ley de ordenación y supervisión de los seguros privados.
- La Ley 50/1980, de 8 de octubre, de contrato de seguro.

safe & secure

INSTRUCCIONES CAJA FUERTE

1. Introduzca la llave y gírela hacia la derecha.
2. Pulse el botón rojo en la parte superior de la puerta.
3. Marque un código personal de 6 cifras + A.
4. Vuelva a marcar el mismo código + B.
5. Al encenderse la luz verde, la caja fuerte está lista para ser utilizada.

Cerrar la puerta
Gire la rueda hacia la izquierda.

Abrir la puerta
Inserte su código +B y gire la rueda hacia la derecha.

El hotel no se hace responsable del robo de los objetos que no estén depositados dentro de la caja fuerte.

INSTRUCTIONS FOR THE SAFE

1. Insert the key and turn it to the right.
2. Push the red button above the door.
3. Enter a personal 6 digit code + A.
4. Re-enter the same code + B.
5. The safe is ready to be used when the green light appears.

To close the safe
Turn the small wheel to the left.

To open the safe
Enter your personal code + B and turn the small wheel to the right.

The hotel is not liable for valuables stolen from the room.

SAFE ANWEISUNGEN

1. Drehen Sie den Schlüssel in der Tür nach rechts.
2. Drücken Sie den roten Knopf oben auf der Tür.
3. Geben Sie einen 6-stelligen Code + A ein.
4. Wiederholen Sie den Code + B.
5. Leuchtet das grüne Licht auf, ist der Safe zur Benutzung bereit.

Safe schließen
Drehen Sie das Rädchen nach links.

Safe öffnen
Geben Sie den Zahlencode +B ein und drehen Sie das Rädchen nach rechts.

Das Hotel haftet nicht für den Diebstahl von Wertsachen, die nicht im Safe aufbewahrt wurden.

MODE D'EMPLOI DU COFFRE-FORT

1. Insérez la clé et tournez-la dans le sens horaire.
2. Appuyez sur le bouton rouge sur la partie supérieure de la porte.
3. Composez un code personnel à six chiffres + A.
4. Composez de nouveau le même code + B.
5. La lumière verte confirme que le coffre-fort est prêt à être utilisé.

Fermer la porte
Tournez la molette vers la gauche.

Ouvrir la porte
Saisissez votre code + B et tournez la molette vers la droite.

L'hôtel ne saurait être tenu responsable du vol des objets non déposés dans le coffre-fort.

Figura 6.34. *Instrucciones de uso de la caja fuerte de las habitaciones.*

Además de los anteriores, es necesario suscribir otro tipo de seguros que cubran acciones por las que podamos responder debido a nuestra actividad:

- Responsabilidad civil, que puede ser de explotación, patronal, de producto, respondiendo por las responsabilidades derivadas de su actividad que se le puedan imputar al tomador por los daños causados a terceros, incluyendo la defensa jurídica.
- Seguro de comercio, dirigido a locales que prestan servicios, y que es más completo que los tradicionales multiseguros, al ofrecer más garantías y cobertura frente a robo, hurto, daño, rotura o pérdida de bienes propios o de terceros, incluyendo garantías complementarias según la actividad, como pueden ser daños a vehículos, ropa dañada en lencería o daños a propiedades de clientes, además de cubrir catástrofes, fenómenos atmosféricos adversos y multitud de riesgos inherentes a la actividad.

- Seguro obligatorio de accidentes de trabajo y enfermedades laborales.
- Seguro de asistencia médica, opcional pero recomendado al suponer un plus y un buen servicio al cliente.

Actividad propuesta 6.7.

Seguros de los hoteles y residencias

En el código QR adjunto puedes consultar un pdf correspondiente a la compañía aseguradora Zurich, en el que se establecen las condiciones generales de garantías del seguro para hoteles y residencias. Se recomienda su lectura para la mejor comprensión de este apartado, en el que quedan claras cuáles son las coberturas, se definen varios conceptos y se detallan los diferentes riesgos derivados de la actividad.

6.6. Normativa legal en materia de seguridad y prevención

Muchas comunidades autónomas, principalmente aquellas en las que el turismo es su principal motor económico, disponen de normativas de seguridad específicas sobre hoteles en el ámbito de su competencia. Con independencia de la regulación autonómica, se exponen a continuación algunas normativas estatales de carácter general más importantes respecto a la seguridad:

- Las principales regulaciones específicas sobre seguridad contra incendios en hoteles se promulgaron en 1979 (Prevención de Incendios en Establecimientos Turísticos. BOE 02/10/1979).
- Norma Básica de la Edificación. Condiciones de Protección contra incendios en los Edificios (NBE-CPI 96 - Real Decreto 2177/1996).
- Como guía de referencia para la elaboración de planes de emergencia (no de obligado cumplimiento) se encuentra el *Manual de Autoprotección para el Desarrollo del Plan de Emergencia contra incendios y de Evacuación en Locales y Edificios*. Orden 29/11/1984. BOE 16/06/1985.
- Ley 31/1996, de 8 de noviembre, de prevención de riesgos laborales, ya que debemos velar también por el bienestar, calidad de trabajo y salud de los trabajadores.

- Real Decreto 393/2007, de 23 de marzo, por el que se aprueba la norma básica de autoprotección de los centros, establecimientos y dependencias dedicados a actividades que puedan dar origen a situaciones de emergencia.
- El derecho de admisión está recogido en el artículo 50 del Real Decreto 2816/82, de 27 de agosto de 1982, por el que se aprueba el Reglamento General de Policía de Espectáculos Públicos y Actividades Recreativas.

Enlaces web de interés

Destrucción de documentos

https://www.normadat.es/noticias/3-como-hacer-destruccion-segura-de-documentos-y-cumplir-la-lopd

Derecho de admisión

http://www.consultoriahosteleria.es/articulos/60-reservado-el-derecho-de-admision

Guardia Civil. Cómo actuar en caso de amenazas

http://www.guardiacivil.es/es/servicios/consejos/bomba.html

Manual de seguridad en los hoteles

http://www.conectapyme.com/files/prevencion/capitulo3.pdf

Seguros Zurich. Condiciones de seguros para hoteles y residencias

https://www.zurich.es/_/media/dbe/spain/docs/seguros-para-tu-empresa/pymes/seguro-hoteles-y-residencias/seguro-para-hoteles-y-residencias-zurich-condiciones-generales.pdf?la=es-es&hash=C57CF21050E3AAB08196AF91DD123E415AC8BF69

Hosteltur: sobre el derecho de admisión

http://comunidad.hosteltur.com/post/2009-06-09-derecho-de-admision.html

Equipos de protección individual

http://www.prevensystem.com/internacional/prevensystem-noticias.php?id=536#submenuhome

Ley de protección de datos (estudio de Hosteltur)

https://static.hosteltur.com/web/uploads/2011/09/1_estudio_hosteltur_lopd_sector_hoteles.pdf

Mapa conceptual

Control de los sistemas de seguridad en los establecimientos de alojamiento turístico

- Concepto y finalidad de la seguridad en alojamientos turísticos
- Valoración del servicio de seguridad
- Principales riesgos y su prevención
  - Principales riesgos
  - Identificación y descripción de los procedimientos e instrumentos para la prevención
- Procedimientos en caso de emergencia
  - Fuego
  - Hurto o robo con o sin fuerza
  - Amenaza de bomba o atentado
  - Primeros auxilios
  - Seguridad de la información
  - Seguridad informática
  - Seguridad de la salud
  - Seguridad en las estancias del establecimiento
- Seguros
- Normativa legal en materia de seguridad y prevención

Actividades de comprobación

6.1. La probabilidad de que algo perjudicial se materialice se denomina:

a) Accidente.
b) Riesgo.
c) Emergencia.
d) Siniestro.

6.2. Las instrucciones que recojan el protocolo a seguir en caso de emergencia deben estar a disposición de:

a) El personal del establecimiento.
b) Los huéspedes.
c) La alta dirección.
d) Todas las respuestas anteriores son correctas.

6.3. El dosier de emergencia deberá señalar:

a) Las salidas de emergencia existentes.
b) Los aparatos de extinción de incendios.
c) El protocolo que seguir en caso de emergencia.
d) Todas las respuestas anteriores son correctas.

6.4. ¿Cuál de las siguientes no es un método eficaz para sofocar un incendio?

a) Abrir puertas y ventanas.
b) Emplear extintores.
c) Emplear mantas ignífugas.
d) Emplear mangueras.

6.5. ¿Cuál de los siguientes no es una medida de protección activa?

a) Extintores.
b) Alarmas.
c) Barandillas.
d) Rociadores automáticos.

6.6. Dentro de la seguridad de la salud encontramos:

a) El plan de prevención de plagas.
b) El derecho a la intimidad.
c) La integridad de los bienes materiales.
d) Todas las respuestas anteriores son correctas.

6.7. La seguridad:

a) Es un estado tanto físico como psicológico.
b) Únicamente comprende la seguridad física, ya que la psicológica no depende del establecimiento.
c) Es principalmente un estado psicológico, ya que la falta de seguridad es producida por el miedo a que algo ocurra.
d) No es ni un estado físico ni psicológico.

6.8. ¿Puede existir el riesgo cero?

a) No, nunca.
b) Sí, si ponemos los medios necesarios.
c) No se puede garantizar que exista, pero aplicando las medidas necesarias sí que es posible disminuir el porcentaje de posibilidades.
d) Sí, en cualquier caso.

6.9. En la prevención intervienen:

a) Medios humanos y técnicos.
b) Medios físicos y químicos.
c) Medios físicos y psicológicos.
d) Medios físicos y biológicos.

6.10. Para la correcta formación del personal en materia de emergencias se deberá:

a) Dar cursos de formación adecuados a los puestos de trabajo y responsabilidad.
b) Realizar simulacros periódicos.
c) Conocer el protocolo de actuación adecuado al establecimiento.
d) Todas las respuestas anteriores son correctas.

Actividades de aplicación

6.1. Infórmate de cuál es el plan de evacuación de tu centro educativo. Ten en cuenta aspectos como: responsables de cada área, protocolos de actuación, salidas de emergencia, punto de encuentro, etc. Basándote en él, elabora un plan de evacuación de un establecimiento de alojamiento turístico y señala las principales diferencias (si es que existen) respecto al existente en tu centro.

6.2. Explica los tipos de mantenimiento que se han visto en la unidad, detallando la finalidad de cada uno de ellos.

6.3. Describe los principales casos que se pueden producir en el establecimiento que precisen de la aplicación de los primeros auxilios y cómo se deberían aplicar estos.

6.4. Detalla cómo se debería proceder en caso de producirse un robo en una de las habitaciones del establecimiento.

6.5. ¿Está obligado un establecimiento a custodiar los objetos de valor y pertenencias de los huéspedes? Razona tu respuesta.

6.6. Describe cómo se debería proceder en caso de recibir una llamada con un aviso de bomba.

6.7. Explica qué tipos de seguros pueden suscribir los establecimientos de alojamiento turístico.

6.8. ¿A qué se refiere el derecho de admisión en un establecimiento público? ¿Cuáles son los criterios legales para aplicarlo?

6.9. ¿Qué es un EPI? ¿A quién protege? Enumera algunos EPI que puedan ser de uso habitual en establecimientos de alojamiento turístico.

6.10. Elabora una relación de los principales riesgos potenciales a los que está expuesto un establecimiento de alojamiento turístico, señalando aquellas peculiaridades que son propias y características de cada uno de ellos, según su tipología.

Actividades de ampliación

6.1. ¿Qué opinión te merece que en los medios de transporte sea habitual realizar controles de seguridad (antes de acceder a un tren o a un avión, por ejemplo) y que en cambio en los establecimientos de alojamiento no exista ninguno? ¿Crees que sería oportuno realizar una inspección de equipajes o implantar un sistema de detección de drogas o explosivos a los huéspedes? Realiza un debate sobre este tema con tus compañeros.

6.2. Investiga sobre los servicios asegurados en un establecimiento que elijas de tu zona. Analiza las características de sus instalaciones, ubicación, clientela, etc., y valora si están cubiertos todos los imprevistos o si se podrían ampliar las coberturas.

6.3. En la unidad se han descrito dos de los siniestros más graves producidos en hoteles, pero por desgracia, no son los únicos. Realiza un pequeño trabajo de investigación sobre otros casos de emergencia producidos en establecimientos de alojamiento turístico. ¿Crees que se podrían haber evitado? ¿Cómo?

6.4. ¿Crees que la Ley de protección de datos se cumple en todos los casos? Investiga en qué documentos debe constar la aplicación de esta Ley. ¿Sabes dónde puedes ejercer tus derechos?

6.5. ¿Cuál sería el procedimiento a seguir en caso de que falleciese un huésped en el establecimiento?

6.6. Investiga qué departamentos, maquinaria o elementos son los que requieren mayor mantenimiento en un establecimiento de alojamiento y en qué consisten esos trabajos de mantenimiento.